苏州戏曲博物馆藏宝卷提要

郭腊梅　主编

国家图书馆出版社

图书在版编目（CIP）数据

苏州戏曲博物馆藏宝卷提要 / 郭腊梅主编 . -- 北京：
国家图书馆出版社 , 2018.12

ISBN 978-7-5013-6541-8

Ⅰ . ①苏…　Ⅱ . ①郭…　Ⅲ . ①宝卷 (文学) —内容提要—中国
Ⅳ . ① Z88：I276.6

中国版本图书馆 CIP 数据核字（2018）第 186976 号

书　　名　苏州戏曲博物馆藏宝卷提要
著　　者　郭腊梅　主编
责任编辑　邓咏秋　张　颀
封面设计　得铭文化＋邢毅

出　　版　国家图书馆出版社（100034　北京市西城区文津街 7 号）
　　　　　（原书目文献出版社　北京图书馆出版社）
发　　行　010-66114536　66126153　66151313　66175620
　　　　　66121706（传真）　66126156（门市部）
E - mail　nlcpress@nlc.cn（邮购）
Website　www.nlcpress.com →投稿中心
经　　销　新华书店
印　　装　北京金康利印刷有限公司
版　　次　2018 年 12 月第 1 版　2018 年 12 月第 1 次印刷

开　　本　710×1000（毫米）　1/16
字　　数　318 千字
印　　张　20.25

书　　号　ISBN 978-7-5013-6541-8
定　　价　188.00 元

编委会

主　编：郭腊梅

副主编：浦海涅

编　委（以姓氏笔画为序）：

孙文明　袁小良　郭腊梅　浦海涅

编撰人（以姓氏笔画为序）：

刘钰贤　孙伊婷　陈忆澄　周　郁

徐智敏　郭腊梅　浦海涅　赖　磊

《坤延寿宝卷》　清光绪三十二年悟红道人抄本

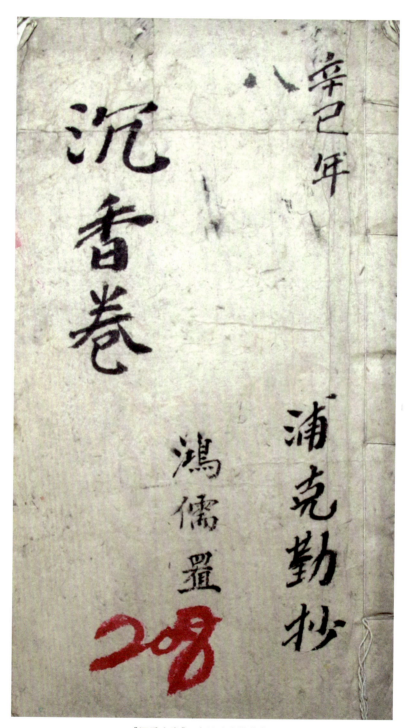

《沉香宝卷》 辛巳浦克勤抄本

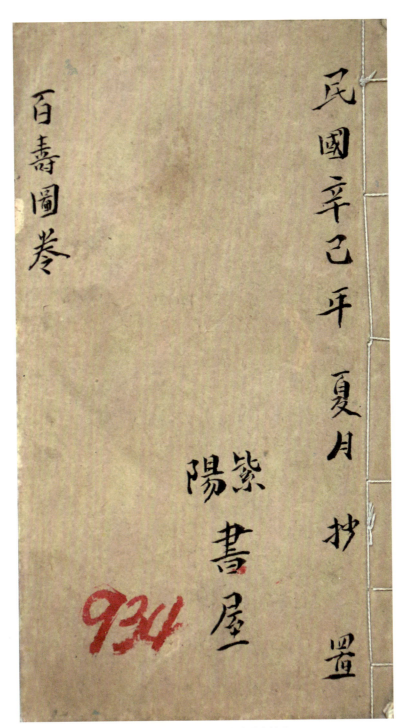

民國辛巳年夏月抄置

紫陽書屋

百壽圖卷

934

《百寿图卷》 民国三十年朱鼎高抄本

八字寶卷

宋朝江南蘇州府吳縣橫塘街上有一家姓朱名叫

戶相白衣出身家財萬貫年登四十二歲同妻

許氏年方三十九歲所生一男一女 長為取名叫金生

次女取名叫 金鳳 金生年交十六歲金鳳年交九歲

十月初三子時生的 父母心中安樂其年正月元

宵合家慶賀元宵不測天殃柴房失火高堂

《八字宝卷》 清光绪二十二年周裕芗抄本

《何文秀宝卷》 清同治十三年玉堃抄本

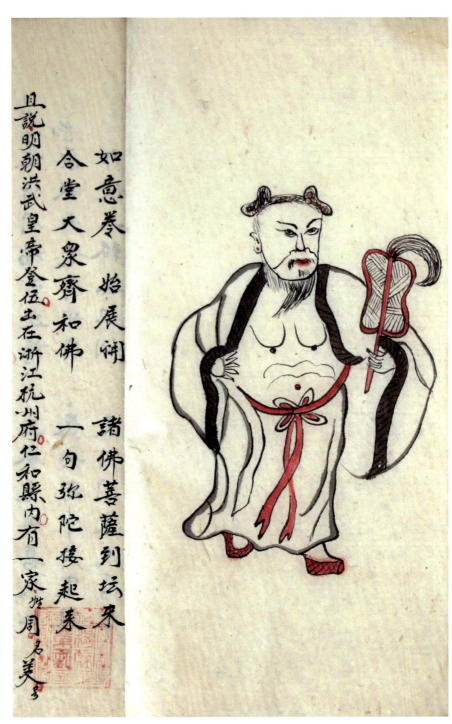

且說明朝洪武皇帝登伍出在浙江杭州府仁和縣內有一家姓周名美

合堂大眾齊和佛　一句弥陀接起來

如意卷　始展開　諸佛菩薩到壇來

《金如意宝卷》　民国十五年杨廷章抄本

後因起造觀音殿　　　再造三世大寺门

狀元合家念修道　　　紹與一府尽知闻

合家修功沒圓滿　　　觀音度他上天庭

馬俊夫妻也行善　　　已後功果也登雲

奉功在堂諸大眾　　　姻緣不對莫爭論

老翁簿止前生定　　　松亳半点不差分

蝴蝶緣盡完成　　　　在坛諸佛喜欢欣

卷中偈言差悮字　　　弥陀句、補完成

民國十八年　杏月　日五抄係

《蝴蝶缘宝卷》　民国十八年杨廷章抄本

若吾佛天来保佑

合家大小全修道

素贞修道青福内

奉劝在堂诸大众

斋僧宝卷宣完成

卷中难免奇特字

怎能荣耀显门庭

九年修道上天庭

宋氏刀恶勿超身

前亲後娘一条心

诸佚菩萨喜欢心

弥陀句下补完成

民國三十五年歲次丙戌清和月下旬王炳坤自抄錄

共双页

《斋僧宝卷》 民国三十五年王炳坤抄本

《猛将宝卷》 壬申顾友萃抄本

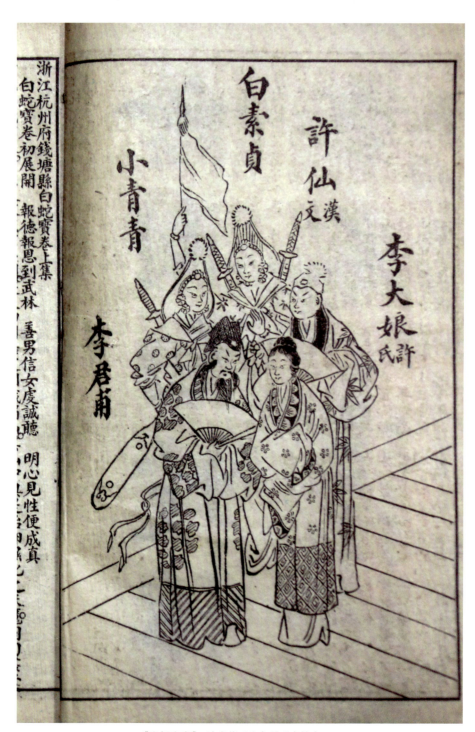

浙江杭州府錢塘縣白蛇寶卷上集
白蛇寶卷初展開　報德報恩到武林　善男信女虔誠聽　明心見性便成真

白素貞　許仙文漢

許氏　李大娘

小青青

李君甫

《义妖宝卷》 清光绪三十年周玉庭抄本

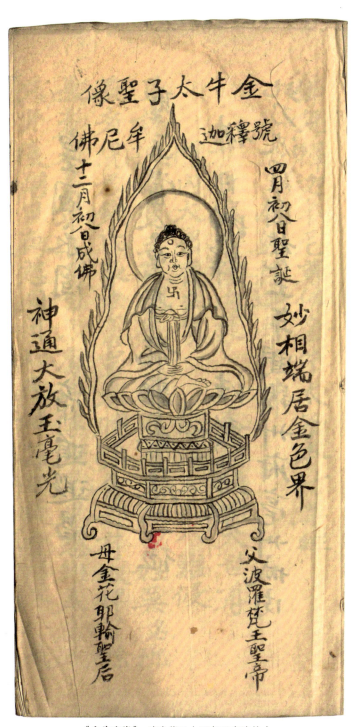

金牛號
太子迦釋
子牟尼佛
聖十二月初八日成佛
像佛

四月初八日聖誕
妙相端居金色界

神通大放玉毫光

父波羅梵王聖帝

母金花耶輸聖后

《金牛宝卷》 清光绪三十四年王森遠抄本

《香山宝卷》 清光绪十二年无锡万松经房刻本

序

朱恒夫

    我接触宝卷始于 1982 年，是在做硕士论文《目连戏研究》的时候。1984 年 5 月，我到北京图书馆查阅原为郑振铎先生所藏的《目连救母出离地狱升天宝卷》时，对这部现存宝卷中明确署名"宝卷"的文献的产生时间有了一点点的新发现。于是，我在 1984 年底定稿、1993 年出版的学位论文的注释中写道：

> 《目连救母出离地狱升天宝卷》，原为郑振铎藏，现藏于北京图书馆。纸型为三十公分的正方形，封面为外表敷贴绣花绢帛的硬纸。全书五十四页，每页纸都是白棉纸敷贴的外裱绢帛的硬纸片。其中有八幅真笔彩色画图，为青提在地狱受苦形状，画技高超。实际有字的纸为四十六页，每页十二行，每行十六字，一律是正楷，书法工整，每节文字之间有十朵小花相隔。因装饰精致，有彩色花卉，彩色画图，绢帛为金碧的丝线所织，因此，整部宝卷显得金碧灿烂。郑先生在《中国俗文学史》一书中根据"斯类写本，元明之间最多，明中叶以后便罕见"，断定该本为"元末明初的写本"。可喜的是，本人于 1984 年 5 月到北京图书馆查看此书时，当末

页迎着上午透进窗棂的阳光，看清了该页的图画（看金碧颜色的图画或字，迎光较宜），为一座碑的图像，上部、左右绘有金黄色的三条龙，中间的红黄二色镶边的长方形立碑，其金色的碑文曰：

敕　　旨

宣光三年　　谷旦　　造

弟子　脱脱氏　施舍

"宣光"是被朱元璋推翻了统治的元人逃到蒙古一带所立的年号，历史上称这个时期为"北元"。这就证实了郑先生的推论是正确的。我的偶然所得只是把这个时间确定得更具体一点。从本子的装饰、有龙的图画与最后的碑文来看，为皇家之物无疑。①

之后，我在戏曲研究中，也常常涉及宝卷的资料，如《辰河高腔目连戏第五本王桂香三世修故事为〈窦娥冤〉的仿作》（王桂香三世修故事则改编自《黄氏女宝卷》）、《〈窦娥宝卷〉与北杂剧〈窦娥冤〉之比较》等。因为和宝卷有这样的缘分，所以，当苏州戏曲博物馆馆长郭腊梅研究馆员要我为他们所著的《苏州戏曲博物馆藏宝卷提要》作序时，便欣然应允。

何以称为"宝卷"？明代王源静补注的《巍巍不动太山深根结果宝卷》云："宝卷者，宝者法宝，卷乃经卷。"然"宝卷"并非是唯一的称呼，它还有很多别称，如："卷""宝忏""科仪""科""经""真经""妙经""宝经""宝传""传""古典""妙典""偈""偈文"等。也有实为宝卷，但仅标故事之名的，如《八宝鸾钗》。

宝卷与唐代的俗讲有密切的关系，这是毫无疑问的。拿敦煌卷子中的讲经文和宝卷做形式上的对比就可以明白，这在学术界没有多大的分歧。争论较大的是关于宝卷产生的时间，至少有三种论断：一是郑振铎的"宋代说"，他认为最早的宝卷出现在宋崇宁二年（1103），或者"宋或元"，最迟时间下限为"元末明初"；二是李世瑜的"明末说"，他认为"无生老母的崇拜是起于明末，无生

---

① 朱恒夫：《目连戏研究》，南京大学出版社，1993年版：93页。北元宣光三年为公元1373年。

老母是秘密宗教的中心崇拜，宝卷是秘密宗教的经典，所以也是起于明末"；三是车锡伦的"南宋说"。其根据是现存南宋理宗赵昀淳祐二年（1242）宗镜编述的《金刚科仪（宝卷）》。我对这三种说法都不太认同。既然宝卷与唐代的俗讲一脉相承，其本质没有什么不同，差异处也仅是这一形式在后来随时变化的结果。两者本来就是一条没有截断过的河流，没有必要给后一段找出另外的源头。即使根据《金刚科仪》或《目连救母出离地狱升天宝卷》的问世时间来认定宝卷这一形式的产生时间，也没有多少证明的力量，因为一种形式从滥觞到成熟，要经历相当长的孕育过程。

倒是有一个问题值得我们去探讨，就是宝卷何以会在明代以后兴盛不衰，直至今日仍在绵延。对此，学术界进行了深入的研究。车锡伦在《明代的佛教宝卷》一文中说：

> 明代的佛教宝卷，主要指明正德以前（约公元1500年前）产生和流传于民间的佛教信徒中的宝卷，其中有些可能产生于宋元时期。正德以后，大量的新兴民间教派出现，这些民间教派大都倚称佛教。它们都编制宝卷做布道书，这些宝卷也多用佛教资料包装；同时也改编、演唱此前的佛教宝卷，而加入民间教派教义的宣传。但是，这些民间教派宝卷的宗教思想同佛教宝卷有明显的差别，形式上也有发展。[①]

濮文起在《宝卷学发凡》中论述得更为具体：

> 宝卷真正成为民间秘密宗教经典的载体，始于明中叶崛起的新兴教门无为教。其创始人罗清演述的"五部经"，即《苦功悟道卷》《叹世无为卷》《破邪显正钥匙卷》《正信除疑无修证自在宝卷》《巍巍不动太山深根结果宝卷》，其中后两部名称均带有"宝卷"字样，并于正德四年（1509年）刊行。罗清是明清时期民间秘密宗教世界第一位继往开来的宗教改革家，他创立

---

① 车锡伦：《明代的佛教宝卷》，载《民俗研究》2005年第1期：60页。

的无为教是明清时期涌现的数以百计的民间秘密教门之滥觞,他演述的"五部经"集宋元明初以来民间秘密宗教思想之大成,对当时与后世产生了巨大影响。因此,无为教的出现和罗清"五部经"的问世,在民间秘密宗教发展史上具有划时代的意义。从此,以无为教为蓝本的各种教门纷纷建立,罗清"五部经"也被后起的各教门奉为共同经典而竞相仿效,如西大乘教五部经、弘阳教五部经等。另外一些教门创始人撰经写卷,少者一部两部,多者八部十部,也大都冠以"宝卷"名称,于是这一名词便成为民间秘密宗教经典的专用称谓。[①]

可见,宝卷在明代中叶以后的兴盛原因,在于民间秘密宗教运用这一形式来宣传教义、吸收信众、组织宗教社团。当然,这些宝卷的内容许多是对佛经的疏解,如《大乘金刚宝卷》《法华卷》《净土卷》,少数是叙述因缘故事的,如《香山卷》《黄氏女卷》。

但无论是演绎佛教经典、教理的宝卷,还是讲述因缘故事的宝卷,它们都在民间广泛地传播。约创作于嘉靖、万历年间的《金瓶梅词话》就描写了宣卷的活动。如第五十一回叙写了西门庆的正妻吴月娘请人来讲《金刚科仪》之事:"(月娘)要听薛姑子讲说佛法,演颂《金刚科仪》,正在明间内安放一张经桌儿,焚下香。薛姑子与王姑子两个一对坐,妙趣、妙凤两个徒弟立在两边,接念佛号。"《金刚科仪》这部宝卷主要用于追荐亡灵或还愿礼佛,所以,潘金莲听到中途,很不耐烦,竟拉了李瓶儿退场,说:"大姐姐(指月娘)好干这营生!你家又不死人,平白叫姑子家中宣起卷来了。"第七十四回"宋御史索求八仙鼎,吴月娘听宣黄氏卷"则写吴月娘又请薛姑子等三个尼姑念讲《黄氏女卷》,并引录了三千多字的宣卷原文。嘉靖间山东人李开先在其传奇《宝剑记》第四十一出中也有关于和尚在丧事中宣卷以追荐亡灵的场景叙写。当时,宣卷活动遍及南北,成为社会的风尚。嘉靖间徐献忠在其《吴兴掌故集》卷十二"风土类"中介绍了湖州乡村的宣卷盛况:"近来村庄流俗,以佛经插入劝世文俗语,什伍

---

① 濮文起:《宝卷学发凡》,载《天津社会科学》1999 年第 2 期:82 页。

群聚，相为唱和，名曰'宣卷'，盖白莲之遗习也。湖人大习之，村妪更相为主，多为黠僧所诱化，虽丈夫亦不知堕其术中，大为善俗之累，贤有司禁绝之可也。"①这种风俗已经深入人心，官府哪里禁绝得了？它后来竟成了几乎无处不在、无时不有的一种活动。明末陆人龙编著的话本小说《型世言》第十回"烈妇忍死殉夫，贤媪割爱成女"，就描写了这样的情况：万历十八年（1590）的某一天，苏州府昆山县陈鼎彝与妻子周氏去杭州上天竺还香愿，中途遇到亲戚，于是，两家香船联在一起，"一路说说笑笑，打鼓筛锣，宣卷念佛，早已过了北新关……"

民间教派的繁兴和他们对社会政治的影响，引起了统治者的警惕和打压。明万历四十三年（1615），礼部就上了这样的奏折：

近日妖僧流道，聚众谈经，醵钱轮会。一名捏（涅）槃教，一名红封教，一名老子教。又有罗祖教、南无教、净空教、悟明教、大成无为教，皆讳白莲之名，实演白莲之教。有一教名，便有一教主。愚夫愚妇，转相煽惑。宁怯于公赋，而乐于私会；宁薄于骨肉，而厚于伙党；宁骈首以死，而不敢违其教主之令。此在天下处处盛行，而畿辅为甚。②

然明代末叶，纲纪松弛，朝令不行，所以，民间宗教并未受到多少打击，教中之人为布道而编写宝卷的活动依然频繁，旧的宝卷刻印抄写不辍，新创宝卷则不断产生。然而，到了清代，朝廷增大了镇压民间教派的力度，使得许多教派转入地下，编写、宣扬宝卷的活动亦有所收敛。尤其到了雍正朝，对民间教派的打击更加严厉，视宝卷为邪教的宣传品而予以收缴、销毁。道光年间，直隶有一个叫黄育鞭的官员，他将宝卷看作是"妖书"，说："谋逆之原，由于聚众；聚众之原，由于邪经。"他在巨鹿知县和沧州知州任上，将搜缴当地民间和寺庙收藏的明末宝卷68种，"摘出各经各品妖言"，又将华北各地教门所"提出

---

① 徐献忠：《吴兴掌故集》卷十二，吴兴：嘉业堂，民国间刊《吴兴丛书》本。
② 张惟贤：《明神宗实录》卷五三三，台北："中央研究院"历史语言研究所，1962年影印本。

的无数妖言，其妄谬有更甚于邪经者""择其主意所在之处，详为辩驳"，写成了《破邪详辩》一书，自费广为印发，目的是消除宝卷对人们的影响。

民间教派为了逃避打击，他们在宝卷的编写宣念的活动上，采取了两个办法。一是在宣讲宝卷之前，先宣讲皇帝的"圣谕"。清朝自顺治始，就向百姓颁发行为规则的"圣谕"。顺治的圣谕为"六谕文"：孝顺父母，尊敬长上，和睦乡里，教训子孙，各安生理，毋作非为。康熙的圣谕则有十六条之多，为：敦孝弟以重人伦，笃宗族以昭雍睦，和乡党以息争讼，重农桑以足衣食，尚节俭以惜财用，隆学校以端士习，黜异端以崇正学，讲法律以儆愚顽，明礼让以厚风俗，务本业以定民志，训子弟以禁非为，息诬告以全善良，诫窝逃以免株连，完钱粮以省催科，联保甲以弭盗贼，解仇忿以重身命。为了达到家喻户晓、人人皆知的目的，朝廷要求大力宣讲。雍正皇帝曾亲自将康熙"圣谕十六条""寻绎其义，推行其文"，作《圣谕广训》，于雍正二年（1724）颁发。雍正七年（1729）"奏准：令直省各州县大乡、大村人居稠密之处，俱设立讲约之所。于举、贡、生员内拣选老成者一人，以为约正。再选朴实谨守者三四人，以为值月。每月朔望，齐集乡之耆老、里长及读书之人，宣读《圣谕广训》，详示开导。务使乡曲愚民，共知鼓舞向善"[①]。于是，编写与宣念宝卷之人，在宝卷之首，加上"圣谕"。如清光绪二十年（1894）常州培本堂刊本的《醒心宝卷》，在"开卷偈"之前，就有一段"圣谕十六条"的说唱。又如民国初元（1912）前后石印本《五经会解》（明罗梦鸿所编宝卷《五部六册》的注解本）第一部《苦功悟道经会解》卷首亦载有"御制""十六条规则"（即康熙"圣谕十六条"）。宣讲圣谕，表明编写或宣讲宝卷之人忠于皇上，与朝廷保持一致，自然也就没人阻碍了。二是淡化宗教性，强化故事性，将教义融入曲折的故事之中，让人们读后或听来，感觉唱宝卷不是在宣教布道，而是在讲故事。这一方式，导致了宝卷编写、宣讲的内容发生了巨大的变化，学术界称这一类型的宝卷为"民间宝卷"，以示和"宗教宝卷"的区别。故事性较强的宝卷，在之前就有，如讲述因缘与修行得道故事的像《黄

---

① 素尔讷等纂修，霍有明、郭海文校注：《钦定学政全书校注·讲约事例》，武汉：武汉大学出版社，2009年版：292页。

氏女宝卷》《刘香女宝卷》等，但它们是为宣扬宗教或为了人们祈祷还愿而服务的，所以，仍属于"宗教宝卷"。"民间宝卷"则有所不同，其素材多取自于民间传说、小说、戏曲，还有许多是当地的传闻，如《白蛇宝卷》《龙图宝卷》《梁山伯宝卷》《珍珠塔宝卷》等。其主旨并非是表现人物的恪守戒律、艰苦修行的事迹，而是歌颂仁善的品性。因此，民间宝卷的文学性较强。与其将它们看作是宗教性的宣传品，倒不如视为是民间文艺作品，更为确当。

民间教派的人编写与宣念宝卷的初衷，或许是为了宣教布道、组织教团、扩大教派的社会影响力，以达到政治、经济等方面的目的，但是，阅读或听讲宝卷的民众，之所以乐于接受，倒不一定是出于对教义的信仰，而更多的是对宝卷所颂扬的核心思想"善"的认同，或被宝卷故事中主人公的善行所感化。在有些地区，直接将宝卷称之为"善书"或"劝善书"。许多宝卷也以"劝善"来标榜，如"面对善人讲经典，劝善降福免三灾""宝卷是部劝善文，字字句句劝善人"。宝卷，尤其是民间宝卷，其故事大都按照两种模式构建：一是天性向善之人，排除万难，行善施恩，为上天得知，或于生时即得善报，或于死后升入仙界；另一是开始作恶之人，后改恶为善，上天宽恕其罪愆，亦让他得到良好的结局。这样的故事，对于乡民，尤其是妇女来说，不但乐于接受其对人生观的影响，还会在故事中获得巨大的审美上的快感。统治者也认识到了这样的以劝善为宗旨的宝卷对于民众教化的作用，纪昀说："释道如药饵，死生得失之关，喜怒哀乐之感，用以解释怨愆，消除悱郁，较儒家为最捷；其祸福因果之说，用以悚动下愚，亦较儒家为易入。"[1] 这也就是宝卷不被官府严厉禁止、民众乐于闻听以致绵延至今的根本原因。

宝卷在明代的江浙地区很盛行。在清中叶之前，编抄、宣念的多是宗教宝卷，而在清中叶之后，则多是故事性较强的民间宝卷。在近一百年中，宝卷有过两段衰萎时期，一是在20世纪30年代末至40年代中的日军侵占时期，二是在20世纪50年代初至80年代初。前者是因为日军的侵略，造成社会动荡不安、经济凋敝，宝卷生存所需的社会安定和经济条件受到严重破坏；后者是因为宝

① 纪昀：《阅微草堂笔记》卷四，上海：上海古籍出版社，2016年版：64页。

卷所表现的唯心主义世界观与主流意识形态截然对立而被严禁。改革开放之后，思想解放，传统文化重新受到重视，尤其是各地宝卷分别被列入国家、省、市、县的"非物质文化遗产名录"之后，许多地方恢复了宝卷的抄写、宣念的活动，组建了数以百计的宣卷班社。就现在的情况来看，江浙沪地区有宣卷活动的县市为江苏省的靖江、常州、无锡、吴江、常熟、昆山、张家港、太仓，上海市的青浦、闵行、浦东新区，浙江省的杭州、嘉善、绍兴、宁波等地。江浙地区现存的宝卷总量到底有多少，没有人做过精确的统计。车锡伦《中国宝卷总目》收录的当今海内外公私收藏的宋元以下宝卷文本近 1600 部，版本约 5000 余种，"2/3 以上是来自吴方言区"①。

在江浙地区，宣卷一般是在百姓的家庭中进行的。结婚、庆生、祝寿、造房、出门经商之前、家宅常出奇事、生病求神佑护、病愈向神还愿、儿童入学之初、春日耕种之时，等等，人们都可以请宣卷班子来家宣卷。宣卷活动名之为"做会"，请做会的东家称之为"斋主"。做会的地方设在客厅，客厅正中北首摆放着两三张八仙桌，成"品"字形，谓之"星馆台"。讲究的宣卷班子，会根据做会的目的，悬挂不同内容的图画与对联。桌子上则供奉着诸位神祇的牌位或塑像，一般是玉皇大帝、释迦牟尼、观音菩萨、瑶池王母、南极仙翁、弥陀大神、三清大帝等。神的数量没有规定，一般还会加入本地人认为较为灵验的神祇。供奉神灵的物品有酒、糖果和荤素菜肴。台前置有红烛、香炉。台的右侧，放置一斗白米，两根甘蔗，一杆木秤，一面镜子，在白米中点燃一盏菜油灯。白米、甘蔗、木秤、镜子等物是为了"压邪"。布置好的客厅称之为"经堂"或"佛堂"。

宣卷的过程须严格地按照规定的仪轨进行，即，（1）请神。先焚香燃烛，唱《香赞》等；接着唱《请佛偈》等，恭请佛与诸神降临。在请神时，气氛较为严肃，当宣卷先生唱到"恭请南海观世音"时，面朝南方叩拜一番，以恭请观世音；当唱到"善才龙女降台临"时，宣卷先生则朝北叩拜行礼；请释迦如来佛时则朝西行礼。请神毕，向诸神报告斋主做会之目的。（2）宣卷。宣卷班子一

---

① 车锡伦：《江苏"苏州宣卷"和"同里宣卷"》，载《民间文化论坛》2007 年第 2 期：59 页。

般都掌握五六十本宝卷的唱念技艺，在进入经堂后，会先请斋主或村庄中有地位的长者在所携带的卷篮中"点卷"，点什么卷，就唱什么卷。如果不点卷，宣卷先生便会选一本自己熟稔的宝卷推荐给听众。宣卷有两种形式，一种是"木鱼宣卷"，另一种是"丝弦宣卷"。"木鱼宣卷"又称"平卷"。伴奏乐器有木鱼、磐子和碰铃，有的还加上一面小锣。木鱼宣卷班子一般有3—5个宣卷先生，一人主宣，称作"上手"，并负责敲打木鱼。其他人称为"下手"，执磐子、碰铃、小锣。"上手"每唱一句，"下手"则一起和附着唱该句的最后两个字和唱一句"南无阿弥陀佛"，这种和唱的方式称之为"和卷"。其歌唱的曲调有弥陀调、韦陀调、梅花调等。"丝弦宣卷"又称"花卷"。伴奏乐器除了木鱼、磐子、碰铃外，还有二胡、三弦、扬琴、琵琶等丝弦乐器，"丝弦宣卷"也因此而得名。当然，乐器中也有笙、箫、笛等。丝弦宣卷班子一般有上、下手和乐师5—8人。演唱的曲调比起木鱼宣卷要丰富得多，除了弥陀调、韦陀调、梅花调外，还有丝弦调与滩簧、评弹、江南民歌中人们喜听乐闻的曲调。丝弦宣卷因为曲调丰富好听而更受人们的欢迎，但在农村并没有完全代替木鱼宣卷，只是木鱼宣卷这一形式越来越少了。宣卷时，宣卷先生面前放着醒堂木、折扇、经盖等道具，将脚本摊在桌子上，照本宣唱。也有一些技艺好的凭记忆说唱。因每本卷子的内容大都很丰富，一般宣讲完一本，需要3至4个小时。（3）送神。宣卷先生诵念完"结卷偈"之后，唱《送佛偈》等礼送诸神的歌，并行叩拜礼。

现存宣卷的文本，有手抄本、木刻本、石印本和少量的铅字排印本，而以手抄本居多。手抄本多的原因不仅仅是人们为了节省购书的费用，而更多的是人们因袭着抄写佛经而积累功德的观念。这一观念是自佛经传播至中土后由僧人向人们灌输的。如西晋无罗叉所译的《放光般若经》卷二十《摩诃般若波罗蜜嘱累品》中云："阿难！是般若波罗蜜，若有书持、讽诵、念守、习行、解说其义、供养经卷，复教他人书持、讽诵、广为说者，当知是人常与佛俱，不离诸佛。"[1]"书持"即是抄写持有。早期的宝卷也是鼓励人们抄写，如《目连救母

---

① 大正一切经刊行会：《大正新修大藏经》第8册，台北：新文丰出版公司，1973年版：146页。

出离地狱升天宝卷》卷末言："普劝后人都要学目连尊者，坚心修道，报答父母养育深恩。若人写一本，留传后世，持诵过去九祖，照依目连一子出家，九祖尽生天。"宣卷的抄写者身份复杂，有的是宣卷艺人，有的是佛道信徒，有的则是宝卷的爱好者；其中学历有高低，年龄有大小，性别有男女。女性抄写宝卷多出现在江浙地区，因为该地区教育水平较高，思想也比较开放，许多女子亦读书识字。因抄写者的身份、学养不一样，故而抄本的形态也就各不相同。有书法水平较高的，有错别字连篇的，有清晰易识的，也有模糊难辨的。

苏州戏曲博物馆收藏的宝卷基本上是手抄本，有 236 种，包括同一种宝卷而不同的版本，共有 1000 余种。这些宝卷是 1960 年前后由苏州市文化局戏曲研究室从苏州郊区和各县农村征集来的，其中同里的宝卷较多，因而他们属于江浙地区的宝卷。抄写时间从清道光年间至 20 世纪 50 年代，历时 100 多年。

宝卷文本的格式，尽管每一本不尽相同，但大体上都少不了三个方面的内容。一是卷首偈文，如《陈世美宝卷》："世美宝卷初展开，恭迎神圣降临来。善男信女虔诚听，子孙瓜瓞寿绵绵。"唱此偈文的目的主要是请神降临和说明闻听此宝卷的功能。二是用说唱相间的方式讲述故事，如《顾金龙宝卷》："却说苏州府昆山县有一富翁，祖籍关东人士姓顾名金龙，娶妻周氏。弟名银龙，娶妻朱氏。兄弟二人，一善一恶，分居各炊。家内丰富，金银满库，良田千亩。金龙一生行善，银龙一生刁恶。二人日后收成，听吾道来。三贞九烈莫谈论，二十四孝不须云。单说苏州昆山县，祖居久住在乡村。……"其形式和评弹、鼓书等说唱曲艺相似，说白是散文，歌唱的唱词是整饬的韵文。三是卷末偈文。所讲故事的结局大都是善恶有报，以示神明不爽。最后的偈文总是这类富有警示意义的词句："但愿世人常行善，福田广种有收成。延寿宝卷宣圆成，诸佛菩萨尽欢欣。卷中倘有奇特字，吉祥神咒补完成。"（《积善延年宝卷》）

从学术的角度来考察，这些宝卷至少有三大价值。

一是由它们能够了解江浙地区人们的人生观、道德观、伦理观等精神形态。我们常说，儒、释、道是中国社会的哲学基础，构建了中国人的精神家园。其实，这种观点不尽符合事实。儒、释、道的思想确实对中国人产生了深刻的影响，但人们并没有完全受儒释道支配。尤其是底层社会的老百姓，依凭着他们的经济生产方式和生存状态，仅是有选择地接受了有利于提高他们生命质量的儒、释、道的思想，在经过漫长时间的实践检验后，形成了一整套的精神体系。又因中国不同的地域，其地理不同、经济方式不同，故而精神体系也不完全一样。如何了解某个地域的广大百姓的精神体系，途径之一就是流传于该地域民间的精神产品，而宝卷就是其精神产品中重要的一种。宝卷能为底层广大百姓自觉地传播、由衷地接受，是因为宝卷所表现的思想与底层百姓的精神高度合拍，所以，我们可以通过宝卷这一途径，透视底层百姓隐秘的灵魂世界。那么，我们从江浙的宝卷中能够看到江浙人有着什么样的独特观念呢？有许许多多，限于篇幅，我们仅以妇女观为例。众所周知，在旧时中国的主流意识形态中，尊男卑女，妇女是不被重视的，以致她们没有受教育的权利，没有参与政治生活的权利，甚至没有继承亲生父母财产的权利，不仅如此，还制定了许多道德的条款对妇女进行严厉的束缚。然而，在江浙的宝卷中，却表现出对女性品行的肯定与对她们不幸命运的同情。在宝卷所描写的人物中，品质高尚的女性多于男性，受生活折磨的女性更多于男性，自然地，升入天堂的女性也多于男性。

二是这些宝卷为正确把握江浙地区宗教发展史提供了重要资料。明代中末叶，民间教派蓬勃兴起，除了之前影响较大的白莲教外，又出现了由佛道融混而成的老子教、涅槃教、无为教、黄天教、弘阳教等许许多多的教派。而"有一教名，便有一教主"，宝卷则成了教派的宣传品和组织教团的工具之一，"每立一会，必刊一经。"所谓的"经"，实际上就是蕴含教义的宝卷。我们要想搞清楚称佛作祖的教派领袖们何以会在不长的时间内确立一个教门，并赢得成千上万的民众舍死忘生地拥护的原因；要想搞清楚某一教派的核心教义是什么，影响的区域有多大，等等关键问题，就必须依仗着宝卷这一曾经在彼时民间宗教活动中发挥过号角、纽带等重要作用的资料。如果轻视它们的作用，就无法揭示出一个区域宗教发展史的真相。

三是通过这些宝卷能够了解许多叙事文艺作品的演变过程。它们几乎囊括了流传于江浙地区的所有民间传说，如《孟姜女宝卷》《白蛇宝卷》《朱买臣宝卷》《游龙宝卷》《刘猛将宝卷》等，而这些传说在评弹、滩簧等说唱曲艺的曲目中亦有，我们可以将诸多文艺形式中的同一素材的作品进行比较，结合它们问世的时代、地域、作者，来考察他们的演变情况。这些宝卷不但用民间传说做素材，还和小说、戏曲等文艺形式相互影响。如《唐僧宝卷》《刘全送瓜宝卷》等源自于《西游记》小说，而《庵堂宝卷》《珍珠塔宝卷》等则被戏曲搬上舞台。它们也能为我们弄清楚一个文学故事的发展脉络提供宝贵的资料。

除了上述三点意义之外，这些宝卷还能让我们了解江浙地区自明清以来流行的部分佛教、道教的音乐和民歌、俗曲以及它们被运用到宣卷中来的方式，其中的许多故事还能为我们今日的文艺创作提供素材和故事的演述艺术。

正是考虑到宝卷的巨大价值，郭腊梅馆长才会组织一个团队，在本职工作之外，花费大量的时间与精力，来编撰馆藏宝卷的目录和提要，并出版公布，让人们充分地利用这些宝贵的资料。他们的这种行为承继了昔日人们抄写宝卷的做法，不过，他们不是为个人积功德，而是为了弘扬我们民族的优秀传统文化。

二〇一八年一月

凡 例

1. 本书著录苏州戏曲博物馆收藏宝卷 236 种，版本 1119 种。

2. 宝卷按卷名首字汉语拼音顺序排列，首字音序相同的宝卷，按首字笔画多少顺序排列。

3. 宝卷以较通行的名称为正名入编。宝卷异名用"又名"列出，如：《碧玉簪宝卷》，又名《媒婆失计卷》《秀英宝卷》。但宝卷在流传过程中，经常省略"宝卷"或"宝"，如：《积善延年》与《积善延年宝卷》，《沉香卷》与《沉香宝卷》均为同一概念，故不作为"又名"处理。

4. 宝卷的版本，按出版、抄写的年代顺序分条列出，内容包括：出版或抄写的时间；出版者或抄录者；版本，如石印本、抄本。用年号纪年或干支纪年者在后面括号内注明公元纪年；如时间、出版（抄录）者不详，则缺省，仅著录"×××抄本"或"抄本"。宝卷的封面、封底、卷首、卷末、结卷等信息如实著录。抄本中常有别字、方言字、前后用字不一致等情况，为保留原始的版本信息，亦照录，并在必要时括注正字或加注释说明。

5. "提要"简单阐述了宝卷发生的时间、主要内容。对不同版本的内容变化也做了简单说明。

6. 书末附宝卷名称索引，包括拼音索引和笔画索引。

目　录

A

001 《庵堂宝卷》

清雍正年间，上海小东门外太平村富户陈圣文，娶妻钱氏，生子宰奥。宰奥七岁时与邻村金家秀英小姐订婚。十岁时，陈氏夫妇病故，宰奥孤苦无依，家中原有钱粮转交娘舅钱安打理。谁料娘舅心存不善，假扮贼人强盗，半夜抢去陈家资产，又将宰奥赶出家门。宰奥去找金家求助，金家嫌贫爱富，要中断婚约，幸得秀英小姐深明大义，执意不肯。秀英向灶君祈福，感动上天，指点陈宰奥到灵神庙去。陈宰奥在去灵神庙途中遇到一女无法过桥，于是好心相助，原来此女正是秀英。秀英赠银，送宰奥出门赶考。宰奥路遇歹人，被抢去了银子。江西巡按殷文正路过此地，救得宰奥，养在家中读书。后来宰奥高中状元，回到乡里，夫妻相见，奸人伏法。

版本共 1 种：

抄本，一册。封面封底缺。卷首无题。无开卷偈。结卷偈"庵堂宝卷宣完成"。卷末无题。

检索号码：XJW400-19-1-10

B

002 《八宝鸾钗》，又名《鸾钗宝卷》《玉钗宝卷》

宋朝时期，河南开封祥符县闻子敬，父母早亡，只得投奔襄阳姑父。谁料姑父亦死，举目无亲，被白梅村梁员外收留，并将小女素云招赘闻子敬。婚后夫妻不睦，梁员外病死，幸得舅公王童照顾素云，并资助闻子敬赶考。途中，闻子敬仗义疏财，将全部盘缠一百两银子赠给陶庆臣。身无盘缠的闻子敬只得到兵部尚书方永家任西席，又被方永强招为婿。闻子敬中得举人，携方玉娘一同回乡。谁料，兵部尚书方永受奸人王权诬陷，满门抄斩。

闻子敬再上京赶考，家中大娘素云赠银给邻人薛举，被二娘玉娘发现，大娘担心二娘向子敬告状，不顾玉娘身怀六甲，多方刁难。二娘生下男婴，大娘竟要弄死，被舅公王童用计救下。男婴被做豆腐的钱公夫妇收养。二娘在家中不得安身，只得逃到青莲庵内。闻子敬在外为官，亦遭王权陷害下狱，幸得陶庆臣救助，发配虎辽军。虎辽军总兵正是薛举，闻子敬又得庇护。却说钱公养育闻子敬之子胜祖多年，胜祖长大成人，找到生母玉娘，又娶吴府小姐为妻。此后，王权事败，闻氏父子相认。大娘素云也认识到了自己的错误，一家团圆。

版本共 2 种：

1. 民国三十三年（1944）东海氏金寿抄本，上下两册。上册封面题"民国三十三年秋夏浣谷旦沐手敬抄录毕 / 八宝鸾钗上部"。卷端题书名"鸾钗宝卷上集"。开卷偈"鸾钗宝卷始展开"。下册封底封面缺。结卷偈"鸾钗宝卷宣完成"。上册卷末题"东海氏金寿 / 鸾钗宝卷上集终"。

检索号码：XJW5-19-1-1、XJW5-19-1-2

2. 抄本，一册。封面题"玉钗宝卷"。卷首无题。无开卷偈。无结卷偈。卷末无题。

检索号码：XJW94-19-1-1

003 《八宝山宝卷》

东京秀才王兴，妻刘月英，成亲后甚恩爱。刘月英前往八宝山还愿，遇和尚调戏，不从，回家七日生病而亡。原来是妖僧用法术将月英摄到山上，迷住本性而成婚，月英醒后甚悔。家中，王秀才将妻子安葬后禀告岳父。岳父不信，坚持开棺。打开一看，只有一具纸尸，就把王兴告到包公处。包公明察暗访，入八宝山，假扮卖京货的商人，引得寺中被拘禁的妇女来买。包公从中查明端倪，用兵将寺围住，妖僧撒豆成兵，与官军争斗。最终，邪不胜正，包公将妖僧擒住正法，众妇女终得遣散回家。

版本共 1 种：

抄本，一册。封面封底缺。卷首题"八宝山"。无开卷偈。无结卷偈。卷末无题。

检索号码：XJW6-19-1-1

004 《八仙宝卷》，又名《仙缘宝卷》《聚仙宝卷》

浙江武陵人何泰之女静莲，夜里梦见一道人给她一枚仙桃吃下。醒后，静莲告知双亲。何泰遂贴榜召集江湖异人前来解梦。于是，七仙齐聚，都要点化静莲。吕仙提出抛彩球，终于将静莲度去，改名何仙姑，而成"八仙"之数。

版本共 1 种：

癸丑顾彦抄本，一册。封面封底重装，封面题"壬辰年重修 / 顾培源藏 / 八仙卷"。原封面题"癸丑年清和月吉日立敬业堂顾乐记 / 仙缘宝卷即何仙姑招亲"。内书口题"八仙卷"。卷首无题。开卷偈"聚仙宝卷世难闻"。结卷偈"仙缘宝卷宣完成"。卷末题"天运癸丑年清和月下旬三日立 / 黼章顾彦抄"。

检索号码：XJW7-19-1-1

005 《八字宝卷》，又名《更凤缘卷》《善恶果报》《壬申宝卷》《逼死养媳》

宋朝时期，江南苏州府吴江横塘街朱天相，一生行善，生子名金龙，生女名金凤。某年元宵，不慎柴房火起，朱天相夫妇被烧身亡。金龙、金凤被舅父收养，后因坐吃山空，舅父亡故，家人只好将金凤送人为童养媳。后因有人挑唆，婆媳关系不和。一日，婆婆竟将金凤缢死，抛尸荒郊。幸有金凤平日所养一黄狗撞破棺木，又逢其兄路过，救至尼姑庵休养。之后，皇帝选妃，金凤入宫，其兄官封丞相，舅母、庵主均得爵禄，而婆婆与挑拨生事之人均遭报应横死。

版本共 12 种：

1. 清光绪二年（1876）抄本，一册。封面封底后装，封面题"四十五号 / 汤寿春置 / 八字卷"。内书口题"八字"。卷首题"八字宝卷"。开卷偈"八字宝卷初展开"。结卷偈"八字宝卷已宣完"。卷末题"光绪二年桂月　日立 / 弟子沐手抄录"。

检索号码：XJW4-19-1-4

2. 清光绪十年（1884）俞静安抄本，一册。封面题"第七号／吴春翘寔／八字卷"。卷首题"八字宝卷"，无开卷偈。结卷偈"八字宝卷已宣完"。卷末题"光绪十年四月　日立／叔吴春翘藏本，侄俞静安抄录"。卷末有宣传告示半幅"本号向在姑苏阊门外上津桥塊石盘……今开设上塘晋安桥东首滩河场……南朝北门面……"

检索号码：XJW4-19-1-3

3. 清光绪十六年（1890）王浩德抄本，一册。封面题"五十六号／三槐堂王记／更凤缘"。卷首无题。无开卷偈。结卷偈"此卷名为八字卷"。卷末题"大清光绪十六年闰二月王浩德抄录日立"。下钤"王浩德藏"朱记。

检索号码：XJW151-19-1-1

4. 清光绪二十二年（1896）董文彩抄本，一册。封面题"戴逸斋藏／更凤缘"。扉页背面记"倘有差误，不可作证"。卷首无题。无开卷偈。结卷偈"此卷名为八字卷"。卷末题"光绪二十二年太岁丙申孟夏端午节／书屋子弟董文彩沐手抄录"。

检索号码：XJW151-19-1-2

5. 清光绪二十二年（1896）周裕艻抄本，一册。封面、封底后装，书衣题"来号／十五号／朱士泳藏／八字卷"。无开卷偈。卷端题书名"八字宝卷"，下钤"文正书院裕记"朱记，页面上方钤"佛法万吉宝□"正方朱印。结卷偈"八字宝卷已宣完……"。卷末题"光绪二十二年十一月　日立，周裕艻抄录"。其后两页分别题"捌号／朱士泳揣／大孝卷""延寿宝卷／一号／朱翔记"。

检索号码：XJW4-19-1-6

6. 清光绪二十七年（1901）华秋亭抄本，一册。封面后装，题"四十七号／吴水根揣／八字卷"。原封面题"十七号／华秋亭记／八字宝卷"。卷首无题。无开卷偈。结卷偈"八字宝卷宣完成"。卷末题"光绪二十七年桂月／沙本华秋亭抄"。

检索号码：XJW4-19-1-2

7. 清光绪三十三年（1907）沈全根抄本，一册。封面、封底后装，封面题"结

号 / 汤永□志 / 八字卷"。卷首题"八字宝卷沈全根藏记"。无开卷偈。结卷偈"八字卷终"。卷末题"岁在丁未年 / 光绪三十三年阳月 / 沈全根录抄手 / 儒门善友奉佛莲船"。

检索号码：XJW4-19-1-5

8. 民国十一年（1922）王森逯抄本，一册。封面题"王森逯藏 / 善恶果报 / 壬申宝卷 / 逼死养媳"。卷首题"壬申宝卷"。开卷偈"善恶果报始展开"。结卷偈"壬申宝卷已宣全 / 此卷名为果报卷 / 善恶果报已周全……"。卷末题"民国十一年金柔月中浣八日抄录"。

检索号码：XJW283-19-1-1

9. 1949 年黄永康抄本，一册。封面无题。卷首题"八字宝卷全集"。开卷偈"八字卷宝大众听"。结卷偈"八字宝卷宣完成"。卷末题"民国三十八年古历己丑岁芙蓉月　日谷旦 / 黄永康敬抄录藏"。

检索号码：XJW4-19-1-9

10. 庚申周懋卿抄本，一册。封面题"周懋卿记 / 八字宝卷"。卷首题"八字宝卷"。无开卷偈。结卷偈"八字宝卷宣完成"。卷末题"岁次庚申年端阳月立 / 共十九 / 周懋卿"。

检索号码：XJW4-19-1-8

11. 杨廷章抄本，一册。封面、封底后装，封面题"三十九号 / 浦大根 / 八字卷"。卷首题"八字宝卷"。开卷偈"八字宝卷始展开"。结卷偈"八字宝卷已宣完"。卷末无题，书中有杨廷章印数枚，浦大根藏本中多有得自杨廷章者。

检索号码：XJW4-19-1-7

12. 抄本，一册。封面题"八字宝卷"。卷首题"八字宝卷"。无开卷偈。结卷偈"八字宝卷已宣完"。卷末无题。

检索号码：XJW4-19-1-1

006 《白鹤图宝卷》，又名《白鹤宝卷》《白鹤画图宝卷》《画图宝卷》《鹤图宝卷》《白鹤珍图》

江南镇江丹徒王玉安（也有数本作"安玉"）因奸臣当道，辞归林下。长子

5

子琴，妻丁氏甚贤。次子子连未娶。因逢荒年，王子琴又赴京六年未归，家中穷苦。丁氏乃取定亲金钗变卖。无奈此时街上十室九空，无人要买。子连求当无门，痛哭流涕，感动朝奉，当得半价。路中见有周二欲杀儿救母，子连不忍，将银悉数赠予周二。回家后子连被父大骂，嫂子丁氏让子连索回半数。子连自思既已赠人，无颜再索，欲自尽。路遇老家人王仁，被王仁接到新主子家中暂住。恰逢此家儿子生得样貌丑陋，绰号十样景。十样景订婚何家小姐，怕何家嫌弃自己丑陋，乃让家人请子连代他迎亲。一月后，何家送小姐过府，见十样景，大呼上当，改将子连和小姐接回何府，并招子连为婿。再说王家丁氏见叔叔久久不回，只得回娘家借银子，父母势利不肯，丁氏只好上街行乞奉养公婆。一日，有人说闲话，公婆怀疑丁氏有外心，欲令丁氏改嫁。丁氏欲死，被义贼一枝兰所救，并将宝物白鹤图及银钱五百两赠予丁氏，说是子连所赠。从此王家生计不愁。且说子连在何家成亲，惹恼了十样景，买通周二杀子连，周二告知子连。子连逃回家中，见到嫂子。嫂子嘱他上京寻子琴，并取白鹤图及银子给子连。不料半途中子连丢了银子，只好拿宝图变卖，恰被原主人南京赵翰林看见，送入衙门。赵翰林与王玉安有仇，有心陷害。幸得赵府玉娥小姐贴身丫鬟白梅看见，主仆二人设计解救子连，恰被一枝兰得知。一枝兰到府衙自首，被一并关押。白梅与小姐商议，假作与子连幼小定情，写好庚帖送入狱中，子连感其恩义。一枝兰打开镣铐，大闹知府衙门。王子琴自得中之后，本欲还乡，被奸臣作为使臣派遣外国，因此与家中音信断绝。多年之后子琴回朝，得封总督奉旨出京。一枝兰盗得总督令箭，押知府到总督衙门，告知子琴实情，兄弟相会。一枝兰又押赵翰林到衙门，由白梅上堂作证，说赵翰林嫌贫赖婚，以庚帖为证，赵翰林只得允婚。子琴收一枝兰为旗牌，衣锦荣归，子连接回何家小姐，父子兄弟夫妻团圆。

版本共 11 种：

1. 清同治六年（1867）抄本，一册。封面后装，题"白鹤图卷／民国十三年杏月　日立／裘清瑞计"。卷首题"白鹤宝卷／沛国仁裕堂氏藏"。无开卷偈。结卷偈"白鹤图卷宣完成"。卷末题"时维同治六年在于清和月上旬沐手抄录自书"。

检索号码：XJW78-19-2-4

2. 清光绪二十六年（1900）戴逸斋抄本，一册。封面题"戴逸斋记/白鹤图"。扉页题"焦国堂戴/白鹤卷"。卷首题"白鹤图宝卷"。无开卷偈。结卷偈"画图宝卷宣完成"。卷末题"大清光绪念六年葭月上浣自抄之录"。

检索号码：XJW78-19-1-4

3. 清光绪三十一年（1905）抄本，一册。封面题"十二号/吴至德堂置/白鹤图卷"。卷首无题。无开卷偈。结卷偈"鹤图宝卷已宣完"。卷末题"光绪三十一年乙巳秋季桂月　日立"。

检索号码：XJW78-19-1-5

4. 民国二十年（1931）徐文元抄本，一册。封面题"徐文元记/白鹤图卷下本"。扉页题"白鹤图卷下本/东海徐文元记"。无开卷偈。结卷偈"白鹤图卷宣完成"。卷末题"民国成二十年十二月初八日/徐文元写抄"。

检索号码：XJW78-19-2-3

5. 民国三十七年（1948）孙奇宾抄本，上、下两册。上册封面题"八十二号/孙奇宾白鹤珍图上集"。卷首题"白鹤图宝卷上集/榴月念八日起抄"。无开卷偈。结卷偈"白鹤图宝卷上集终"。卷末题"天运民国三十七年岁次戊子荷月初三日完毕"。下册封面题"八十三号/孙奇宾/白鹤珍图下集"。卷首题"白鹤图宝卷下集/荷月初二日下午起抄"。无开卷偈。结卷偈"白鹤图卷宣完满"。卷末题"天运民国三十七年荷月上浣/孙奇宾沐手敬抄"。

检索号码：XJW78-19-1-6、XJW78-19-2-6

6. 民国三十七年（1948）火松抄本，一册。封面题"蔡松茂记/白鹤图"。卷首题"白鹤画图宝卷"。开卷偈"白鹤画图卷宣扬"。结卷偈"白鹤宝卷宣完成"。卷末题"民国三十七年十二月上旬抄录火松抄录"。

检索号码：XJW78-19-1-3

7. 汤年龄抄本，一册。封面、封底后装。封面题"汤万祥/白鹤图宝卷"。卷首无题。无开卷偈。结卷偈"白鹤宝卷宣完成"。卷末题"汤年龄在稚课涂抄"。

检索号码：XJW78-19-2-1

8. 杨凤玉抄本，一册。封面题"杨凤玉道/白鹤图"。卷首无题。无开卷偈。

结卷偈"白鹤宝卷宣完成"。卷末无题。封底题"白鹤图宝卷／杨凤玉抄录"。

检索号码：XJW78-19-2-2

9. 夏震初抄本，一册。封面题"四十九号／恭寿堂记／白鹤图"。卷首题"白鹤图卷／夏震初藏用"。无开卷偈。结卷偈"白鹤宝卷宣完成"。卷末无题。

检索号码：XJW78-19-1-2

10. 周三全抄本，一册。封面、封底后装。封面题"念三号／周三全记／白鹤图"。原封面题"廿二号／周国安氏藏／白鹤图"。卷首题"白鹤图宝卷／周国安录"。无开卷偈。结卷偈"白鹤宝卷宣完成"。卷末无题。

检索号码：XJW78-19-2-5

11. 抄本，一册。封面后装，题"王炳坤藏／白鹤图"。卷首题"白鹤宝卷始展开"，印"王森逵章"。无开卷偈。结卷偈"白鹤卷已宣圆满"。卷末无题。

检索号码：XJW78-19-1-1

007 《白龙宝卷》

唐贞观年间连年大旱，玉帝命白龙行雨济世。龙王见下方民众不敬三宝，不孝父母，故少下了三分雨。玉帝得知大怒，将白龙贬下凡尘，化作蟒蛇受罪三千年。白龙向观音求助，观音指点他到江陵府陈居士处听经。白龙在陈居士处听经九十三遍，再听七遍即能飞升。不料半途遇到小曹村凶汉曹力昌，被他用扁担打死。白龙向阎王告状，阎王下旨拘来曹力昌的魂魄。曹力昌提议自己托梦给自己的妻子在阳世再念七遍经文，助白龙飞升以赎罪。阳世中，曹妻金氏因为无钱请人念经，只得将自己的儿子僧护卖给淮南李家。得钱后，金氏请金山寺和尚念经超度了白龙。二十年后，金氏思念儿子，求神问卜，相士说曹僧护已死。金氏悲痛欲绝，欲寻短见，幸得观音庇佑，化作老僧前来救护。且说僧护前来寻母不着，乃在寺庙施舍济贫，巧遇金氏，于是母子团圆。

版本共 1 种：

道光四年（1824）汤寿春抄本，一册。封面、封底后装。封面题"五十八号／汤寿春置／白龙卷"。卷首无题。开卷偈"白龙宝卷始展开"。无结卷偈。卷末题"道光四年荷月"。

检索号码：XJW73-19-1-1

008 《白马驮尸》，又名《刘文英宝卷》《刘文英白马卷》《斩杨宝卷》《白马宝卷》《文英宝卷》《斩杨二》

宋仁宗时，西京湖南府运水县刘家村刘达，娶妻黄氏，虽家中巨富，但苦于膝下无子。一日，刘家夫妇去圣帝庙求子，见庙宇败落，许愿如能生子，定予重修。圣帝显灵，降文曲星下凡为刘子。刘家生子文英后，马上修庙还愿。十六岁，文英上京赶考，行至太行山，遇强人劫道，将文英掳上山头，幸得山大王之女青莲救护，并私订终身，赠宝放行。刘文英进京，因在客栈露宝，被店家杨二害死。杨二拿宝贝治愈皇帝疾病，受封官职。包拯识破此人来路不正，又见白马驮文英尸体鸣冤，于是查明冤情，文英得以还阳。后文英助包公消灭太行匪人，文英、青莲夫妻团聚。

版本共 4 种：

1.民国十三年（1924）上海文益书局石印本，一册。封面缺。扉页题"刘文英宝卷"。卷首题"刘文英宝卷"。开卷偈"文英宝卷初展开"。无结卷偈。卷末题"金志祥办用"。

检索号码：XJW108-19-1-2

2.民国三十七年（1948）孙奇宾抄本，一册。封面题"一零一号／孙奇宾／白马驮尸"。卷首题"白马驼（驮）尸宝卷上集"。无开卷偈。结卷偈"文英宝卷宣完成"。卷末有小诗云："榴月无事在家住，空闲取笔抄卷书，芒种农夫都忙碌，晚在舍间辛苦字。"卷末题"中华民国卅七年岁次戊子农历五月十七日抄毕／晚孙奇宾台宣"。

检索号码：XJW96-19-1-1

3.1952 年吴伯鸿抄本，一册。封面题"吴记／白马宝卷"。卷首题"白马驼（驮）尸玉带记刘文英"。无开卷偈。结卷偈"白马驼尸宣完成"。卷末题"中华人民共和国成立两年而来抄／公元一九五二年／桃月 日立在好后／吴伯鸿沐手抄"。

检索号码：XJW96-19-1-2

4. 抄本，一册。封面残，题"世德堂俞记／刘文英白马卷"。卷首题"刘文英宝卷"。开卷偈"文英宝卷初展开"。结卷偈"此本名为白马卷"。卷末无题。

检索号码：XJW108-19-1-1

009 《百花台宝卷》，又名《双云宝卷》《逼婿为仆》《百花台双恩宝卷》

明朝年间，杭州有一告老之臣莫桂，将次女月贞许配扬州李文俊。因文俊父母双亡，家道衰落，文俊便带着管家李忠来到莫府投亲。在经过绍兴时，李忠感染疾病而亡。莫桂见到落魄的李文俊，心起赖婚之念。李文俊不得已，只好卖身葬仆，在莫家做下人，受到百般凌辱。李文俊每日打扫百花台，莫桂小女月贞去百花台观景，与文俊相逢相认，赠银两让李逃出莫家上京赴考。莫桂得知此事，欲将月贞害死，多亏教书先生相救，收月贞为义女。几经周折，李文俊赴京应试，高中状元。文俊与月贞历尽风霜之苦，终得婚配团圆。莫桂最终醒悟。

版本共 12 种：

1. 清光绪十年（1884）邹生包生合抄本，一册。封面题"戴氏亦记／双云宝卷"。卷首题"百花台宝卷"。无开卷偈。结卷偈"双云宝卷已完成"。卷末题"光绪十年不等月抄写／大清光绪甲申岁蕤宾月道裁两业邹包二生写于逸记"。

检索号码：XJW131-19-1-1

2. 清光绪二十年（1894）王桂卿抄本，一册。封面题"八／晋裕书屋／百花台"。卷首题"百花台宝卷"。开卷偈"百花台卷初展开"。无结卷偈。卷末题"光绪二十年一阳月修梓／王桂卿"。

检索号码：XJW131-19-2-4

3. 清光绪二十七年（1901）陈凤柏抄本，一册。封面题"剑号／四十五／陈凤柏藏氏／花台宝卷"。扉页题"百花台卷／后改台甫裁初为定"。卷首无题。开卷偈"花台宝卷未展开"。结卷偈"劝善宝卷已宣完"。卷末题"光绪念七年岁次桃月中旬陈凤柏抄录敬书"。书后记"借书万难，情意好借，借去不还，必定是龟／桃月之间以伴学，春景光华未分逢，倘有朋兄到家中，未会区区作教训／此本百花台人名两样抄传"。

检索号码：XJW131-19-1-5

4. 清光绪三十三年（1907）王念岵抄本，一册。封面题"三槐堂记／百花台宝卷"。扉页有彩绘三幅，颇为难得。卷首题"新抄百花台宝卷"。无开卷偈。无结卷偈。卷末题"光绪三十三年桃月　日立／王念岵顿首"。

检索号码：XJW131-19-1-4

5. 民国六年（1917）上海文益书局石印本，上下两册合订一册。封面题"绘图百花台宝卷"。卷首题"百花台双恩宝卷"。开卷偈"双恩宝卷初展开"。结卷偈"花台宝卷宣完全"。卷末无题。

检索号码：XJW131-19-2-7

6. 民国十八年（1929）王彦达代抄本，一册。封面题"王森逵藏／逼婿为奴"。卷首无题。开卷偈"百花宝卷始展开"。结卷偈"百花台宣完成"。卷末题"天运民国十八年太岁己巳清和月中浣日／王彦达代抄"。

检索号码：XJW131-19-2-2

7. 庚年姚重德抄本，一册。封面题"姚重德记／逼婿为仆"。卷首无题。无开卷偈。无结卷偈。卷末题"岁在庚午端月／姚重德书"。

检索号码：XJW131-19-2-1

8. 邓尉山人抄本，一册。封面题"五十三号／华凤池记／百花台"。卷首题"花台宝卷"。无开卷偈。结卷偈"百花台卷宣完成"。卷末题"壬子年未月下旬邓尉山人誊录华秋亭藏"。

检索号码：XJW131-19-2-3

9. 抄本，一册。封面后装，封面题"第十号／吴春翘／双云卷"。卷首无题。无开卷偈。结卷偈"双云宝卷宣完成"。卷末无题。

检索号码：XJW131-19-1-2

10. 石印本，一册。封面题"绘图百花台宝卷"。卷首题"百花台双恩宝卷／殷桂福"。开卷偈"双恩宝卷初展开"。封底缺。无结卷偈。卷末无题。

检索号码：XJW131-19-2-5

11. 石印本，上下两册合订一册。封面后装，封面题"安定胡畹峰办／百花台"。卷首题"百花台双恩宝卷"。开卷偈"双恩宝卷初展开"。封底缺，无结卷偈。

卷末无题。

检索号码：XJW131-19-2-6

12. 抄本，一册。封面题"百花台"。卷首题"百花台"。开卷偈"且宣扬州李文俊"。书口记"百花台五十四页"。结卷偈"劝善宝卷已宣完"。卷末无题，有"胡文忠"印数枚。

检索号码：XJW131-19-1-3

010 《百鸟图》，又名《百鸟图轴》

宋朝太宗时通州泰兴县潘文桂、潘文达兄弟之父原任巡按，后被奸臣顾元及所害。兄弟二人归乡居住，家中遭火灾，管家变卖的宅基之金又被偷走，生活难以为继。潘文桂不得已到姑妈家陈百万处借银，不料遭到的是殴打与羞辱。顾元及到庵中悼念亡妻，与潘文桂相逢，被吊在庵内毒打，欲置其于死地。顾家小姐顾佩玉不忍，悄悄放走潘文桂，并赠送明珠与错金扇作为信物，私订终身。顾元及仆人袁四，见老爷不在府内，偷得百鸟图一轴，不以为宝物，予以贱卖。潘文桂恰好遇到袁四，买下百鸟图，打算卖个好价钱。然而此物为顾家珍宝，无人敢买，后有一大户的下人表示，他家老爷愿出重金购买。潘文桂将百鸟图带到宅中，谁知就是顾元及家。顾家将潘文桂送到衙门，告状他偷窃宝物，潘文桂入狱。潘文达见兄长迟迟不归，出门寻找。在城中，潘文达遇见无头死尸，此时正好有衙门之人经过，误以为他是凶手，被关入狱中，幸好观世音出手相救。顾元及见到潘文桂身上有明珠和错金扇，知道了他女儿和潘文桂私订终身之事，大怒，欲杀女。顾佩玉与丫鬟女扮男装，连夜出逃，走投无路之时，只好投水自尽，被总兵夫人救起，认为义女。潘文达得观音相救出狱后，高中状元，救兄出狱，报仇雪耻，与兄嫂相聚，阖家团圆。

版本共 5 种：

1. 清光绪二十年（1894）陆仲贤抄本，存上册一册。封面题"光裕堂陆仲贤、锦宏置／百鸟图上集"。卷首无题。无开卷偈。无结卷偈。卷末题"光绪二十年甲午岁十二月　日立／仲贤抄"。

检索号码：XJW132-19-1-1

2. 清光绪二十五年（1899）抄本，一册。封面题"王森逵藏 / 百鸟图"。卷首无题。无开卷偈。结卷偈"百鸟图卷宣完满"。卷末题"光绪廿五年桃月吉日立"。

检索号码：XJW132-19-1-4

3. 清光绪二十六年（1900）吴云为抄本，一册。封面题"卅一 / 顾念萱揣 / 百鸟图卷"。扉页背面记"抄写卷文正真难，一反心思借的来。诸亲好友看一看，看完之时速耽回"。卷首题"百鸟图卷""延陵吴云为课"。无开卷偈。结卷偈"百鸟图卷文宣完"。卷末题"光绪二十六年岁次庚子腊月 / 吴云为抄录"。书中多处出现"吴云记"等印鉴。

检索号码：XJW132-19-1-3

4. 民国二十年（1931）吴庭蓉抄本，一册。封面后装，题"三十三号 / 浦大根 / 百鸟图"。首题"百鸟图宝卷"。书口记"百鸟图 / 吴庭蓉记"。无开卷偈。结卷偈"百鸟图已完成"。卷末题"中华民国二十年清和月　日在馆内抄录 / 弟子心斋吴庭蓉"。

检索号码：XJW132-19-1-5

5. 民国三十六年（1947）孙奇宾抄本，一册。封面题"一百十三号 / 孙奇宾 / 百鸟图轴"。卷首题"百鸟图宝卷"。无开卷偈。无结卷偈。卷末题"天运民国三十六年四月底吉立 / 孙奇宾沐手 / 百鸟图轴终 / 共四十一页"。

检索号码：XJW132-19-1-2

011 《百岁图宝卷》，又名《百岁卷》《百寿图卷》《百寿宝卷》《延寿宝卷》《赵贤借寿》《赵贤宝卷》《借寿宝卷》

湖南宝庆邵阳县管辂通晓阴阳八卦，经过广西思恩上林县时，见赵家庄一少年赵贤正在忙碌耕种。管辂见赵贤年纪轻轻，阳寿却仅至明日午时三刻。管辂通过与赵贤交谈得知，他有一片孝善之心，于是管辖决定帮助他。在管辂的指点下，赵贤访南斗星君。南斗星君对执笔的北斗星君说到此事后，北斗在赵贤的寿命上加了两笔，改为九十九岁。光阴似箭，赵贤八十高寿庆生时，天界王母娘娘赠一蟠桃，之后神仙纷纷送去贺礼。赵家庄众人也为赵贤祝寿，放花灯。

日后，赵贤日夜诵经念佛，好善乐施。九十九岁阳寿将尽，观世音以千叶莲花迎接他升上天界。

版本共6种：

1. 民国十九年（1930）抄本，一册。封面题"韩近良藏／百岁图"。卷首题"百岁图"。无开卷偈。结卷偈"百岁图卷已宣完"。卷末题"民国十九年岁次庚午桃月中旬之日良揣"。

检索号码：XJW124-19-1-2

2. 民国二十三年（1934）张桂堂抄本，一册。封面题"张桂堂记／赵贤借寿"。卷首无题。无开卷偈。结卷偈"借寿宝卷已宣完"。卷末题"民国甲戌年桂月吉日张桂氏虔诚抄诵谨呈"。书后记："诸亲好友概不出借，将书白字己多心思，己大故而不出借用。"

检索号码：XJW218-19-1-2

3. 民国二十七年（1938）陈富昌抄本，一册。封面题"陈富昌记／百寿图"，另有"陈富昌印"一枚。卷首题"百寿图"。开卷偈"延寿宝卷初展开""宝卷就叫百寿图"。结卷偈"此卷名为百寿图／延寿宝卷宣完成／斋主宣了延寿卷"。卷末题"民国二十七年菊月　日立／陈夫昌"。

检索号码：XJW125-19-1-5

4. 民国二十八年（1939）朱士永抄本，一册。封面题"十号／朱士永记／百岁卷"。卷首题"百岁宝卷"。无开卷偈。结卷偈"百岁图来宣完成"。卷末题"民国二十八年岁次己卯历杏月旬日朱士永书"。

检索号码：XJW124-19-1-1

5. 民国三十年（1941）朱鼎高抄本，一册。封面题"民国辛巳年夏月抄置／紫阳书屋／百寿图卷"。卷首题"百寿图"。书口记"百寿图／朱梅山"。开卷偈"延寿宝卷初展开"。结卷偈"此卷名为百寿图／斋主宣了延寿卷"。卷末无题。书后记"小儿犯百日关／代笔朱鼎高记"。

检索号码：XJW125-19-1-4

6. 浦氏抄本，一册。封面题"浦氏抄／赵贤借寿"，钤有"浦鉴"朱印。卷首无题。开卷偈"赵贤宝卷始展开／借寿宝卷宣开场"。结卷偈"借寿宝卷讲宣完"。卷末无题。

检索号码: XJW218-19-1-1

012 《碧玉簪宝卷》，又名《媒婆失计卷》《秀英宝卷》

明正德年间，浙江嘉兴府秀水县王裕，苦守家园，其子名玉林，已入黉门。一日玉林到李府拜寿，李爷见玉林才学甚好，将女秀英许之。秀英表兄顾文有，对秀英早有觊觎之心，见已许王，私通媒婆，设计害秀英。在他们成婚之日，向秀英借碧玉簪一支。顾写情书一封，将信与簪故意留在王房门口，王见后大怒，从此对秀英非打即骂，婆婆苦劝不听。秀英母知女儿被虐待，写信至京中请李爷回府，到王家问罪。玉林取出玉簪，李爷也欲杀女，婆婆不许，问明情况。丫鬟春香说出媒婆借簪之事，但对笔迹不像，招来媒婆询问，动刑逼问下，招出顾文有为之。玉林后悔不已，秀英吐血晕倒。玉林至京赶考，得中状元。秀英受封，又将春香配与玉林，秀英在家修行。

版本共 4 种:

1. 清光绪十八年（1892）晋卿抄本，存下卷一册。封面题"戊子春 / 黄惠之藏 / 碧玉簪宝卷下集"。扉页背面记"碧玉簪上 / 徐少卿"。卷首题"碧玉簪宝卷下集"。无开卷偈。结卷偈"此本名为碧玉簪子卷"。卷末题"光绪十八年壬辰岁次杏月中旬 / 晋卿抄订 / 丁顺宗记"。卷后记"碧玉簪上 / 乙巳岁黄钟月　日重修 / 虞北钱少溪记"。

检索号码: XJW400-19-1-11

2. 民国二十七年（1938）陈栽之抄本，一册。封面题"陈栽之记 / 媒婆失计"，另有"杨王仁记"朱印。卷首题"碧玉簪 / 陈栽之记"。无开卷偈。无结卷偈。卷末题"大中华二十七年新正月穿苍诞日陈栽之抄录"。

检索号码: XJW305-19-1-2

3. 上海惜阴书局石印本，上、下两册（合订）。封面题"天道好还 / 绘图碧玉簪宝卷 / 上海惜阴书局印行 / 陈润身书"。卷首题"绣像碧玉簪宝卷"。开卷偈"秀英宝卷初展开"。无结卷偈。卷末无题。

检索号码: XJW305-19-1-3

4.张桂堂抄本，一册。封面题"张桂堂记／碧玉簪卷"。卷首无题。开卷偈"秀英宝卷初展开"。结卷偈"今夜宣本秀英卷"。卷末无题。

检索号码：XJW305-19-1-1

013 《卜素玉宝卷》，又名《女延寿宝卷》《延寿宝卷》

秦朝始皇帝时，齐地先义乡富户卜宫英，广行善事，感动上天。天降神女入卜家为女，名素玉。九岁时，卜宫英病重，素玉割肉奉亲，玉皇赐寿一纪。素玉终身侍奉父母，并多行善事，扶危济困，后年逾百岁，被封为黎山老母。

版本共 4 种：

1.民国十二年（1923）吴召良抄本，一册。封面题"吴再兴置／女延寿宝卷"，另有"再兴"朱印。卷首题"女延寿"。无开卷偈。结卷偈"女延寿卷宣完成"。卷末题"民国十二年癸亥岁杏月上浣五日立／吴召良抄篆（录）"，另有"再兴"朱印。

检索号码：XJW21-19-1-1

2.民国二十八年（1939）陈富昌抄本，一册。封面题"己卯年／颍川书屋／女延寿／卜宫英之女素玉小姐，割股煎汤阎王加增寿"，钤"陈富昌印"。卷首题"女延寿"。无开卷偈。结卷偈"延寿宝卷宣完成"。卷末题"民国二十八年己卯岁榴月吉日／谷旦／陈富昌录"，钤"陈富昌印"。

检索号码：XJW21-19-1-4

3.吴仁生抄本，一册。封面题"吴仁生抄书宣扬／女延寿宝卷／卜素玉"。卷首无题。开卷偈"延寿宝卷始展开"。结卷偈"延寿宝卷宣完全"。卷末题"吴仁生抄本"。

检索号码：XJW21-19-1-5

4.抄本，一册。封面残，封底缺。封面题"□□延寿"。卷首题"女延寿宝卷"。无开卷偈。无结卷偈。卷末无题。

检索号码：XJW21-19-1-3

C

014 《财神宝卷》，又名《紫微星降凡》《财神喝彩宝卷》《路头宝卷》《耍货路头》《烘缸卷》《财神卷》《发财宝卷》《五福星官》《招财童子》《利市仙官》《家堂宝卷》《福星宝卷》《满载而归》《五路财神宝卷》《烘缸路头》

商朝纣王时，上界紫微星下凡，化为五人，都是正月初五出生。大哥杜平，二弟李四，三弟孙立，四弟任安，五弟耿正年。五人虽各有父母，然相会在扬州，结拜为异姓兄弟，合伙经商，购买了各种杂货出洋贩卖。途中遭遇风浪，飘到红毛国，红毛国人十分喜欢中国的杂货，兄弟五人大获其利，并被红毛国国君奉为上宾。回到国内，兄弟五人将红毛国的宝货售卖，获利极丰。后来，兄弟五人又在夏天到宜兴定制一批冬天用的烘缸，众人皆不理解。忽然，六月飞雪，惊动纣王。纣王找来姜子牙询问，得知要买烘缸。兄弟五人售卖烘缸，又获利不少。之后，兄弟五人又到杭州订购扇子，不多久又遇到冬天酷热难当，众人买扇，兄弟获利。后兄弟五人得到一把金龙扇，能扇出各种福气，进贡给君王，君王封他们为五路大将军。从此民间把正月初五定为财神生日，家家祭拜，以求财神赐福。

版本共 17 种：

1. 清光绪二十三年（1897）李菊香抄本，残本一册。封面题"汤寿春志 / 财神宝卷"。卷首无题。开卷偈"财神宝卷始展开"。结卷偈"斋主宣本发财卷"。卷末题"光绪二十三年十月　日立 / 李菊香抄"。

检索号码：XJW148-19-1-6

2. 清光绪三十一年（1905）马炜卿抄本，一册。封面题"满载而归"。卷首题"满载而归"。无开卷偈。结卷偈"财神卷宣完成"。卷末题"光绪三十一年阳春月奉斗弟子马炜卿录 / 乐安新之续笔"。

检索号码：XJW290-19-1-1

3. 民国九年（1920）谢凤鸣抄本，一册。封面题"积善堂徐仁良藏 / 财神宝卷"。卷首题"财神宝卷 / 发财宝卷 / 五福星官 / 招财阿太 / 利市仙官 / 积善堂徐仁良记"。开卷偈"财神宝卷初启开"。结卷偈"发财卷已宣完"。卷末题"民国九年太岁庚申仲秋月　日立 / 来燕堂谢凤鸣抄授 / 积善堂徐仁良藏"。书后记"民国三十一年芙月初三 / 俞云阶"。

检索号码：XJW148-19-1-10

4. 民国十五年（1926）宋福生抄本，一册。封面题"三零号 / 宋福生 / 五路财神"。卷首无题。开卷偈"路头宝卷初展开"。无结卷偈。卷末题"民国十五年春月吉立 / 宋福生自抄"。封底缺。

检索号码：XJW54-19-1-1

5. 民国二十一年（1932）抄本，一册。封面题"第 A 号 / 葛士樑藏 / 财神宝卷"。扉页题"葛士良①揣 / 财神宝卷"。卷首无题。无开卷偈。结卷偈"财神宝卷已宣完"。卷末题"中华民国二十一年三月　日立 / 葛士良藏"。

检索号码：XJW148-19-1-1

6. 民国二十三年（1934）浦锡卿抄本，一册。封面题"民国念三年岁次甲戌桂月下旬沐手谨录 / 浦锡卿抄 / 加彩财神宝卷"。卷首题"财神喝彩宝卷真第一"。开卷偈"财神宝卷始展开"。无结卷偈。卷末无题。书后记"此卷诸亲好友概不出借，免开尊口谢谢"。

检索号码：XJW148-19-1-7

7. 民国二十四年（1935）韩琴良抄本，一册。封面题"韩阿纪肄 / 财神宝卷"。卷首题"财神宝卷 / 韩琴良抄录原本"。无开卷偈。结卷偈"财神宝卷宣完成"。卷末题"民国念四年太岁乙亥八月　日立 / 韩琴良沐手"。

检索号码：XJW148-19-1-3

8. 民国二十六年（1937）庄云记抄本，一册。封面题"民国丁丑年抄板福星宝全卷云记手录　立旦 / 庄云记抄卷 / 福星宝卷全本"。卷首无题。开卷偈"财神宝卷初展开"。结卷偈"财神宝卷宣完成"。卷末无题。

检索号码：XJW288-19-1-1

9. 民国三十二年（1943）陆惠抄本，一册。封面题"怡安堂陆记 / 路头宝卷"。

---

① 原书如此，封面作"葛士樑"，扉页和卷末题"葛士良"。

卷首题"路头卷"。开卷偈"财神宝卷始展开"。结卷偈"财神卷已宣完"。卷末题"民国三十二年癸未菊月朔日 / 陆惠自抄妙手"。

检索号码：XJW300-19-1-1

10.民国三十六年（1947）俞杏泉抄本，一册。封面无题。卷首题"财神宝卷"。无开卷偈。结卷偈"财神卷来亦宣完"。卷末题"中华民国三十六年丁亥杏月上旬立 / 俞杏泉抄毕"。

检索号码：XJW148-19-1-5

11.乙亥黄万兴抄本，一册。封面题"家堂 / 灶家 / 财神卷 / 癸未 / 毛文学忠德"。书口记"家堂灶界路头卷 / 毛文学记"。卷首无题。开卷偈"财神宝卷始展开"。结卷偈"发财宝卷已宣完"。卷末题"太岁乙亥旧历十二月朔日 / 黄万兴涂"。

检索号码：XJW256-19-1-7

12.抄本，一册。封面已缺。卷首无题。开卷偈"财神宝卷始展开"。无结卷偈。卷末无题。

检索号码：XJW148-19-1-2

13.抄本，一册，168页。书后言："今日小弟到贵村，众位先生要帮衬，小弟宣卷流错字，君子贤兄不作正。小弟宣卷喉咙破，众位未厌勿好听。今日到骗饭来吃，小弟沿街来闯村。斋主请我骗骗佛，做戏堂明一样行。做戏拆台堂明散，小弟一样宣卷喊。不厌小弟粗蠢人，后有宣卷再来请，否则厌我勿好听，另请高妙好先生。"此卷前亦有大段铺陈文字。

检索号码：XJW500-1-11

14.抄本，一册，残。似为宗教宝忏，无具体故事情节。

检索号码：XJW500-1-12

15.抄本，一册。封面后装，封面题"秋号 / 陈鲤庭记 / 路头宝卷"。原封面题"陈培初氏藏 / 财神卷"。卷首题"要货路头"。无开卷偈。结卷偈"财神宝卷已宣完"。卷末题"鸾凤和鸣"。

检索号码：XJW148-19-1-9

16.抄本，一册。封面题"路头卷 / 顾应皋肄"。卷首无题。开卷偈"路头宝卷始展开"。无结卷偈。卷末无题。

检索号码：XJW256-19-2-1

17. 抄本，一册。封面无题。书口记"家堂卷／姚杏福办用记"。卷首题"路头卷"。无开卷偈。结卷偈"发财宝卷宣圆满"。卷末无题。

检索号码：XJW256-19-2-2

015 《蚕花宝卷》（三姑蚕娘）

轩辕氏由天帝委封，镇掌山河，所生三女，长女金花，次女银花，幼女玉花，勤俭纺织。一日，东北方鲜洋国内邓蛟龙，领兵去沿海掳掠，人民受苦极深。轩辕领兵出征，邓蛟龙现出原形，掀起巨浪，兵被水淹。轩辕王祝告，有人救得我命，愿平分江山，赐女为婚。海中出现白马一只，驮得轩辕身离险境。白马作法，败退来兵，护驾回朝。来朝轩辕王五更登殿，文武二班奏曰：公主年轻貌美，焉能与马成亲，虽是护驾有功，只可供养报恩。白马闻此咆哮，大吼三声而亡。武官剥其皮，皮毛丢在金銮殿上。白马作起狂风，将三位公主摄往虚空，于天马山中结为夫妇，在湖州城内居住。白马身上毛发血皮也被摄至宝山柘树上，变为天蚕，歇在树上，三眠以后结成茧子。三位公主轮流看养，蚕生长甚旺，但无叶吃，奏于轩辕王。王上奏天庭，降下桑树，清明发芽后给蚕吞食。三位公主被称为三姑蚕娘，分别养蚕。从此，世间兴养蚕之业。

版本共 3 种：

1. 清光绪二十三年（1897）周裕艿抄本，一册。封面、封底后装，封面题"寒号／十三号／朱士泳藏／蚕花卷"。扉页记录第三十四至四十五号十二种宝卷名目。卷首题"蚕花宝卷／文正书裕记／裕香用"。开卷偈"蚕花宝卷传流名"。结卷偈"蚕花宝卷宣完成／大众听宣蚕花卷"。卷末题"光绪二十三年岁次桃月　日立／仁德堂周裕艿抄手／丁酉年在与（于）甲辰月／乡馆抄落文正书院原本全部"。

检索号码：XJW258-19-1-4

2. 民国十九年（1930）韩近良抄本，一册。封面题"韩近良藏／蚕花宝卷"。卷首题"蚕花卷"。开卷偈"蚕花宝卷传流名"。结卷偈"蚕花宝卷宣完成"。卷末题"民国十九年岁次庚午桃月　日自抄／韩近良沐手家内抄录"。

检索号码：XJW258-19-1-2

3. 甲寅霍水泉抄本，一册。封面题"五十八／霍天元堂耕记／蚕花宝卷"。卷首题"蚕花宝卷"。开卷偈"蚕花宝卷流传名"。结卷偈"蚕花宝卷宣完成"。卷末题"太岁甲寅年二月补／弟子霍水泉抄本记"。

检索号码：XJW258-19-1-1

016 《蚕花宝卷》(蚕花娘娘)

夏朝四川宦家高元，夫人辛氏，生一女西陵小姐。一日高元骑宝马出猎，遇大盗胡平一班贼人，高元不敌被捉。义马奋力突围，回府禀夫人，辛夫人许诺，若马儿救得主人，当以小女许之，义马当即回去救下主人。不料高老爷获救回府，非但赖婚，反将马斩首，将马皮剥下晒在庭前。马皮作起一阵狂风将小姐卷至峨眉山下。马皮挂在桑树上成蚕吐丝，鲁班仙师制丝车将之织成锦缎。从此，养蚕织锦成为一行业。流传后世，西陵小姐则被奉为蚕花娘娘。

版本共 1 种：

抄本，一册。封面题"五十／丙辰年／陈栽之藏／蚕花宝卷"。封面钤"杨王仁记"朱印。卷首题"蚕花宝卷"。无开卷偈。结卷偈"蚕花宝卷宣完成"。卷钤"杨王仁记"朱印。

检索号码：XJW258-19-1-3

017 《茶碗记宝卷》，又名《茶碗宝卷》

扬州府江都县有财主王文远，妻陈氏，儿锦文。不料，王文远与妻病亡，万贯家财被火烧掉，王锦文只好以教书为生计。东门外张柏林家财万贯，生一男一女，名广清和秀英，开茶馆卖点心。王锦文常来茶馆喝茶吃点心，秀英对王锦文心生爱意，便在送茶时将引路条放在茶碗下面，请锦文晚上去她住处。谁知锦文未发现纸条，纸条却被前来茶馆的屠夫周大成拿走。周大成好色，晚上摸黑欲与秀英偷情，后被秀英家人发现，秀英父亲上楼查看被周大成杀死。广清报官，结果妹妹秀英与王锦文入狱，然他们大呼冤枉。江都知县赵老爷，严令他俩交出张柏林的人头，狱卒贪财，弄来一个死人的头卖给秀英，谁知后来事情败露。赵老爷受夫人言语启发，派公差四处搜查真凶，结果抓到屠户周大成，最终真相大白。屠夫周大成、狱卒等一一获罪判刑，最后赵老爷为媒，锦文、秀英结成夫妻。

版本共4种：

1. 民国七年（1918）周三全抄本，一册。封面题"五十号／顾念萱揣／茶碗记宝卷"。卷首题"茶碗记宝卷／周三全抄"。无开卷偈。结卷偈"茶碗宝卷宣完成"。卷末题"民国七年岁次戊午新春月／周三全抄记"。

检索号码：XJW224-19-1-3

2. 民国二十九年（1940）马昇卿抄本，一册。封面题"茶碗记宝卷"，钤"顾顺显章"朱记。卷首无题。无开卷偈。结卷偈"茶碗记卷宣完成"。卷末题"天运中华民国二十九年时在十一月 日立／茶碗记宝卷／马昇卿沐手抄"。

检索号码：XJW224-19-1-2

3. 周柏祥抄本，一册。封面题"周柏祥录／茶碗记"。卷首题"茶碗记卷"。无开卷偈。无结卷偈。卷末无题。

检索号码：XJW224-19-1-4

4. 抄本，一册。封面、封底缺。卷首无题。无开卷偈。无结卷偈。卷末无题。

检索号码：XJW224-19-1-1

018 《长生宝卷》，又名《反西川》

元朝时，扬州府泰兴县聚宝村杨元礼姐弟二人，父母双亡，杨元礼姐姐有武艺。元礼欲上京赶考，苦于没有盘缠，乃向姑母借钱，反受姑父奚落。丫鬟爱春见元礼一副好相貌，处处相帮，赠银为盘缠。上京之前，杨元礼找刘伯温相面，刘伯温算定元礼可中魁元。杨大姐不放心弟弟一人前往，便女扮男装与之同行。行至山东，夜宿山寺，恶僧谋财被杨大姐击退。后元礼与姐姐走散，来到张寡妇家，遇到张家小姐，小姐爱慕元礼，透露自家哥哥是山寺恶僧手下，要回来取元礼性命。张小姐放走杨元礼。元礼来到白水村，与白员外之女寿玉结缘。杨元礼进京高中状元，蒙胡丞相招亲，元礼以有婚约在先不允。胡丞相大怒，借故将元礼发配西川。元礼又与西川张家小姐结缘。此时朱元璋推翻元朝，刘伯温举荐杨元礼征讨西川黑虎山。杨元礼依靠姐姐之力平定西川。后娶妻四人。

版本共 1 种：

民国三十七年（1948）王炳坤抄本，一册。封面题"戊子／太原王炳坤志／长生宝卷全集"，钤有"王炳坤"朱印两枚。书口记"长生卷／反西川／王炳坤藏"。卷首无题。开卷偈"坛前宣扬长生卷"。结卷偈"长生卷宣完成"。卷末题"中华民国三十七年太岁戊子古历五月中旬／王炳坤自抄录／顾培源借抄"。

检索号码：XJW86-19-1-1

019 《沉香宝卷》，又名《劈山救母》《华峰志迹》《蟠桃宝卷》《宝莲灯》

汉朝时，山东青州府安邱县刘安之子刘向，赴京赶考，途经华山，题诗壁上。华岳三娘圣母见诗后，追赶刘向并与之成为夫妇。此事被圣母兄二郎神知悉，便将圣母压入华山之下，刘赴京后献出三娘所赠之宝，封为太守。圣母生下沉香，派人送到刘府，在刘府长到十二岁后，问及母亲，刘向说出圣母被压之情，沉香只身去华山救母。一路上蒙仙人白发老人与牧童指点，先到终南山拜何仙姑为师学武，十八岁时，得仙人兵器，在众仙人的协助下，劈开华山，救出圣母，一家人团圆。

版本共 13 种：

1. 清光绪十六年（1890）周尚文抄本，一册。封面、封底后装。封面题"32号／汤寿春记／沉香卷"。卷首题"沉香卷"。无开卷偈。无结卷偈。卷末题"光绪十六年闰二月中浣吉立／后学周尚文录"。此卷抄写较精。

检索号码：XJW147-19-1-5

2. 清光绪二十六年（1900）王森逵抄本，一册。封面题"庚子岁／王森逵／劈山救母／华峰志迹沉香卷"。卷首无题。开卷偈"沉香宝卷始展开"，钤"王森逵章"朱记。结卷偈"沉香宝卷宣完成"。卷末题"光绪二十六年太岁庚子一阳月上浣／王森逵抄录"。书后记"吾是王森逵，抄卷真万难，有人借去看，速急就来还。忙里有抽闲，日逐抄几板，倘然不肯还，此人定是鬼。倘然走上来，心里总不对，坐在无得坐。茶钱不来会，不要见怪我，宝卷送还来。请进中堂坐，

23

便粥便茶饭，抄卷大万难。你想难不难，句句劼实言，你想对不对"。

检索号码：XJW147-19-1-1

3. 清光绪三十三年（1907）吴维淞抄本，一册。封底已缺。封面题"三十九号／吴维淞藏／沉香宝卷"。书口记"沉香宝卷／吴记"。卷首无题。无开卷偈。结卷偈"沉香宝卷已完成"。卷末题"本皇三十三年太岁丁未腊月维吴记"。

检索号码：XJW147-19-1-3

4. 民国十一年（1922）高竹卿抄本，一册。封面题"民国十年十月下旬吉日立／沉香宝卷"。卷首题"沉香宝卷上集"。无开卷偈。结卷偈"沉香宝卷宣圆满"。卷末题"民国十一年春王月　日立／高竹卿抄"。

检索号码：XJW147-19-2-1

5. 民国二十年（1931）吴庭蓉抄本，一册。封面题"三／四号／浦大根／沉香宝卷"。卷首题"沉香宝卷"。书口记"沉香卷／吴庭蓉记"。无开卷偈。无结卷偈。卷末题"民国二十年清和月十二日浣／吴庭蓉在馆内抄毕"。

检索号码：XJW147-19-2-2

6. 民国二十五年（1936）毛文学抄本，一册。封面题"忠德堂毛记／沉香宝卷"。书口记"沉香卷／四十三号／毛文学记"。卷首题"沉香宝卷"。无开卷偈。结卷偈"沉香卷宣完成"。卷末题"民国念五年荷月上浣日立／毛文学自书"，钤"毛文学章"朱印。书后记"借看此书不可轻，功夫团团写一程。虽然纸墨非小事，遗失此书却难誉"。

检索号码：XJW147-19-1-4

7. 民国二十九年（1940）冯昇卿抄本，一册。封面题"沉香宝卷"，钤"顾顺章章"朱印。卷首无题。无开卷偈。结卷偈"沉香宝卷宣完成"。卷末题"时值天运中华民国二十九年孟冬十一月下旬／吴邑善山人冯昇卿沐手抄录／沉香法宝共四十页"。

检索号码：XJW147-19-1-2

8. 周志祥抄本，一册。封面题"周志祥揣／沉香卷"。卷首无题。开卷偈"沉香宝卷始展开"。结卷偈"沉香宝卷宣完成"。卷末无题。

检索号码：XJW147-19-1-6

9. 钱龙明抄本，一册。封面已缺。卷首无题。无开卷偈。结卷偈"沉香宝卷宣团园（圆）"。卷末题"蟠桃宝卷下集终"。书中有"钱龙明记"印鉴。

检索号码：XJW147-19-2-6

10. 抄本，一册。封面已缺。卷首无题。开卷偈"沉香宝卷初展开"。结卷偈"沉香宝卷宣完成"。卷末无题。

检索号码：XJW147-19-1-7

11. 华秋亭抄本，一册。封面无题。卷首无题。无开卷偈。结卷偈"沉香宝卷宣完成"。卷末题"次岁甲寅年八月华秋亭藏／太岁癸丑年新正月华秋亭记／子凤如记"。

检索号码：XJW147-19-2-3

12. 辛巳浦克勤抄本，一册。封面题"辛巳年／八／浦克勤抄／鸿儒置／沉香卷"。封面背面记"沉香救母，二郎神母舅外甥争斗，玄女娘娘为大姐，二郎神为弟，华岳为三娘，小妹为四姐"。卷首题"沉香宝卷"。开卷偈"沉香宝卷初起开"。结卷偈"沉香宝卷宣完成"。卷末题"弟子浦鸿儒诵"。书后记"行孝德道佛度神仙法，吃得苦中得苦人上人"。

检索号码：XJW147-19-2-4

13. 抄本，一册。封面已缺。卷首无题。无开卷偈。结卷偈"沉香宝卷宣完成"。卷末无题。

检索号码：XJW147-19-2-5

020 《陈世美宝卷》，又名《贪图皇亲》《不认前妻》《香莲宝卷》《采莲卷》

宋代湖广省荆州府桂阳县书生陈世美，有妻秦香莲（一作秦雪梅），生一子英哥，一女东妹，家中贫寒。一年，陈世美进京赶考，得中状元，被皇帝招为驸马。陈世美贪图皇室富贵，谎称无妻，得娶三公主为妻。包公善观人面相，看出陈世美家中有妻子，陈世美不承认，两下对赌，三年内见分晓。恰逢湖广荆州饥荒，包公奉旨出京赈济，到桂阳访得陈世美家世。且说秦香莲在家穷困，无力养育儿女，幸得陈世美同窗余荣接济。后得其弟秦禧相助，拖儿带女进京寻夫，途遇歹徒，秦禧丧命。千辛万苦来到京都，秦香莲才知陈世美停妻再娶。

夫妻见面后，世美不认其妻与儿女，秦香莲只得告到包公处。陈世美心生恶念，命旗牌官赵柏春杀妻灭子，赵柏春可怜秦香莲遭遇，放走母子三人。秦香莲自缢庙中，得神人相救还阳，另教授英哥东妹兵法术数。多年后兄妹俩帮助宋兵打败番邦，立下功劳。金殿上，兄妹说明身世。陈世美犯下欺君之罪，按律当斩，幸得英哥东妹求情，得免死罪。于是，一家和睦如初，共同修仙得道。

版本共 2 种：

1. 民国三十八年（1949）王炳坤抄本，一册。封面题"己丑 / 王炳坤抄 / 录贪图皇亲"，钤"王炳坤"朱印。卷首录"本卷人物，出场为序"，钤"王炳坤"朱印。无开卷偈。结卷偈"采莲卷宣完成"。卷末题"天运民国三十八年太岁己丑农历四月中旬　日 / 王炳坤自抄"。

检索号码：XJW142-19-1-1

2. 上海惜阴书局印行，石印本，一册。封面后装，题"安定胡睕峰办 / 陈世美"。卷首无题。开卷偈"世美宝卷初展开"。无结卷偈。卷末无题。

检索号码：XJW142-19-1-2

021 《雌雄盏宝卷》，又名《忠义卷》

汉朝时，番邦向文帝进贡一对日月雌雄宝盏，斟酒后盏中有二十四种乐器齐鸣声。文帝大喜，将宝物交予正宫苏氏保管。被西宫梅氏得知后心生嫉妒，便诈病哄骗正宫前来探望，设法央求正宫取来宝盏观赏，后将宝盏摔碎。文帝大怒，将已有身孕的正宫斩首，三朝元老潘葛因曾受过娘娘恩惠，不忍看其冤死，家中三夫人窦氏仁义慈心愿代替受刑。最终正宫保得性命后秘密逃出京城，途中产下太子刘锦。一路艰辛来到商州。转眼数载，刘锦长大成人，得知自家身世，辗转进京见得文帝，父子相见。文帝得知当年冤屈之事，即招苏氏回京，降罪西宫并满门抄斩。后太子登基，风调雨顺，国泰民安。

版本共 1 种：

抄本，上、下两册。上册封面题"上卷 / 合和堂大记 / 雌雄盏宝卷"。上册卷首无题。上册无开卷偈。上册无结卷偈。下册封面无题。下册卷首无题。下册无开卷偈。下册结卷偈"忠义宝卷宣完成"。

检索号码：XJW302-19-1-1、XJW302-19-1-2

022 《刺心宝卷》，又名《浙江嘉兴府秀水县刺心宝卷》《搐心宝卷》《懒朴妻》

东晋大明六年（浦大根藏本作大明嘉靖年间），嘉兴秀水县西门外刘孝文，娶妻张氏，婚后无子，十分烦恼。一日，孝文夫妇向海盐曹王菩萨求子，得上界金童玉女下凡，生下一男一女，但因忘了向曹王还愿而惹怒了曹王，曹王做法将张氏发配到千里之外白云庵居住。张氏失踪后，由东村王良为刘孝文作伐，刘孝文再娶朱家庄何员外之女何英。何英不喜欢前妻所生的迎春、梅柳兄妹，处处刁难，后来更下药欲毒死兄妹二人，二人幸得名医搭救躲过一劫。何英又设计诬告刘孝文谋反，致使刘孝文发配云南，同时又陷害迎春、梅柳兄妹，迎春落水，梅柳逃脱。迎春自水中逃得性命，路遇汪庭奎，得其相助，为其螟蛉之子。刘孝文发配途中，被强盗劫走。后迎春高中状元，寻回父母和妹妹，何英也得到应有的惩罚。

版本共 4 种：

1. 民国十八年（1929）张桂堂抄本，一册。封面题"张桂堂记／刺心卷附懒朴妻即偈文"。卷首题"懒朴妻"。无开卷偈。结卷偈"我今宣完刺心卷"。卷末题"民国己巳年孟秋月／卷徒清河桂堂沐手焚香敬诵"。

检索号码：XJW184-19-1-3

2. 民国二十一年（1932）吴庭蓉抄本，一册。封面题"三十七号／浦大根／刺心卷"。卷首题"刺心宝卷"。无开卷偈。结卷偈"刺心宝卷宣完成"。卷末题"天运民国二十一年岁次壬申桃月　日立／吴庭蓉抄"。

检索号码：XJW184-19-1-2

3. 抄本，一册。封面、封底缺。卷首题"刺心宝卷"。开卷偈"刺心宝卷始展开"。无结卷偈。卷末无题。

检索号码：XJW184-19-1-1

4. 石印本，一册。封面、封底缺。卷首题"浙江嘉兴府秀水县刺心宝卷"。开卷偈"刺心宝卷初展开"。无结卷偈。卷末题"国珍农民社宣卷"。

检索号码：XJW184-19-1-4

D

023 《打刀劝妻》，又名《打刀宝卷》《劝萱和荆》《钢刀劝和》《劝和宝卷》

　　江苏常州武进县落乡刘家湾人刘方，幼年丧父，家贫，母陆氏将其抚养成人，刘方十九岁时与后村李氏结亲。不久，刘方出门做生意，家中婆媳不和。一月后，刘方想了个计策归家。刘方故意在娘面前磨刀，叫母亲宽和忍耐一月，再杀掉媳妇。刘方又在娘子房中磨刀，叫娘子孝敬婆婆一月，再杀掉母亲。之后刘方便又出去做生意了。婆媳二人在家小孝老，老敬小。一月后，刘方回家，从此家中和和睦睦。

　　版本共 5 种：

　　1. 清光绪二十年（1894）丁云卿抄本，一册。封面后装，题"四十三号／汝南周懋卿抄／打刀劝妻"。卷首无题。无开卷偈。结卷偈"打刀宝卷宣完成"。卷末题"光绪二十二年岁次荷月／吴郡丁云卿记"。

　　检索号码：XJW88-19-1-3

　　2. 清光绪二十八年（1902）马伟卿抄本，一册。封面题"劝萱和荆"。卷首题"劝萱和荆"，钤"炳卿"朱印。无开卷偈。结卷偈"劝和卷宣完成"。卷末题"光绪二十八年桃月中旬／马炜卿抄"。

　　检索号码：XJW238-19-1-1

　　3. 民国二十三年（1934）胡玉岐抄本，一册。封面残，题"民国甲戌年七月□□□／安定胡玉岐记／打刀宝卷"。卷首题"打刀宝卷"。无开卷偈。无结卷偈。卷末题"胡玉岐抄"。

　　检索号码：XJW88-19-1-2

　　4. 民国三十五年（1946）孙奇宾抄本，一册。封面题"一零九号／孙奇宾／钢刀劝和"。卷首题"钢刀劝和"。无开卷偈。结卷偈"劝和宝卷宣完成"。卷末题"中国（华）民国三十五年蕾月念七日／下河抄毕孙奇宾敬抄"。

　　检索号码：XJW238-19-1-2

　　5. 抄本，一册。封面、封底缺。卷首题"打刀宝卷"。无开卷偈。无结卷偈。卷末无题。

024 《大红袍宝卷》，又名《姑嫂成亲》《水泼红袍》《姻缘宝卷》《巧姻缘宝卷》

唐太宗时，山东东昌府乡宦卢廷义，父亲在时定亲南关孙家素英小姐。廷义上京赶考，高中状元，奉旨成婚，皇帝赠金千两、红袍一件。婚后，素英小姐一日误将洗脸水泼在红袍上，廷义大怒，辱骂素英，母亲责怪廷义。廷义因为红袍污损，难以穿着面圣，留诗一首，出家为僧。素英假扮秀士出门寻夫，寻不着，路遇张太守，被认作男人收为养子。后皇帝上五台山，遇到僧人卢廷义。卢廷义说明缘由，皇帝赐他无罪，一同回京。后南关孙家家道中落，原先定亲的顾家意欲悔婚，要将顾小姐嫁给张太守之子，于是素英、顾小姐假成亲。后几番波折，真相大白，卢廷义娶回素英、顾小姐，夫妻终于团圆。

版本共 9 种：

1. 清光绪三十四年（1908）抄本，一册。封面题"丙戌补 / 太原王炳坤藏 / 大红袍"，钤"王炳坤"朱印。卷首无题，钤"王森逵章"朱印。无开卷偈。无结卷偈。卷末题"天运光绪三十四年太岁戊申桃月上浣日自抄录"。书后有小诗云："我俚是要想铜钱弄得无不惘，勤在台上打打磕冲，斋主还要说我赖朴人，想想宣卷饭勿好吃，顶好有钱做乡绅，贫富尽是前世定……"

检索号码：XJW107–19–1–5

2. 民国四年（1915）杨廷章抄本，一册。封面后装，题"三十八号 / 浦大根 / 红袍卷"。卷首无题。开卷偈"红袍宝卷舒展开"。无结卷偈。卷末题"杨廷章自书 / 中华民国乙卯年一阳月　日立整"。

检索号码：XJW107–19–1–3

3. 民国十一年（1922）陈栽之抄本，一册。封面无题。卷首题"红袍宝卷"。无开卷偈。结卷偈"红袍宝卷已宣完"。卷末题"民国十一年岁次壬戌新正月念三日陈栽之抄录"，钤"杨王仁记"朱记。

检索号码：XJW107–19–1–2

4. 民国十三年（1924）吴庭蓉抄本，一册。封面题"三十三册 / 吴庭蓉藏 / 姑嫂成亲"。卷首题"巧姻缘宝卷"。无开卷偈。结卷偈"巧姻宝卷已宣完"。卷末题"民国十三年岁次甲子荷月　日立／吴庭蓉抄"。

　　检索号码：XJW102-19-1-1

　　5. 民国二十一年（1932）抄本，一册。封面题"四十一号／徐凤翔揣／大红袍"。卷首题"大红袍宝卷"。开卷偈"红袍宝卷始展开"。结卷偈"红袍宝卷宣完成"。卷末题"民国二十一年桃月吉日抄"。

　　检索号码：XJW107-19-1-1

　　6. 民国二十二年（1933）艾侃琴抄本，一册。封面题"侃琴录／巧姻缘宝卷／即水泼红袍"。卷首题"水泼红袍"。无开卷偈。结卷偈"此本名为巧姻缘"。卷末题"中华民国念二年岁在昭阳作噩南吕月吉日／艾侃琴录"。

　　检索号码：XJW102-19-1-2

　　7. 1951年吴伯鸿抄本，一册。封面题"吴记／姻缘宝卷"。卷首无题。书口题"姻缘宝卷／吴伯鸿　岁年抄"。开卷偈"姻缘宝卷初展起"。结卷偈"姻缘宝卷宣完成"。卷末题"辛卯太岁年""太岁杏月　日立／吴伯鸿抄"。

　　检索号码：XJW102-19-1-3

　　8. 丙辰方露博抄本，一册。封面题"露号／贰四／朱士泳揣／红袍卷"。卷首题"大红袍宝卷"。无开卷偈。结卷偈"红袍宝卷宣完成"。卷末题"丙辰年仲夏荷月中旬／方露博抄"。

　　检索号码：XJW107-19-1-6

　　9. 辛丑抄本，一册。封面无题。卷首无题。开卷偈"红袍宝卷始展开"。结卷偈"姻缘宝卷宣完成"。卷末题"太岁辛丑年仲冬月中日敬抄"。

　　检索号码：XJW107-19-1-4

025 《大莲船宝卷》

　　观世音菩萨见世间行善人少，为恶人多，乃造莲船劝人为善。一路上观音遇到杀猪人、娘娘们、善良人、打铁人、捉鱼人、和尚僧、男子汉、穷苦人、富人、尼姑、孝心人、帮工、道士、苦恼人，菩萨对他们一一点评，并劝他们为善，共赴西天。

　　版本共1种：

癸亥抄本，一册。封面题"癸丑岁桃月抄录 / 薛幻良藏本 / 莲船宝卷"。卷首无题。开卷偈"莲船宝卷初展开"。无结卷偈。卷末无题。

检索号码：XJW244-19-1-1

026 《大孝垂坊宝卷》，又名《贤孝双修宝卷》《垂坊宝卷》《大孝贤坊》《孝媳宝卷》《大孝牌坊宝卷》

襄阳城外余道村胡永兴家有一子元官，娶妻林氏。胡家家贫，林氏见家中二老将棉衣当掉，无钱赎回，就把自己的棉衣给公婆穿，宁可自己受冻。一日下雪，二老家中无米，林氏宁可自己不吃，也要供二老吃。林氏孝行感动上天，在上天帮助下终于渡过难关。

版本共 3 种：

1. 光绪十年（1884）青莲居抄本，一册。封面题"二十二号 / 青莲居录 / 贤孝双修卷"。卷首题"大孝贤坊"，钤"王浩德藏"朱印。无开卷偈。无结卷偈。卷末无题，印"王浩德藏"。

检索号码：XJW25-19-1-1

2. 戊子唐伟卿抄本，一册。封面题"俞云阶藏 / 孝媳妇卷"。卷首题"孝媳宝卷"。无开卷偈。结卷偈"大孝牌坊宣完成"。卷末题"戊子年清和月　日立 / 唐伟卿抄葫芦井 / 字不大好 / 工夫不好"。胡永兴，此本作"何永兴"。

检索号码：XJW160-19-1

3. 汤寿春抄本，一册。封面题"六十二号 / 汤寿春记 / 垂坊卷"。卷首题"大孝垂坊"。无开卷偈。无结卷偈。卷末无题。

检索号码：XJW25-19-1-2

027 《代皇进瓜宝卷》，又名《金钗宝卷》《进瓜宝卷》《逼化金钗》《刘全进瓜》《翠莲宝卷》《借尸还魂》《翠莲古典》《彩莲宝卷全集》《修行宝卷》

扬州卢家庄一富户刘全，妻子李氏翠莲（一作彩莲）。一日，刘全离家前往淮安收账，门外唐僧师徒四人奉观音菩萨之命前来刘家化缘，只为化得李氏头上一金钗。后师徒四人来到淮安，将金钗以二十四文银卖与刘全。刘全回家又遇王婆搬弄是非、挑拨离间说到金钗之事，盛怒之下打骂李氏。李氏含冤自缢。李氏至阴间向阎王告状，阎王大怒，将王婆魂魄抓来惩罚。事后刘全悔恨听信王婆之言逼死妻子，心中懊悔。又家中失火，家财烧尽，刘全沦为乞丐。一日见皇榜告示，需差人送南瓜到阴间，刘全因思念妻子，愿做使者进入阴间，便揭榜而去。来到阴间，见到翠莲，阎王得知夫妻两人之事后便将其还魂归阳。翠莲借尸还魂于玉英公主之身，后唐王将刘全招为驸马，一家团圆，荣封三代。

版本共 9 种：

1.清光绪二十二年（1896）戴逸斋抄本，一册。封面残。卷首无题。无开卷偈。结卷偈"翠莲宝卷已宣完"。卷末题"大清光绪二十二年杏月中浣日立戴逸斋记"。

检索号码：XJW191-19-1-2

2. 清光绪二十九年（1903）长生斗坛抄本，一册。封面题"十三号/翠莲古典"。卷首题"翠莲古典"。无开卷偈。结卷偈"今朝宣扬翠莲卷"。卷末题"光绪二十九年太岁癸卯夏五月中旬长生斗坛沐手敬抄"。

检索号码：XJW303-19-1-2

3. 清光绪二十九年（1903）王森逑抄本，一册。封面题"癸卯岁/王森逑藏/翠莲卷/借尸还魂"。卷首无题。无开卷偈。结卷偈"修行宝卷已宣完"。卷末题"光绪二十九年太岁癸卯杏月中浣抄写/森逑藏"。

检索号码：XJW303-19-1-1

4. 民国三十五年（1946）孙奇宾抄本，一册。封面题"一百十二号/孙奇宾/代皇进瓜"。卷首题"代皇进瓜"。无开卷偈。无结卷偈。卷末题"民国卅五年十月中孙奇宾沐手敬抄"。书后小诗云："冬秋落肩坐在家，空闲无事卷书摆，二十抄好上姑苏，共抄二天一礼拜。"

检索号码：XJW100-19-1-1

5. 民国三十六年（1947）徐仁青抄本，一册。封面题"丁亥岁/徐仁青录/金钗宝卷"。卷首题"逼化金钗宝卷"。无开卷偈。结卷偈"进瓜宝卷已完成"。卷末题"中国①民国三十六年十一月上旬六日立/东海徐仁青抄录"。

---

① 原文如此，应为"华"。

检索号码：XJW191-19-1-1

6. 民国三十七年（1948）徐达忠抄本，一册。封面题"民国三十七年夏历巧月中旬抄／凤仪阁宣扬员徐达忠宣／彩莲宝卷全集"。卷首无题。开卷偈"彩莲宝卷始展开"。无结卷偈。卷末无题。

检索号码：XJW303-19-1-4

7. 丙寅陈栽之抄本，一册。封面题"三十四号／陈栽之记／翠莲卷"。卷首题"翠莲卷"。无开卷偈。结卷偈"翠莲宝卷已宣完"。卷末题"丙寅岁桃月下浣／弟子陈栽之抄录"。

检索号码：XJW303-19-1-3

8. 乙未张燮臣抄本，一册。封面无题。卷首题"藏号／翠莲宝卷"。无开卷偈。无结卷偈。卷末题"岁次乙未年荷月念一日中旬重建／张燮臣抄毕"。

检索号码：XJW303-19-1-5

9. 高顺卿抄本，一册。封面题"廿一号／高顺卿志／翠莲卷"。卷首无题。开卷偈"翠莲宝卷广宣扬"。无结卷偈。卷末题"翠莲宝卷集／自己书本李乾亮"。

检索号码：XJW303-19-1-6

028 《戴黑心宝卷》，又名《诵咒免狱》《戴德公案》

苏州阊门内穿珠巷内，戴德人称"黑心"，做尽恶事，但对佛诚心。戴德死后要入油锅，戴德念起大悲咒，火星熄灭，阎王放过戴德。南濠汪士剑不服，阎王便将戴德投胎到恶人吴江钱家，名金光，最终恶有恶报。

版本共2种：

1. 清光绪八年（1882）峻山抄本，一册。封面后装，题"五十二号／汤寿春记／戴黑心"。卷首题"诵咒免狱"。无开卷偈。无结卷偈。卷末题"大清光绪壬午桂月下浣／灯下峻山手沐抄录"。

检索号码：XJW312-19-1-2

2. 乙卯抄本，一册。封面题"戴德公案"。卷首题"戴德公案"。无开卷偈。无结卷偈。卷末题"岁次乙卯年桃月　日沐录"。

检索号码：XJW312-19-1-1

029 《雕龙宝卷》，又名《雕龙扇宝卷》

　　唐朝江南府阳湖县人夏荣，乃告老还乡之太师，与夫人李氏生有二女，长女玉英、次女琼英。夏荣与夫人带了两位小姐到杭州烧香还愿，夜间，玉英手执雕龙扇，独自在船头赏月，被蛇精掳去。太师贴告示招婿寻女，穷书生高德华和同窗郁建文揭榜前去灭妖。夏太师看到高德华起了欺贫之念，想等女儿救出来后，配给富豪郁建文。高同夏府家人上山，到蛇洞内，找到玉英，蛇精被高用剑砍伤而逃。玉英以雕龙扇为信物赠予高德华。玉英出洞，高德华留洞待出。太师看见女儿安然无恙，将小姐送回，暗中吩咐家人不要救高德华，又叫郁建文相见，将女儿许配与他。高德华在洞中苦等了半天，不见有人来救，独自探路，来到海边。遇到北海龙王殿前小青龙，小青龙送他回家，并赠他一粒起死还魂丹。郁建文到常州与玉英成亲，玉英见不是高德华，让家人责打郁，郁无奈归家。高德华回家后到郁建文家责问为何当初不救他出洞，郁见高德华拿出雕龙扇，顿起毒心，设计害死了高，买棺入殓后，弃之荒郊。郁建文拿了扇子又到常州，玉英再次识破，郁又被痛打一番。高德华因有小青龙所赠的还魂丹而起死还生，在棺木中啼哭，惊动了清明前来祭扫友人的薛仲荣。薛把他救回家中，收作螟蛉之子，与薛员外女儿薛玉珍兄妹相称，改名为薛景贤，一同前往京城。玉英小姐以为高已被谋害致死，于是女扮男装，冒名高德华，投河自尽，被姚天官救起，亦收作螟蛉之子，与天官女儿姚月娥兄妹相称，改名姚天爵，一同赴京。高德华（薛景贤）、夏玉英（姚天爵）分别得中状元、榜眼。夏玉英（姚天爵）到常州太师府完婚，太师无法，只得叫丫鬟春香代嫁，故而主仆重逢。高德华（薛景贤）奉旨也来迎娶玉英，太师不敢抗旨，只得以次女琼英代嫁。洞房夜，琼英说出实情。正当夏玉英（姚天爵）、高德华（薛景贤）上奏太师夏荣赖婚代嫁之事，黄门官来报台湾妖精作乱，高德华（薛景贤）请缨前去，在小青龙的帮助下，一举灭妖。高德华（薛景贤）回京，加封吏部尚书。玉英听说状元回京，书信表明自己身份。高德华（薛景贤）接到书信后，写了一道陈情表，详细把来龙去脉奏明圣上。皇上看后，对高德华、夏玉英、夏琼英、薛玉珍、姚月娥、春香各自敕封，高德华奉旨迎娶五位夫人。夏荣因赖婚罚银五万，郁建文问斩。后五位夫人共生五子，过继姚、薛、夏三家，四家皆有后。

版本共 10 种：

1. 清光绪十七年（1891）王荣棠抄本，一册。封面题"念八号／王荣棠记／雕龙宝卷"。卷首题"雕龙扇卷"。无开卷偈。结卷偈"雕龙扇宣完成"。卷末题"大清光绪十七年巧月下浣抄录"，钤"王浩德藏"朱记。

检索号码：XJW265-19-3-1

2. 清光绪二十年（1894）仁兴抄本，上、下两册。上册封面题"王森逵藏／雕龙扇卷上"。上册卷首无题。上册无开卷偈。上册无结卷偈。上册卷末题"天运光绪二十年太岁甲午清和月下浣仁兴抄录"。下册封面题"甲午岁／王东泉藏／雕龙扇卷下集"。下册卷首无题，钤"王森逵章"朱印。下册开卷偈"听此这本雕龙扇"。下册结卷偈"雕龙宝卷宣完成"。下册卷末题"光绪二十年清和月下浣／仁兴抄录"。

检索号码：XJW265-19-1-1、XJW265-19-1-2

3. 清光绪二十年（1894）永安公抄本，上、下两册。上册封面题"永安公启／雕龙宝卷上"。上册卷首题"雕龙宝卷上"。上册无开卷偈。上册无结卷偈。上册卷末题"光绪二十年荷月中旬永安坛办用／雕龙扇上卷终"。下册封面题"永安公启／雕龙宝卷"。下册卷首题"雕龙宝卷下"。下册无开卷偈。下册结卷偈"雕龙宝卷已宣完"。下册卷末题"雕龙扇下卷终"。

检索号码：XJW265-19-2-2、XJW265-19-2-3

4. 民国二十一年（1932）顾毓秀抄本，一册。封面题"廿号／顾毓秀记／雕龙扇"。卷首无题。无开卷偈。结卷偈"此本名叫雕龙扇"。卷末题"岁次民国二十一年孟冬月抄"。

检索号码：XJW265-19-3-3

5. 民国二十四年（1935）抄本，一册。封面题"五十一号／徐凤翔揣／雕龙扇"。卷首题"雕龙扇"。无开卷偈。结卷偈"雕龙扇宣完成"。卷末题"中华民国二十四年四月吉日抄"。

检索号码：XJW265-19-3-2

6. 1953 年王秋樵抄本，一册。封面题"顾荣卿记／雕龙扇"。卷首题"雕龙扇"。无开卷偈。结卷偈"雕龙扇卷宣完成"。卷末题"公元一九五三年岁次癸

巳秋 / 王秋樵照抄"。

检索号码：XJW265-19-2-1

7. 丁亥孙奇宾抄本，一册。封面题"一百十五号 / 孙奇宾 / 五妹奇缘"。卷首题"雕龙扇宝卷上集"。无开卷偈。结卷偈"雕龙宝卷已宣完"。卷末题"岁次丁亥年榴月中浣毕 / 孙奇宾沐手敬抄 / 共三十五页"。

检索号码：XJW265-19-2-4

8. 癸丑华凤如抄本，一册。封面题"四十三号 / 吴水根藏 / 雕龙扇"。卷首题"雕龙扇"。无开卷偈。无结卷偈。卷末题"天运癸丑岁清和朔日立夏日未时誊抄完 / 华氏秋亭子凤如记"。

检索号码：XJW265-19-2-6

9. 抄本，一册。封面、封底缺。卷首无题。无开卷偈。结卷偈"集成一本雕龙扇"。卷末无题。

检索号码：XJW265-19-3-4

10. 抄本，一册。封面题"四十二号 / 汤省斋揣 / 雕龙扇"。卷首无题。无开卷偈。结卷偈"此本名为雕龙扇"。卷末无题。

检索号码：XJW265-19-2-5

030 《窦娥宝卷》，又名《节孝宝卷》《炎气降雪宝卷》《斩窦娥宝卷》《窦娥古典》《金锁宝卷》《金锁记》《六月雪宝卷》

楚州贫儒窦天章因无钱进京赶考，无奈之下将幼女窦娥卖给蔡婆家为童养媳。窦娥婚后，丈夫去世，婆媳相依为命。蔡婆外出讨债时遇到流氓张驴儿父子，被其胁迫允诺招其父子分别为婆媳之婿。张驴儿企图强行霸占窦娥，见她不从，便想毒死蔡婆以要挟窦娥，不料误毙其父。张驴儿诬告窦娥杀人，官府严刑逼讯婆媳二人，窦娥为救蔡婆自认杀人，被判斩刑。窦娥在临刑之时指天为誓，死后将血溅白绫、六月降雪、大旱三年，以明己冤，后来果然都一一应验。三年后窦天章任廉访使至楚州，见窦娥鬼魂出现，于是重审此案，为窦娥申冤。

（又一种）：淮安府山阳县内一户蔡姓人家，一家三口户主已亡，后经张媒婆说媒，娶得西溪村窦娥做童养媳，服侍婆婆。窦娥丈夫蔡文达进京赶考，婆媳二人相依为命。一日蔡婆唤张婆买羊肚汤，张婆之子张柳相中窦娥，设法在汤中下了砒霜，不料被张婆误食后中毒身亡。张柳却报官诬告窦娥杀人。窦娥被官府严刑逼供关入大牢，被判斩刑。突然六月十三天降大雪。知府便令刀下留人。一声霹雳，张柳即跪在衙前口供诉状，后被雷劈死，县官赶紧将窦娥放还，赏银五十两，还其清白，后蔡文达得中状元回来，一家团圆。

（又一种）：宋真宗时期，山阳县蔡廷文命中难养，故而打个金锁戴在胸前。蔡父与同村窦家定亲，娶窦屏章之女窦娥为童养媳。后蔡廷文在东海落水身亡，魂魄被龙王领到宫中。窦屏章进京赶考，蔡婆与窦娥相依为命。恶霸张驴儿贪图窦娥美色，欲下毒毒杀蔡婆再占娶窦娥，不料反杀己母，遂诬陷窦娥杀人。窦娥被屈打成招，判成死罪。临刑之时，六月飞雪，监斩官上报朝廷，皇帝着按察院窦屏章查访。又蔡廷文从龙宫还阳，进京赶考，得中状元。廷文与窦屏章一同察访，查得实情，夫妻相见，沉冤得雪。

版本共 10 种：

1. 清光绪二年（1876）抄本，一册。封面、封底后装，题"五十号 / 汤亨圻记 / 金锁卷"。书口记"金锁""峻记"。卷首无题。无开卷偈。结卷偈"金锁宝卷已宣完"。卷末题"光绪二年五月　日立沐手敬录"。

检索号码：XJW192-19-1-2

2. 清光绪四年（1878）抄本，一册。封面题"窦娥宝卷"。卷首题"窦娥宝卷"。无开卷偈。结卷偈"窦娥宝卷宣完成"。卷末题"光绪四年暮春月谷旦"。

检索号码：XJW296-19-1-2

3. 清光绪七年（1881）汉扬抄本，一册。封面缺。卷首无题。无开卷偈。结卷偈"斋主宣了窦娥卷"。卷末题"光绪七年次辛巳桃月　日汉扬沐手抄录本"。

检索号码：XJW61-19-1-1

4. 清光绪十二年（1886）朱茂山抄本，一册。封面题"光绪十二年二月日立 / 朱茂山记 / 窦娥卷"。卷首题"窦娥宝卷"。无开卷偈。结卷偈"窦娥宝卷宣完成"。

检索号码：XJW296-19-1-3

5. 清宣统元年（1909）吴维淞抄本，一册。封面题"吴维淞藏 / 第六十号 /

斩窦娥即金锁"。书口记"金锁记""维记"。卷首无题。无开卷偈。结卷偈"金锁宝卷已宣完"。卷末题"宣统元年闰二月　日中旬／维记抄录吴维淞自抄录"。

检索号码：XJW192-19-1-1

6. 民国六年（1917）高杏卿抄本，一册。封面题"顾银生本／窦娥古典"。卷首题"窦娥宝卷"。无开卷偈。结卷偈"窦娥宝卷宣完成"。卷末题"天运民国丁巳年菊月上旬／高杏卿沐手抄录"。

检索号码：XJW296-19-1-4

7. 民国九年（1920）徐佐详抄本，一册。封面题"五十二号／文正世家汤／窦娥古典"。卷首题"窦娥宝卷"。无开卷偈。结卷偈"窦娥宝卷宣完成"。卷末题"民国庚申年巧月上浣／东海弟子徐佐详敬录"。

检索号码：XJW296-19-1-1

8. 民国十五年（1926）王彦达抄本，一册。封面残，题"丙寅"。卷首无题。无开卷偈。无结卷偈。卷末题"天运民国十五年太岁丙寅午月端午天中节王彦达代抄／此书借去，君子自重，不可涂墨，抄毕还送"。

检索号码：XJW61-19-1-2

9. 民国三十八年（1949）孙奇宾抄本，一册。封面题"七十九号／孙奇宾／炎气降雪全集"。卷首题"炎气降雪又名斩窦娥全部／榴月　荀（旬）编"。无开卷偈。结卷偈"编就夫伸妻冤卷"。卷末题"天运民国三十八年岁次己丑荷月旬编吉立／孙奇宾沐手净抄"。卷中窦娥之夫为余大郎，母亲许氏。后余大郎受封千岁，查明窦娥冤情。

检索号码：XJW198-19-1-1

10. 抄本，一册。封面题"窦娥古典"。卷首题"窦娥宝卷"。无开卷偈。结卷偈"窦娥宝卷宣完成"。卷末无题。

检索号码：XJW296-19-1-5

031 《独占花魁》，又名《花魁宝卷》

宋朝，汴梁城外有对夫妇，夫姓华名善，妻阮氏，女瑶琴。因金兵入侵，华善一家出城逃难，不料途中与女失散。瑶琴被恶人拐入西湖边之妓院，被迫接客。

有汴梁秦良，也是为金兵所逼，逃到杭州，无计谋生，将子秦重过继朱十老家。朱家丫鬟与账房有染，说秦重坏话，朱十老将秦重赶走。秦重只得自己挑担卖油过活。一日，秦重见花魁（瑶琴）惊为天人，闻要银十两，才能亲近美人，因此每日劳苦积银，直达年半，方聚得十两，到院中求宿，不想美人酒醉归来，秦一人在侧服侍。天明，美人醒，惊问夜里之事，感秦诚实，并嘱勿再来。朱十老家，账房与丫鬟窃银逃跑，朱后悔莫及，只得寻秦重回家让其执管油坊。花魁自遇秦重，不肯接客。冬日，有胡公子接她游船，要她陪酒，花魁不肯，胡将其鞋剥去，把花魁丢在荒郊雪地。适秦收账路过，背回院中。花魁留宿秦重，许以终身。后花魁出银自赎，与秦结婚，并遇见自己和秦重的亲人，家人重聚。

版本共 1 种：

民国三十五（1946）胡文忠抄本，一册。封面题"修德轩忠藏 / 独占花魁"，钤"胡文忠藏"朱印。卷首无题。无开卷偈。结卷偈"花魁卷已宣完"。卷末题"民国三十五年菊月下浣 / 吴曲宣扬弟子胡文忠敬抄"。

检索号码：XJW233-19-1-1

E

032 《二度梅宝卷》

山东济南府历城知县梅魁，在任十年，为官清正。在他晋升吏部官职以后，不惧奸相卢杞，敢于当面指责其罪行。因而被奸相卢杞陷害，斩首于西郊。卢杞还假借圣意，捉拿梅魁全家。梅魁之子梅良玉及其母只好弃家而逃。他们几经周折，幸而来到陈东初家，梅良玉与陈家杏元小姐联姻。但卢杞又撺掇皇帝让杏元小姐出关和番，把梅良玉和杏元小姐这对情侣活活拆散。后来梅良玉闯战得捷，名列金榜首位，并被钦封为巡按，除暴安良。在皇帝的亲自主持下，得以和杏元小姐完婚团聚。却说陈东初之子陈春生，父母被捕入天牢，姐姐被逼和番，奸相卢杞对他进行追捕。后历尽艰辛，被渔家所救，被邱公收养，最后中了榜眼，喜获好姻缘。

版本共 1 种：

民国二十年（1931）石印本，上、下两册合订一册。封面、封底缺。书前有绣像两幅。卷首题"新出绘图二度梅宝卷"。开卷偈"二度宝卷初展开"。无结卷偈。卷末无题。

检索号码：XJW8-19-1-1

F

033 《凤麟袄宝卷》，又名《凤麟宝卷》

明嘉靖年间，官员陈英被奸臣迫害，逃居开封，以裁缝为业，生子葵秀，生活艰难。一日大学士王宛告老回乡，路过开封，女儿银屏因天冷找陈家裁衣。银屏拿出自己所绣凤麟，要葵秀做成凤麟袄。不料，葵秀在熨烫时烧坏成衣，小姐大怒。葵秀急忙上楼织补，银屏乃知陈家身世，并嘱咐他回家攻读，并许下婚姻，还赠他凤麟袄及胡珠。陈家开店营生，送子攻读得中秀才。小姐大喜，约葵秀上闺阁谈论诗文，不料被王宛发现，将葵秀问成死罪，幸得他人相救，方逃过一劫。小姐以为葵秀已死，亦投江，为尼姑所救。后葵秀殿试高中状元，奉旨与银屏小姐成婚。

版本共 2 种：

1. 清宣统二年（1910）王森逵抄本，一册。封面题"庚戌／王森逵藏／凤麟袄"。卷首无题。开卷偈"凤麟宝卷始展开"。结卷偈"凤麟宝卷宣完成"。卷末题"宣统二年太岁庚戌桃月中日森逵自抄录"。

检索号码：XJW59-19-1-1

2. 民国十八年（1929）张万镒抄本，一册。封面题"张桂堂记／凤麟卷"。卷首无题。开卷偈"凤麟宝卷始展开"。结卷偈"此本名为凤麟卷"。卷末题"民国十八年岁在己巳桂月中浣张万镒沐手抄／李祝溪叩"。

检索号码：XJW59-19-1-2

034 《福禄宝卷》，又名《宣扬福禄》

扬州光化九龙村一富商陶百万及妻子任氏，膝下三子一女。陶百万六十大寿之日，与女儿美玉发生争执，百万一怒之下，竟将女儿嫁与乞丐姜介眉。美玉母跪求无果，美玉只得跪别双亲后离家。半月后姜介眉夫妻二人来到青田县五龙村借宿刘御史家，只因御史家中变故，故房屋空置且时常闹鬼，小姐并不避讳，买下此屋，竟得屋内所有金银珠宝，从此大富，且日日敬香拜谢福神降临，一心向善。而家乡九龙村却遇天灾，陶家大不如前。后百万离家来到五龙村打听富户姜家住处。才知姜家主人原是自家女儿女婿，自觉惭愧。小姐宽宏大量，不计前嫌，孝敬双亲。

版本共 1 种：

抄本，一册。封面题"如显堂廖／福禄卷全集"。卷首题"福禄寿宝卷"。开卷偈"宣扬福禄宝卷开"。结卷偈"福禄宝卷宣完满"。卷末无题。

检索号码：XJW297-19-1-1

F

035 《赴任受灾》，又名《三元宝卷》《陈光蕊宝卷》

唐太宗时，海州弘农富户陈天官之子陈光蕊赶考得中状元。国舅丞相殷开山以次女招之为婿。陈光蕊携眷上任，途中放生三条鲤鱼。路上遇到强盗刘洪，陈光蕊被丢到江中溺死。强盗杀光家丁，霸占有孕在身的陈夫人。陈光蕊沉到江底，被龙王救醒。原来当日放生的鲤鱼即江中龙王三位太子。龙王将三个女儿同嫁陈光蕊为妻。却说强盗刘洪冒充陈光蕊到洪州做官，陈夫人诞下一子。刘欲斩草除根，夫人乃命人将儿子及血书一封放到红木箱中。箱子被金山寺长老拾到，并将婴儿托人抚养，后长大为僧，取名"江流儿"。陈光蕊还阳赴任寻妻，被刘洪捉住，幸得龙女所生三子救出。江流儿从长老处看到当日血书，别师去寻外公。殷丞相听闻此事，率兵到洪州，将刘洪正法，一家团聚。唐王大喜，封赏众人，江流儿赐名陈玄奘，代王到西天取经。后世间有妖孽作乱，朝中文武一筹莫展，陈光蕊三子施法术降妖除魔，三人俱得封号，得道成仙。

故事情节与《江流宝卷》类似，但增加了唐僧的三个兄弟的故事，或为江流故事与三官宝卷故事的合编。

版本共 1 种：

民国三十二年（1943）顾仁美抄本，一册。封面题"顾仁美记／赴任受灾"。

卷首无题。开卷偈"此卷即是陈光蕊"。无结卷偈。卷末题"中华民国癸未年榴月上浣涂毕／顾氏仁识"。

检索号码：XJW219-19-1-1

G

036 《庚申宝卷》（张秀英故事），又名《庚申古典》

唐太宗时期，南京城外太平村张士昌，在福建顺昌任县令，为官清正。适逢荒年，张士昌为赈灾救民，私开国库，皇帝大怒，致使张家家破人亡。有张女宝珠嫁西门外程百万，次女秀英在家修行。宝珠霸占家财，秀英只得到坟堂安身。秀英乏粮，问姐姐借贷，宝珠不借，还赶她出门。秀英一心苦修，感动上苍，而宝珠因行恶，得罪上苍，家遭火灾。秀英等得观音超度，白日飞升。

版本共 5 种：

1. 清光绪三十二年（1906）戴云祥抄本，一册。封面题"戴锦华逸记／庚申宝卷"。卷首无题。开卷偈"庚申宝卷始展开"。结卷偈"今朝宣教庚申卷"。卷末题"大清光绪三十二年桂月　日／戴云祥抄录"。书后有插图一幅。

检索号码：XJW186-19-1-7

2. 民国五年（1916）方霞城抄本，一册。封面题"宙号／二号／朱士泳／庚申卷"。卷首题"庚申宝卷"。开卷偈"庚申宝卷始展开"。结卷偈"庚申宝卷已宣完"。卷末题"天运民国丙辰年新正月下浣／方霞城抄录"。书后记"诸亲好友，概不借出"。

检索号码：XJW186-19-1-2

3. 民国六年（1917）炳卿抄本，一册。封面题"九号／顾念萱本／庚申古典"。卷首题"庚申宝卷"。无开卷偈。结卷偈"庚申宝卷宣完成"。卷末题"中华民国六年太岁丁巳荷月初十日夏／炳卿敬抄"。

检索号码：XJW186-19-1-4

4. 庚申华秋亭抄本，一册。封面、封底后装，封面题"第六号／吴水根揣／庚申卷"。卷首题"庚申宝卷／华秋亭记"。开卷偈"庚申宝卷始展开"。结卷偈"庚申宝卷已宣完"。卷末无题。

检索号码：XJW186-19-1-3

5.乙未抄本，一册。封面后装，封面题"庚申卷 / 五十二号 / 顾荣钦记"。原封面题"庚申宝卷 / 戊午 / 汉记"。卷首题"庚申宝卷"。开卷偈"庚申宝卷始展开"。结卷偈"庚申宝卷已宣完"。卷末题"岁次已未年加福月抄录"。

检索号码：XJW186-19-1-5

037 《庚申宝卷》（王长庚故事）

宋真宗时期，东京西门外都丰镇王球，官居礼部尚书，娶妻周氏，并无子嗣。王球夫妇行善积德感动上天，天降一子，取名长庚。王长庚长大后得中第八名进士，被封官职。后来王球年老身死，由无常带入地府，入得仙籍。王长庚后娶妻生子，为子起名佛和。一日，王长庚兴念欲出门修行，路遇太白金星试其诚心。王长庚一心修行，感动上天，终得羽化登仙。

版本共 1 种：

甲午浦近曾抄本，一册。封面题"甲午年 / 浦鸿儒诵 / 庚申宝卷"。卷首题"庚申卷"。开卷偈"庚申宝卷初展开"。无结卷偈。卷末题"太岁甲午年桃月 / 浦近曾写"。

检索号码：XJW186-19-1-6

G

038 《公主游地府》，又名《幽冥地景》《三公主游地府》

公主走到阴阳界，看到鬼门关，进入幽冥国。在童子的带领下来到阴间，游看十殿。第一殿，秦广王；第二殿，楚江王；第三殿，宋帝王；第四殿，五官王；第五殿，阎罗王；第六殿，卞成王；第七殿，泰山王；第八殿，平等王；第九殿，都市王；第十殿，转轮王。每一殿各司其职，公主看到了别样的地府景象，游完十殿后还阳。

版本共 6 种：

1.民国九年（1920）抄本，一册。封面题"储瑞兴处 / 游地府卷"。卷首无题。无开卷偈。无结卷偈。卷末题"中华民国庚申年己丑月季冬日立 / 源祥送子"。

检索号码: XJW234-19-1-4

2. 民国十三年（1924），吴祯祥抄本，一册。封面题"吴祯祥志／游地府"。卷首无题。无开卷偈。无结卷偈。卷末题"民国十三年岁次甲子宫三月吉日立"。

检索号码: XJW234-19-1-2

3. 民国十四年（1925）邱松筠抄本，一册。封面题"邱松筠藏／游地府"。卷首题"游地府卷"。无开卷偈。无结卷偈。卷末题"民国乙丑年杏月 日／邱松筠抄录"。卷后有香烛店广告印章一枚，言明该店地址在浒墅关。本卷中公主游地府十九层。

检索号码: XJW234-19-1-3

4. 抄本，一册。封面题"辛卯宫／严根荣阅／工谱"。卷首题"三公主游地府"。无开卷偈。无结卷偈。卷末无题。

检索号码: XJW234-19-1-1

5. 抄本，一册。封面题"公主游地府"。卷首无题。无开卷偈。无结卷偈。卷末无题。

检索号码: XJW234-19-1-5

6. 抄本，残本一册。封面封底残，封面题"四十八／姚国兴记／幽冥地景"。卷首无题。无开卷偈。无结卷偈。卷末无题。

检索号码: XJW234-19-1-6

039 《果报宝卷》，又名《眼前报》

浙江绍兴人张金鉴，因贪赃被上司弹劾罢职，后夫妇二人定居上海。张金鉴夫妻生活奢华，专横跋扈，邻里侧目，奴仆切齿。一日，张妻到城隍庙烧香拜神，见一庙祝不顺心，就破口大骂，把庙祝一掌打到殿角。激怒城隍，上禀阎王。阎王查到张家只有大公子一人善良，遂托梦，叫大公子逢"康"即逃。再说，张妻在城隍庙又求了个下下签，夫妻二人闷闷不乐。听了朋友胡才的话，把家中资财存入银号，然后把家搬到宝康里。搬家那天，夫妻二人弄得一塌糊涂，亲朋好友不欢而散。大公子婉言相劝，被张妻赶出家门。张家奶娘、男仆、阿妈、丫鬟长期受虐，不堪忍受，与厨师许升以及"抱不平"

的结拜弟兄六人，合力将夫妻二人杀死，留下襁褓中小儿由奶娘抚养，钱财均分，一把火烧了张公馆后，各人四散逃去。后来奶娘想发财，将此事告发，男仆、奶娘、阿妈收监，许升、"抱不平"六兄弟等在逃亡途中，船覆江而死，作恶者亦得恶报。

版本共 1 种：

清光绪三十四年（1908）徐瑚抄本，一册。封面题"八号／高顺卿志／果报卷"。书口记"廿三／任顺福"。卷首题"果报宝卷"。无开卷偈。结卷偈"其名就叫眼前报"。卷末题"光绪三十四年清和月中旬／渭亭徐瑚抄藏／李家沟书寓／第二载录"。

检索号码：XJW208-19-1-2

040 《果报录宝卷》

监生王文与隔壁刁南楼之妻刘氏私通。端午节时，刘氏与王文在房中饮酒，不慎被刁南楼妾王氏看见。刘氏为了杀人灭口，在馒头中暗置砒霜，欲毒死王氏。不料此时刁南楼正好回家，误食毒馒头，暴毙。后王、刘二人被判处极刑。

版本共 1 种：

抄本，一册。封面题"果报录"。卷首无题。无开卷偈。无结卷偈。卷末无题。

检索号码：XJW208-19-1-1

H

041 《合同记宝卷》，又名《奴欺主人》《孽仆欺主》

明万历年间，山西王清明，有母张氏，早年清明与山西礼部田某之女素真有婚约，有合同为凭。后王家家道中落，王清明奉母命去山西成婚。途中书童张春心生歹念，杀死公子冒名前往。后清明还魂，追到岳父家，被张春打出府门，到城隍庙暂避。后小姐由城隍托梦，到庙中认夫赠银。王清明到济南府刘大人处告状，刘夫人收了田家钱财，陷害清明，幸得狱官张得道仗义相助，放走清明。张春逼婚，素真自尽，被观音救出，送到尼姑庵暂避。清明赶考得中状元，在

庵中偶遇素真。后清明杀死张春，又到边疆平乱，再娶女将甘红、翠白，一家
团圆。

版本共 4 种：

1. 民国二十五年（1936）王森逮抄本，一册。封面题"丙子／王森逮藏／奴
欺主人"。卷首题"合同记"，钤"王森逮章"朱印。无开卷偈。结卷偈"合同
卷宣完成"。卷末题"中华民国二十五年太岁丙子清和月下浣／森逮自涂"，钤"王
森逮章"朱印。

检索号码：XJW118-19-1-3

2. 民国三十七年（1948）汤阴善抄本，一册。封面题"九十九号／汤安斋
揣／合同记"。卷首题"合同记"。无开卷偈。结卷偈"合同卷宣完成"。卷末题"民
国三十七年戊子十二月下半／汤阴善抄"。

检索号码：XJW118-19-1-5

3. 民国三十八年（1949）周怡生抄本，上、下两册。上册封面题"三号／
汝南通记抄／合同记上集"。上册卷首无题。上册无开卷偈。上册无结卷偈。上
册卷末无题。下册封面题"合同记下集""四号""汝南通记抄"。下册卷首无题。
下册无开卷偈。下册结卷偈"合同记宝卷宣完成"。下册卷末题"民国三十八年
荷月望日／敬手沐书周怡生笔"。

检索号码：XJW118-19-1-1、XJW118-19-1-2

4. 顾仁美抄本，一册。封面题"顾仁美记／恶仆欺主即合同记"。卷首无题。
无开卷偈。无结卷偈。卷末无题。

检索号码：XJW118-19-1-4

042 《何文秀宝卷》，又名《贞节宝卷》《海宁卷》《贞烈宝卷》《三探桑园宝卷》《三探古典》《四喜宝卷》《四喜古典》《放鹤亭》《忠节鹤亭宝卷》

明嘉靖年间，南直隶江阴县何文秀，父母双亡，又遭奸人陷害，流落到苏州。
苏州王阁老锦章有女兰英，兰英一日路遇何文秀在街头唱道情。王兰英同情何
文秀遭遇，赠银三百两。不想被家人发现，王阁老大怒，要淹死何文秀和王兰英。
幸被兰英之母救下，两人辗转逃到海宁暂住。不料，遇恶人张堂欲霸占王兰英，

H

设下毒计陷害何文秀。何文秀屈打成招，问成死罪，后得狱官搭救方才脱险。之后，何文秀高中头名，授浙江巡抚，回海宁探访夫人，并乔装打扮，收集证据，惩处恶人张堂，众贪官亦被免职。

版本共 17 种：

1. 清同治十三年（1874）玉堃抄本，一册。封面后装，题"庚戌／何文秀／徐梅卿重修／贞节宝卷"。卷首无题。开卷偈"贞节古事始宣扬"。无结卷偈。卷末题"时维同治十三年岁次甲戌孟秋巧月下瀚谨录／茂苑弟子松泉玉堃沐手于拾吟朵山房藏"。书前有绣像一页。

检索号码：XJW138-19-1-2

2. 清光绪六年（1880）翁益堂抄本，一册。封面缺。卷首题"四喜宝卷"。无开卷偈。结卷偈"此本名为四喜卷"。卷末题"大清光绪六年孟秋中浣日立谷旦／翁益堂敬抄"。书后有小诗："宣卷圆满再为高，一年四季保安康，伶巧之人听字眼，朦胧之人听好声。自己耳朵听不进，到怪宣卷宣不明……"

检索号码：XJW89-19-1-1

3. 清光绪十八年（1892）华秋亭抄本，一册。封面题"二九号／吴水根㨃／放鹤亭"。卷首无题。无开卷偈。结卷偈"鹤亭宝卷宣完成"。卷末题"光绪十八年十二月　日立／华秋亭"。

检索号码：XJW170-19-1-5

4. 清光绪二十六年（1900）李继舟抄本，一册。封面、封底缺。卷首题"何文秀宝卷"。无开卷偈。结卷偈"何文秀宝卷宣完成"。卷末题"大清光绪二十六年岁次庚子榴月　日置／李继舟沐手抄录"。

检索号码：XJW138-19-1-3

5. 清光绪二十六年（1900）钱亨湛抄本，一册。封面题"诸亲好友，概不出借／36①／顾银生本／鹤亭宝卷"。卷首题"忠节鹤亭宝卷全本／森玉堂高杏卿记"。无开卷偈。结卷偈"鹤亭宝卷已宣完"。卷末题"时维光绪二十六年太岁庚子闰桂月初旬　日奉高杏卿记／吴中钱亨湛沐手抄终"。

---

① 原文为苏州码子。

6．清光绪三十一年（1905）抄本，一册。封面题"十一号／延陵维松藏／鹤亭卷"。卷首无题。无开卷偈。结卷偈"鹤亭宝卷以（已）宣完"。卷末题"光绪乙巳年九月"。

检索号码：XJW170-19-1-4

7．清光绪三十四年（1908）王森逮抄本，一册。封面题"王炳坤藏／三探桑园"，钤"王炳坤"朱印。卷首题"何文秀卷"，钤"王炳坤章"朱记。无开卷偈。结卷偈"贞烈宝卷已宣完"。卷末题"光绪三十四年太岁戊申菊月上浣日／森逮藏"。书口题"何文秀"。

检索号码：XJW17-19-1-3

8．民国十九年（1930）艾梦钦抄本，一册。封面题"庚午桂月上旬　日立／贞烈宝卷"。卷首题"吴邑弟子艾梦钦摹／贞烈宝卷"。开卷偈"贞烈宝卷始展开"。结卷偈"贞烈宝卷宣完成"。卷末题"民国十九年桂月上旬　日立／艾梦钦藏本"。

检索号码：XJW138-19-1-5

9．民国二十年（1931）马凤卿抄本，一册。封面题"四十六号／怀德堂藏／放鹤亭"。卷首题"鹤亭宝卷"。开卷偈"贞烈宝卷始展开／要知这本贤良卷"。结卷偈"鹤亭宝卷宣完成"。卷末题"民国二十年十月　日立／马凤卿抄／太岁辛未芙蓉月夜抄"。

检索号码：XJW170-19-1-3

10．民国二十年（1931）吴庭蓉抄本，一册。封面题"三十四号／浦大根／海宁卷"。卷首题"海宁记"。无开卷偈。无结卷偈。卷末题"民国二十年清和月下浣／吴庭蓉在舍内抄毕"。

检索号码：XJW138-19-1-4

11．民国二十一年（1932）杨凤玉抄本，一册。封面题"杨凤玉录／何文秀"。卷首无题。无开卷偈。结卷偈"贞节宝卷已宣完"。卷末题"民国壬申年季春月中旬抄"。

检索号码：XJW138-19-1-1

12.民国二十二年（1933）抄本，一册。封面缺。卷首题"鹤亭宝卷/汤永楚志"。开卷偈"贞烈宝卷始展开"。结卷偈"鹤亭宝卷宣完成"。卷末题"鹤亭卷终/永初汤记/中华民国念二年岁次癸酉菊下旬/农人毕涂"。

检索号码：XJW170-19-1-2

13.己巳胡文忠抄本，一册。封面残，题"安庆堂藏/三探桑园"，钤"胡文忠"朱印。卷首无题。无开卷偈。无结卷偈。卷末题"岁纪己巳年清和月下旬沐手敬抄"，钤"胡文忠"朱印。

检索号码：XJW17-19-1-2

14.上海惜阴书局石印本，一册。封面、封底缺。卷首无题。无开卷偈。无结卷偈。卷末无题。

检索号码：XJW138-19-1-6

15.沈少梅抄本，一册。封面题"七十四号/沈少梅/四喜宝卷"。卷首题"四喜古典"。无开卷偈。结卷偈"贞烈宝卷宣完成"。卷末无题。

检索号码：XJW89-19-1-2

16.石印本，一册。封面后装，题"安定胡豌峰办/何文秀全部"。封底缺。卷首题"何文秀宝卷"。无开卷偈。无结卷偈。卷末无题。

检索号码：XJW138-19-1-7

17.抄本，一册。封面题"张录/三探卷"。卷首题"三探古典"。无开卷偈。结卷偈"桑园古典宣完成"。卷末无题。

检索号码：XJW17-19-1-1

043 《何仙姑宝卷》

仙人吕洞宾下凡寻访有缘人，在钱塘看到一女子颇有慧根，便前来点化。吕祖化作凡人，到女子所开的药店买家和散、顺气汤、消毒饮和化气丹，实则有意为难。不料女子十分聪慧，从容应对。女子姓何，心知对方不是凡人，便求吕祖收为徒弟。过程虽旁生各种枝节，但最终吕洞宾度得何仙姑成仙得道。

版本共1种：

民国三年（1914）上海文益书局石印本，上、下两册合订一册。封面后装，封面题"邹炳记／俊记何仙姑宝卷"。卷首题"何仙姑宝卷"。无开卷偈。无结卷偈。卷末无题。书后记录文益书局出版宝卷名录,共二十二种。

检索号码:XJW161-19-1-1

044 《红罗宝卷》,又名《晚娘青儿》《继妻凌子》《晚娘宝卷》《大绣宝帐》《嚣母责儿》《阴绣宝卷》《续母记》

唐太宗时,湖广黄州府黄冈县花仙庄员外张金(一名张锦、张士忠),有妻杨氏,却无子嗣。一日,张员外到五圣庙求子,感动上天,乃有天界金童投胎杨氏腹中,生子张灵宝。五年后,因张家忘了到五圣庙还愿,且未重修庙宇并捐赠红罗宝帐,惹恼了五圣灵官,收去了张灵宝的魂魄。张氏夫妇急忙还愿。杨氏所绣红罗宝帐精美异常,让地府四灵官非常欣羡,五圣灵官乃拘了杨氏魂魄到地府,令其不绣完四顶宝帐不得还阳。于是,张员外另娶尤氏。尤氏贪恋张家财产,处处刁难灵宝。后张金出门送军粮,尤氏竟狠心将灵宝压到锅中欲害其性命,幸得神明庇佑灵宝才逃过一劫。丧心病狂的尤氏竟杀了自己的亲生儿子文进,嫁祸灵宝,幸得御史陈大人搭救,才脱囹圄。尤氏再派人追杀灵宝,灵宝又被山大王多杀魔王所救。此时张金因奉旨送粮失了军机,问成死罪。灵宝进京救父,却得公主垂青,抛彩球招为驸马。张驸马招安了多杀魔王,立下功劳回到乡里,尤氏伏法,杨氏还阳,一家团聚。

版本共 14 种:

1. 清咸丰五年(1855)钱孝初抄本,一册。封面后装,封面残,题"德馨书屋施明德记／阴绣"。卷首题"续母记"。开卷偈"红罗宝卷始展开"。结卷偈"宣扬宝卷已完成"。卷末题"咸丰五年小春月　日／写于德馨书屋施轸藏／杭郡钱孝初沐手抄终"。

检索号码:XJW112-19-1-7

2. 清光绪二十年(1894)朱维贤抄本,一册。封面题"丙子年重立／沈少梅订／红罗宝卷"。卷首题"晚娘卷"。开卷偈"红罗宝卷始展开"。无结卷偈。卷末题"光绪二十年桃月终日／朱维贤沐手录"。

检索号码:XJW112-19-1-4

3. 清光绪二十一年（1895）顾彦抄本，一册。封面题"乙未年桃月中旬立 / 敬业堂顾乐记 / 晚娘宝卷"。卷首无题。无开卷偈。结卷偈"晚娘宝卷宣完成"。卷末题"光绪二十一年桃月中旬抄立 / 黼章顾彦写"。

检索号码：XJW112-19-1-2

4. 清光绪二十二年（1896）抄本，一册。封面题"袁少山藏 / 红罗宝卷"。卷首题"红罗宝卷"。开卷偈"红罗宝卷始展开"。结卷偈"红罗宝帐卷完成"。卷末题"光绪岁次丙申年清和月下浣沐手抄录"。

检索号码：XJW400-19-1-2

5. 清光绪三十四年（1908）王森遂抄本，一册。封面后装，无题。卷首题"红罗宝卷"，钤"王森遂章"朱印。无开卷偈。结卷偈"红罗宝卷宣完成"。卷末题"天运光绪三十四年太岁戊申三月下浣 / 森遂自抄"。

检索号码：XJW112-19-2-3

6. 清宣统三年（1911）华秋亭抄本，一册。封面后装，题"卅三号 / 吴水根揣 / 红罗卷"。卷首无题。开卷偈"红罗宝卷始展开"。结卷偈"红罗宝卷已宣完"。卷末题"红罗宝卷华秋亭记 / 大清宣统三年岁次辛亥静远堂"。

检索号码：XJW112-19-1-6

7. 民国二年（1913）上海文益书局、杭州聚元堂书局石印本，一册。封面后装，题"晚娘宝卷"。扉页题"民国二年夏出版 / 发行所 / 上海文益书局 / 杭州聚元堂书局 / 每部定价洋二角 / 上元李节斋校正"。卷首题"红罗宝卷"。开卷偈"晚娘宝卷初展开"。无结卷偈。卷末无题。

检索号码：XJW112-19-2-4、XJW112-19-2-5

8. 民国二年（1913）张瑞生抄本，一册。封面题"程俊奎置 / 嚚母责儿"。卷首无题。无开卷偈。结卷偈"红罗宝卷宣完成"。卷末题"天运民国二年菊月吉日重建 / 弟子张瑞生沐手敬录"。

检索号码：XJW112-19-1-5

9. 民国十七年（1928）浦鸿儒抄本，一册。封面题"重修 / 浦鸿儒抄 / 红罗宝卷"。卷首题"红罗宝卷"。开卷偈"红罗宝卷初展开"。无结卷偈。卷末题"龙飞民国十七年戊辰岁杏月中旬吉日重修"。

10. 1950 年陈富昌抄本，一册。封面题"庚寅年 / 颖川书屋 / 红罗卷古事 / 晚娘青儿"。卷首题"继妻凌子"。无开卷偈。结卷偈"红罗宝卷宣完成"。卷末题"农历无射月下浣陈富昌沐手抄"。

检索号码: XJW112-19-2-2

11. 戊午朱瑞生抄本，一册。封面后装，题"念二号 / 高顺卿志 / 红罗卷"。卷首无题。开卷偈"红罗宝卷再宣扬"。结卷偈"红罗宝卷宣完成"。卷末题"天运太岁戊午年朱瑞生抄"。

检索号码: XJW112-19-2-1

12. 殷鹤泉抄本，一册。封面题"五十号 / 汉记 / 大绣宝帐"。卷首题"红罗宝卷又曰晚娘卷"。开卷偈"红罗宝卷始展开"。结卷偈"红罗宝卷宣完成"。卷末题"光绪壬□年桂月初七日立 / 吴县弟子殷鹤泉诚心持斋沐手焚香敬抄录"。

检索号码: XJW112-19-1-3

13. 顾毓秀抄本，一册。封面题"廿一 / 顾毓秀抄本 / 红罗宝卷"。卷首无题。无开卷偈。结卷偈"晚娘宝卷宣完成"。卷末无题。

检索号码: XJW112-19-1-8

14. 抄本，一册。封面题"张记 / 红罗卷"。卷首题"红罗卷"。无开卷偈。无结卷偈。卷末无题。

检索号码: XJW112-19-1-9

045 《蝴蝶杯宝卷》，又名《蝴蝶宝卷》

明代山西大同府，有位仗义疏财的公子田玉川偶游龟山，恰逢总兵卢林之子卢世宽打死渔夫胡彦。玉川不平，将卢世宽打死，遭卢府追缉，被胡彦之女胡凤莲相救，并在舟中订婚约而别。胡凤莲持玉川所赠蝴蝶杯至江夏县大堂认亲，为父鸣冤。卢林征蛮受困，被化名为雷全州的田玉川所救，玉川被卢林招为女婿。洞房中玉川吐露真情，胡、卢二女均配玉川。

版本共 1 种：

民国石印本，上、下两册合订一册。封面题"蝴蝶杯宝卷"。卷首题"蝴蝶杯宝卷"。开卷偈"蝴蝶宝卷初展开"。无结卷偈。卷末无题。卷后记"最近新出《杀子报》《麒麟豹》《啼笑姻缘》等卷"。

检索号码：XJW307-19-1-8

046 《蝴蝶梦宝卷》，又名《庄子宝卷》《庄子仙宝卷》《扇坟妙典》《劈棺宝卷》《庄子扇坟》《劈棺公案》

观音大士在朝云洞中端坐，蟠桃树上一只蝴蝶，修道四百年叩拜超生。观音吩咐善才送它下凡，化身为小男孩，投生在武林安平庄一户姓庄的人家。庄家之主庄彬拾回家中抚养，取名子仙。子仙婚配田氏女，后庄彬归天，子仙到深山遇仙成道。返家之日，田氏蔑笑一妇为早日改嫁而急于扇坟，并将此事讲给子仙听。子仙笑对田氏云："恐我死不数日你即改嫁。"田氏起誓绝不如此。子仙假病身亡，停灵后屋，又化作青年学生前来吊丧，与田氏一见钟情，三日即要成婚。成亲之日青年学生忽得急病，医士说要未过七日之死人脑，方能救病。田氏拿斧到后屋劈棺，子仙复活，并说明一切均为自己变化。田氏羞愧，自尽而死。也有版本把子仙写作齐国人庄子，卷内内容、人名、地名略有不同。

版本共 5 种：

1. 清光绪三十一年（1905）伍柳堂乾记抄本，一册。封面题"46/蝴蝶梦"。卷首题"庄子仙宝卷"。无开卷偈。结卷偈"劈棺宝卷宣完满"。卷末题"光绪乙巳年孟秋月写／伍柳堂乾记抄"。

检索号码：XJW307-19-1-1

2. 民国六年（1917）潘国璋抄本，一册。封面题"潘国璋记／蝴蝶梦宝卷"。卷首题"蝴蝶梦宝卷"，钤"周子祥印"朱印。无开卷偈。结卷偈"此本名为蝴蝶梦／劈棺公案宣完成"。卷末题"民国岁次丁巳年杏月　日抄谷旦"。

检索号码：XJW307-19-1-6

3. 民国九年（1920）华云如抄本，一册。封面题"四六号／吴水根揣／蝴蝶梦"。卷首题"蝴蝶梦宝卷／华云如记志诵"。无开卷偈。结卷偈"此本名曰蝴蝶梦／劈棺公案宣完成"。卷末题"民国九年岁次庚申上旬华云如抄／大人华秋亭志"。

检索号码：XJW307-19-1-5

4.民国二十三年（1934）顾根福抄本，一册。封面题"四十二／顾毓秀藏／蝴蝶梦"。卷首题"蝴蝶梦宝卷"。无开卷偈。结卷偈"此卷名为蝴蝶梦／劈棺公案宣完成"。卷末题"民国二十三年葭月　日立／顾根福抄"。

检索号码：XJW307-19-1-7

5.抄本，一册。封面题"炜记／蝴蝶梦／说亲／回话／劈棺／扇坟／脱壳／吊奠"。卷首题"扇坟宝典"。开卷偈"庄子宝卷始展开"。结卷偈"庄子扇坟宣完成"。卷末题"太岁庚申年季夏月吉办""瑞置"。

检索号码：XJW307-19-1-4

047 《虎吞宝卷》，又名《忤逆宝卷》《逆子宝卷》《贤媳劝夫》《送母虎吞》《忤逆果报宝卷》

常州府宜兴县人张林，七岁丧父，与三岁妹妹由寡母抚养成人。张林十九岁娶妻周氏，二十三岁生一子。周氏贤惠，张林忤逆。是年七八月，张林见娘又老又瞎，只能吃饭，不能做活，就对周氏说，要把娘弄到山上，让老虎吃掉。周氏苦劝无果。一日，张林骗娘说，妹夫叫她去吃喜酒。张林用小船把娘送到南山脚下，等老虎来吃。周氏识破诡计，等张林回家，安顿好儿子，摇了小船去接婆婆。周氏到了山脚下，看见有一缸银子，拿了半缸，同婆婆一起回家。张林看见银子，问起，周氏如实相告。第二天，张林就摇船去拿剩下的银子。到那一看，半缸银子变成了水，张林拿起缸来倒掉水，谁知，一脱手，缸砸烂了自己的脚，站都站不起。此时，日落西山，老虎出洞，将他吃掉，只剩个骷髅丢在缸边。

版本共7种：

1.清同治四年（1865）胡友兰抄本，一册。封面、封底后装，封面一题"韩近良肆／虎吞卷"，封面二题"十／晚翠堂藏／虎吞宝卷"，封面三题"廿五／嘹溪胡友兰／送母虎吞"。卷首题"送母虎吞宝卷"。无开卷偈。无结卷偈。卷末题"同治四年岁次乙丑仲春下旬／浒溪①处士胡友兰翼如浣手谨撰于后乐书室"。

---

① 原文如此，前面作"嘹溪"，此处为"浒溪"，照录。

检索号码：XJW210-19-1-5

2.清光绪十五年（1889）周子山抄本，一册。封面后装，封面题"二号／东海凤良藏／虎吞卷"。卷首题"送母虎吞／周子山抄录"。无开卷偈。无结卷偈。卷末题"光绪十五年荷月念五日／周子山抄"。

检索号码：XJW210-19-1-6

3.清光绪二十八年（1902）吴维淞抄本，一册。封面题"第二十号／吴至德堂／送母虎吞"。卷首无题。无开卷偈。无结卷偈。卷末题"大清光绪壬寅年秋月　日／吴维淞抄／春翘"。

检索号码：XJW210-19-1-2

4.民国十八年（1929）徐肇鹤抄本，一册。封面题"己巳芙蓉月六日立／忤逆果报"。卷首题"忤逆果报"。无开卷偈。结卷偈"斋主完愿宣子此本忤逆卷"。卷末题"中华民国十八年太岁己巳芙蓉月上弦六日／弟子徐肇鹤摹"。

检索号码：XJW156-19-1-1

5.民国二十一年（1932）周三全抄本，一册。封面题"壬申岁次／念八号／周三全记／贤媳劝夫"。卷首无题。扉页记"周国安记／虎吞宝卷"。无开卷偈。结卷偈"虎吞宝卷宣完成"。卷末题"民国二十一年太岁壬申桃月下旬抄终／三全记"。

检索号码：XJW210-19-1-1

6.民国二十八年（1939）胡锦芳抄本，一册。封面题"己卯岁／安定胡锦芳记抄／逆孝宝卷"。卷首题"逆孝宝卷"。开卷偈"逆孝宝卷初展开"。结卷偈"今日宣部逆孝卷"。卷末题"民国己卯古二十八年荷月念九日完工／安定胡锦芳抄录"。

检索号码：XJW210-19-1-4

7.甲寅抄本，一册。封面题"安庆堂德记／逆子宝卷"。卷首无题。无开卷偈。无结卷偈。卷末题"甲寅年桂月吉抄／安定德记"。

检索号码：XJW156-19-1-2

048 《扈梦清宝卷》，又名《户屠宝卷》《梦清宝卷》

宋徽宗时期，杭州灵隐寺月州长老养一猫。此猫十五年吃素听经，死后被封为阴间判官。不久月州长老病亡。长老因生前将茶脚倒掉，在阴间积得一池馊水，地藏菩萨要他将一池茶水喝掉。长老向猫判官哭诉，猫判官设法在七月十五中元节，赦出三千七百名地狱鬼囚替长老吃茶脚。长老感激，口诵阿弥陀佛千声，饿鬼尽沾佛恩超度投生。因为地狱之鬼皆被超度，地藏菩萨叫长老还阳，充当屠户，杀满三千七百之数，免罪再修。长老投生到东昌府高唐州屠户扈成家，名叫扈梦清，十六岁娶妻周氏。十年后，地藏菩萨化作一老僧前来点化。梦清跟随菩萨出门修行。一天夜里，梦清在富户张百万家歇身，见一男一女带了包囊私奔，慌乱之中，梦清一跤跌倒井里，看见一具死尸。天明，张百万以为是梦清拐了丫鬟，杀人越货。寻到枯井，将梦清拿起，投入监牢。三年过后，菩萨又化作一老僧来点化梦清之妻周氏。周氏到了西京，见到梦清，梦清把原委说明，周氏便到御史衙门去告状。御史假扮算命先生，私行察访，访得真情，捉拿了真凶朱虎，梦清脱罪。

版本共 1 种：

清道光二十一年（1841），抄本，一册。封面题"扈梦清宝卷"。卷首题"扈梦清宝卷始"。开卷偈"户屠宝卷世展开"。结卷偈"梦清宝卷千辛苦"。卷末题"道光二十一年新正月　日立沐手敬抄"。

检索号码：XJW270-19-1-1

049 《花架良愿宝卷》，又名《血手印宝卷》《血手龙图》《龙图宝卷》《河南开封府花架良愿龙图宝卷全集》

宋仁宗时期，东京开封府烟波巷富户林福，与西京富户王春，都因夫人怀有身孕，同到华山圣母殿求子。二人一见如故，相约生子为兄弟，生女为姊妹，生下子女结为夫妇。后林福有子，王春得女。然而，之后林家败落，王春嫌贫爱富，逼林家写下退婚休书。幸得王小姐骗得休书，并约林福之子半夜到花园来赠金完姻。不想公子没有按时到花园。反倒是更夫张赞冒名前来，骗去钱财，并杀害丫鬟。公子醒来后来到花园，碰到丫鬟的尸体，手沾血污，回家拍门，血印留在门上。次日，被公差捉住。王春贿赂官府，将公子问成死罪。刑场上，小姐哭祭，反被公子误会是她设计陷害。幸得包公陈州放粮归来，查问此事，沉冤于是得雪。

版本共 2 种：

1. 丁亥孙奇宾抄本，上、下两册。上册封面题"八十四号／孙奇宾／花架良愿上集"。卷首题"血守（手）龙图上集／五月三十日起抄"。无开卷偈。上卷无结卷偈。上卷卷末题"岁次丁亥年荷月初完毕／孙奇宾敬抄／孙奇宾先生台宣／共四十三页／此卷共抄五天"。下卷封面题"八十五号／孙奇宾／花架良愿下集"。卷首题"血守（手）龙图下集／六月初六日下午起抄"。结卷偈"龙图宝卷宣完成"。卷末题"血守（手）龙图／共四十五页／岁次丁亥年荷月十二日完毕／孙奇宾沐手"。

检索号码：XJW154-19-1-1、XJW154-19-1-2

2. 抄本，一册。封面题"龙图宝卷"。卷首题"河南开封府花架良愿龙图宝卷全集"。无开卷偈。无结卷偈。卷末题"花架良愿龙图宝卷"。

检索号码：XJW83-19-1-1

050 《怀胎宝卷》，又名《报恩忏悔》

本卷讲述了为人母者从怀胎十月，到一朝分娩，再至哺育孩儿的心理、生理双重辛苦过程。接着叙述了观世音、圣帝君、释迦牟尼等修行报恩，目连救母、丁兰刻木、孟宗哭竹、王祥卧冰等神话传说以及历史上孝亲的事迹。

版本共 5 种：

1. 民国四年（1915）杨廷章抄本，一册。封面后装，封面题"浦大根记／怀胎卷"。书口记"怀胎宝卷杨廷章"。卷首题"怀胎宝卷"。开卷偈"怀胎宝卷劝英豪"。结卷偈"怀胎宝卷宣完成"。卷末题"民国乙卯年榴月中／杨廷章抄录"。书内另收开心经、往生咒、心经偈等内容。

检索号码：XJW166-19-1-5

2. 民国八年（1919）华蕙如抄本，一册。封面后装，封面题"黄号／四十九／朱士泳记／怀胎卷"。卷首题"怀胎宝卷／蕙记"。开卷偈"怀胎宝卷初宣明"。无结卷偈。卷末题"民国八年榴月望日抄录沐浴／华蕙如氏"。

检索号码：XJW166-19-1-3

3. 民国十九年（1930）周三全抄本，一册。封面题"七号／周三全记／怀胎宝卷"。扉页作"怀胎宝卷周国安记"。卷首无题。开卷偈"怀胎宝卷初宣明"。结卷偈"怀胎宝卷宣完成"。卷末题"民国十九年岁次庚午二月初四／周三全沐手抄录书"。

4. 民国二十九年（1940）徐子良抄本，一册。封面题"第乙号／徐子良志／报恩忏悔"。卷首无题。扉页背面作"三宝堂前一盏灯，照见世上人。明心灯光亮，必定好收成"。开卷偈"怀胎宝卷初展开"。结卷偈"怀胎宝卷已宣完"。卷末题"中华民国二十九年古历正月下旬　日抄录／徐子良抄"。

检索号码：XJW166-19-1-2

5. 民国三十四年（1945）毛文学抄本，一册。封面题"忠德堂毛记／怀胎卷"。卷首无题。开卷偈"怀胎宝卷始宣明"。结卷偈"怀胎卷宣完成"。卷末题"民国念四年古历仲冬月晦日／毛文学抄"。

检索号码：XJW166-19-1-4

051 《黄糠宝卷》，又名《借黄糠》《欺贫重富》《黄糠欺贫》《长桥宝卷》

宋朝苏州吴江县东城门外东北村，有富户张金（其他抄本又名锦、达、金源、春芳、彦钊），妻钱氏（又名李氏），子名珍宝（又名贤文、世文）。珍宝娶妻西门徐克富（又名坤、克甫）之女兰英（又名秀金）。珍宝婚后，父母双亡，又被奸贼陷害，倾家荡产，只得居住坟堂。兰英至娘家借银，被父母羞辱一顿，仅借得黄糠三斗，幸丫鬟将积银八百钱、米数斗相赠。珍宝见妻受苦，心中不知何日出头，便自寻死路，被父亲的旧同僚所救，赠银二百两。珍宝拜其为义父，托他照应家里，随即上京赴考，得中状元，被招为驸马。喜报传来，徐家大惊，忙送嫁妆至张家，甚是丰富。珍宝归来，请来岳父母，吩咐用黄糠做了各色点心，请徐家夫妇同吃。徐家夫妇悔恨不已。

版本共 17 种：

1. 清光绪十八年（1892）抄本，一册。封面题"戴逸斋藏／黄糠宝卷"。卷首题"黄糠宝卷"。无开卷偈。结卷偈"穷富宝卷已宣完"。卷末题"天运光绪

十八年芙蓉月　日抄之录毕"。

　　检索号码: XJW262-19-1-4

　　2. 清光绪二十五年（1899）王森逵抄本，一册。封面题"己亥／王森逵藏／欺贫重富黄糠卷"。卷首无题。开卷偈"黄糠宝卷始展开"。结卷偈"黄糠宝卷宣完成"。卷末题"光绪二十五年太岁己亥四月下浣抄写／森逵藏"。

　　检索号码: XJW262-19-1-3

　　3. 清宣统二年（1910）凌云氏抄本，一册。封面题"金阊马路姚家巷三一号／沈少梅／欺贫重富"。卷首题"黄糠宝卷"。无开卷偈。结卷偈"黄糠宝卷宣完成"。卷末题"宣统二年岁次庚戌仲冬／凌云氏敬抄"。

　　检索号码: XJW262-19-1-5

　　4. 民国二年（1913）上海文益书局石印本，上、下两册（合订）。封面题"上元李节斋题／绘图黄糠宝卷"。扉页题"民国二年印行／上海文益书局／杭州聚元堂书局／绍兴聚元堂书局"。上册卷首题"新刻黄糠宝卷前本"。上册开卷偈"黄糠宝卷初展开"。上册无结卷偈。上册卷末无题。下册卷首题"新刻黄糠宝卷后本"。下册无开卷偈。下册结卷偈"黄糠宝卷宣完成"。下册卷末无题。

　　检索号码: XJW262-19-2-8

　　5. 民国六年（1917）徐燧卿抄本，一册。封面无题。卷首无题。开卷偈"黄糠宝卷初展开"。结卷偈"黄糠宝卷宣完成"。卷末题"中华民国六年菊月中旬八日／徐燧卿抄终"。

　　检索号码: XJW262-19-2-4

　　6. 民国十年（1921）高竹卿抄本，一册。封面题"庚申岁／高竹卿揣／摩黄糠卷"。卷首题"黄糠卷"。开卷偈"黄糠宝卷初展开"。结卷偈"此卷名为劝势利"。卷末题"民国十年春黄月初旬／竹卿抄录"。

　　检索号码: XJW262-19-2-1

　　7. 民国二十八年（1939）俞澄豪抄本，一册。封面题"己卯岁／黄糠宝卷／邵念屺藏"。卷首题"黄糠宝卷"。无开卷偈。结卷偈"黄糠宝卷已宣完"。卷末题"民国念八年太岁己卯十二月　日立／俞澄豪抄"。

　　检索号码: XJW262-19-1-6

8. 丙辰陈明廉（濂）抄本，一册。封面题"丙辰年／颍川陈明廉藏／黄糠宝卷"。卷首无题。开卷偈"黄糠宝卷初展开"。结卷偈"黄糠宝卷宣完满"。卷末题"弟子陈"，钤"陈明濂印"朱记。

检索号码：XJW262-19-2-2

9. 丙辰徐氏抄本，一册。封面后装，题"四十二号／姚云高／黄糠欺贫"。卷首无题。无开卷偈。结卷偈"黄糠宝卷宣完成"。卷末题"丙辰年桃月下旬三日／弟子东海徐氏敬录／敬惜字纸"。

检索号码：XJW262-19-2-3

10. 乙丑姚重德抄本，一册。封面题"姚重德识／黄糠宝卷"。卷首无题。无开卷偈。结卷偈"黄糠宝卷已宣完"。卷末题"岁次乙丑年桃月上浣日／愚弟姚重德谨毕"，钤"姚重德书"朱记。

检索号码：XJW262-19-2-5

11. 浦大根抄本，一册。封面题"八号／浦大根记／黄糠卷"。卷首题"黄糠宝卷"。开卷偈"黄糠宝卷始展开"。结卷偈"黄糠宝卷宣完成"。卷末无题。

检索号码：XJW262-19-1-1

12. 甲午抄本，一册。封面后装，题"岁次甲午年古历正月二十七日重修订／朱萼文诵／黄糠宝卷"。原封面题"黄糠宝卷／壬寅年置／朱泉生宣"。卷首题"黄糠宝卷"。开卷偈"黄糠宝卷始展开"。结卷偈"黄糠宝卷已宣完"。卷末题"岁次甲午年古历正月二十七日重修订"。

检索号码：XJW262-19-1-2

13. 张桂堂抄本，一册。封面题"张桂堂记／黄糠卷"。卷首题"黄糠宝卷"。开卷偈"黄糠宝卷始展开"。结卷偈"黄糠宝卷已宣完"。卷末无题。

检索号码：XJW262-19-1-7

14. 丙寅抄本，一册。封面题"丙寅年／仲春月敬抄／黄糠宝卷"。卷首无题。开卷偈"黄糠宝卷正本开"。结卷偈"黄糠宝卷宣团圆"。卷末无题。

检索号码：XJW262-19-1-8

15. 燮记抄本，一册。封面题"来号／十八号／燮记／黄糠宝卷"。卷首无题。开卷偈"黄糠宝卷始展开"。无结卷偈。卷末无题。

检索号码：XJW262-19-2-7

16. 抄本，一册。封面题"张记／黄糠卷"。卷首题"黄糠古典"。无开卷偈。无结卷偈。卷末无题。封底后装。

检索号码：XJW262-19-2-6

17. 抄本，一册。封面题"第一百卅四卷／三瑞堂□□记／长桥古典"。卷首无题。开卷偈"黄糠宝卷始展开"。无结卷偈。卷末无题。封底缺。卷内有守真坛印。

检索号码：XJW91-19-1-1

052 《黄氏宝卷》，又名《对金刚》《三世修道黄氏对金刚》

宋朝曹州云合县杏花村黄俊达家私巨万，与妻生一女桂香。女六岁，母亡，七岁念佛看经。女十岁时，黄再娶一妻，令其管家，自己出门收账。不想，继母凶狠，令桂香日间挑水，晚间磨面，还不时毒打。桂香逃到亲娘坟上哭诉，被黄员外收账归来遇见。员外叫女儿从后门进去，自己假装不知。黄到家问桂香在何处，继母称带了金银与人私奔了。黄员外大怒，毒打继母一顿。晚上，继母与前夫所生之子侯七，想杀黄员外，独得家产。不料员外在书房安睡，侯七错杀其母，反而诬告员外、桂香。桂香为救父，招认罪名，被绞死。后桂香在神的帮助之下起死还生。包大人私行察访到曹州，重新审理黄氏女一案。真相大白，包大人将侯七伏法。桂香后来嫁一屠夫，生二女，劝丈夫改业，后生一子。桂香又劝丈夫修行，丈夫不听，于是桂香独自修行。桂香的事迹感动阎王，阎王派金童玉女请桂香至地府讲经。桂香死后七日，阎王送她还阳，其夫胆小，不敢开棺。桂香遂投生河南丰县张家，转为男身，十九岁中状元。

版本共 2 种：

1. 上海惜阴书局石印本，一册。封面缺。扉页题"又名对金刚／绘图黄氏宝卷／上海惜阴书局印行"。卷首题"三世修道黄氏宝卷下集"。无开卷偈。无结卷偈。卷末无题。

检索号码：XJW267-19-1-1

2. 上海惜阴书局石印本，上、下两册（合订）。扉页题"又名对金刚／绘图黄氏宝卷／上海惜阴书局印行"。无开卷偈。无结卷偈。卷末无题。上册卷首题"三世修道黄氏宝卷上集"。上册开卷偈"黄氏宝卷初展开"。上册无结卷偈。下册卷首题"三世修道黄氏宝卷下集"。下册无开卷偈。下册无结卷偈。下册卷末无题。

　　检索号码：XJW267-19-1-1、XJW267-19-1-2

053 《回郎宝卷》，又名《大孝宝卷》《江南松江府华亭县白沙村孝修回郎宝卷》《花名宝卷》《回郎古迹》《孝顺宝卷》《孝义宝卷》《杀儿供母》《大孝回郎卷》《旱荒年宝卷》

　　宋高宗时，天下大旱，松江华亭白沙村人曹文正（一作曹百万），妻柏氏，有子回郎。因天旱乏食，文正见母亲因饥得病，憔悴不堪，于是与妻子商议杀子奉亲，妻子不允，百般无奈之下只答应卖儿换米。曹上街叫卖一日，无人收买，便狠心杀儿奉母。后母亲问起回郎，妻子说明真相。母亲大惊，上县衙告子杀孙。知县以为曹为大孝子，乃发粮赐银，并上报天子，曹文正官封本州知府。后民间立回郎庙以祀奉。

　　版本共 16 种：

　　1. 清光绪十一年（1885）周裕香抄本，一册。封面后装，题"十一号／马凤卿抄／回郎卷"。卷首题"回郎宝卷"。无开卷偈。无结卷偈。卷末题"光绪十一年暮清和月中旬一日／吴中弟子义塾司教／义学奉祀生义庄司籍文正第廿七世裔孙／范承庠儒生子三氏谨盥手敬写于乡馆中／周裕香抄本"。

　　检索号码：XJW111-19-2-7

　　2. 清光绪十二年（1886）昭庆经房刻本，一册。封面后装，题"张桂堂记／回郎卷／即旱荒年"。卷首无题。开卷偈"回郎宝卷说原因"。无结卷偈。卷末题"版存杭城西湖钱塘门昭庆经房印造流通／大清光绪十二年丙戌夏月本房弟子敬刊"。书后附注："里本宝卷几钱买，六十八个老卡钱，二十年文杭州去，昭庆寺里买来宣。"

　　检索号码：XJW111-19-1-6

　　3. 清光绪二十九年（1903）高顺卿抄本，一册。封面题"十七号／高顺卿

志 / 回郎卷"。卷首无题。无开卷偈。结卷偈"此本名叫孝顺卷"。卷末题"光绪二十九年癸卯岁四月日 / 吴门弟子沐手谨抄"。

检索号码：XJW111-19-2-10

4. 清光绪二十九年（1903）马炜卿、蒋新新抄本，一册。封面无题。卷首题"回郎卷"。无开卷偈。结卷偈"回郎宝卷宣完成"。卷末题"光绪廿九年桂月上浣秋分前二日 / 马炜卿、蒋新新同抄录 / 炳卿藏"。

检索号码：XJW111-19-1-5

5. 清光绪三十一年（1905）抄本，一册。封面题"阳号 / 汤永初珍 / 回郎卷"。扉页题"回郎宝卷汤椿香藏"。卷首题"回郎宝卷全录原本 / 文正书院董鹤亭撰"。无开卷偈。无结卷偈。书口记"董"字。卷末题"光绪三十一年桃月终 / 吴郡弟子义塾司教 / 义学奉祀生云岩霍谨盥手敬写"。

检索号码：XJW111-19-2-1

6. 清宣统元年（1909）吴维淞抄本，一册。封面题"第五四 / 吴维淞藏 / 回郎卷"。卷首无题。开卷偈"大孝宝卷始展开"。结卷偈"回郎宝卷已宣完"。卷末题"宣统元年维记"。

检索号码：XJW111-19-2-3

7. 民国七年（1918）吴延陵抄本，一册。封面题"晟号 / 朱士泳记 / 回郎卷"。卷首题"回郎宝卷"。无开卷偈。结卷偈"回郎宝卷已宣完"。卷末题"天运民国七年菊月　日吴延陵抄录敬书 / 十二日抄完"。

检索号码：XJW111-19-2-2

8. 民国二十年（1931）蠡北道人抄本，一册。封面题"十四 / 顾毓秀记 / 回郎卷"。卷首无题。无开卷偈。结卷偈"回郎宝卷宣完成"。卷末题"民国二十年杏月下旬清明后 / 蠡北道人便抄"。

检索号码：XJW111-19-2-6

9. 民国三十三年（1944）殷桂福抄本，一册。封面题"甲申年 / 文明宣扬 / 合福社社员殷桂福 / 回郎宝卷"。卷首无题。开卷偈"回郎宝卷始开场"。结卷偈"回郎宝卷宣完成"。卷末题"合福社社员殷桂福宣扬抄 / 民国三十三年 / 下期吉日置"。

检索号码：XJW111-19-1-4

10. 甲寅俞富香抄本，一册。封面题"甲寅年桂月抄／俞富香记／回郎宝卷"。卷首题"江南松江府羊亭县白沙村孝修回郎宝卷"。开卷偈"回郎宝卷始开场"。结卷偈"花名宝卷宣圆全"。卷末无题。

检索号码：XJW111-19-2-9

11. 辛酉陈永泉抄本，一册。封面题"武陵书斋／杀儿供母"。卷首题"回郎卷"。无开卷偈。结卷偈"回郎卷宣完成"。卷末题"岁次辛酉年四月下浣三日火／陈永泉沐手"，后题"太岁癸亥年十一月廿八日汪桂生办"。

检索号码：XJW111-19-1-3

12. 顾钲志抄本，一册。封面后装，封面题"卅号／周三全记／回郎宝卷"。卷首题"回郎宝卷／顾钲志氏"。无开卷偈。结卷偈"回郎宝卷已宣完"。卷末题"回郎宝卷终／桂月　日立抄"。

检索号码：XJW111-19-2-4

13. 朱吉贞抄本，一册。封面无题。卷首无题。无开卷偈。无结卷偈。卷末题"回郎宝卷集／朱吉贞志"。

检索号码：XJW111-19-1-1

14. 抄本，一册。封面题"二十号／浦大根／回郎卷"。卷首无题。开卷偈"回郎卷始初开"。结卷偈"回郎卷已宣完"。卷末无题，钤"杨庭章记"朱印两枚。

检索号码：XJW111-19-2-5

15. 抄本，一册。封面题"五十三号／徐凤翔揣／回郎卷"。卷首无题。无开卷偈。结卷偈"回郎卷宣完成"。卷末无题。

检索号码：XJW111-19-2-8

16. 抄本，一册。封面题"翁汉庭／回郎卷"。卷首题"回郎卷"。开卷偈"大孝宝卷始展开"。结卷偈"回郎宝卷宣完成"。卷末无题。

检索号码：XJW111-19-1-2

054 《回心宝卷》，又名《借海青卷》《海青卷》《朱天官卷》《朱天宝卷》

明嘉靖年间，南京城外桃花村富户朱凤高，有子天官，天官婚配王员外之女月英。凤高死后，天官沉迷赌场，家产败尽。幸有妻子月英贤惠，多方筹借，方得度日。一日，月英让天官自己去向其朋友借银，众人翻脸无情，责骂天官。天官深悔过去，回心转意。半年后，月英产子，适逢王员外寿辰，月英取银三两，让天官准备贺礼，又嘱咐丈夫去借海青服穿上赴宴。朱家原先的佣人陆一现已大富，见天官来借海青，百般刁难。天官大怒，将衣服丢还陆一，悲切回家。月英温言相劝，取出自己的积蓄以及陆一当年的卖身契，尽收陆家财产，因而家庭中兴。从此天官父子日夜勤读，后都考中进士。

版本共 6 种：

1. 光绪十六年（1890）抄本，一册。封面题"戴恒春／朱天宝卷"。卷首无题。无开卷偈。无结卷偈。卷末题"光绪十六年新正月"。

检索号码：XJW110-19-1-3

2. 民国九年（1920）金玉峰抄本，一册。封面题"金玉峰藏／海青宝卷"。卷首题"海青宝卷"。无开卷偈。结卷偈"回心宝卷已宣完"。卷末题"民国九年岁次庚申杏月下浣／金玉峰抄录"。

检索号码：XJW248-19-1-1

3. 民国十六年（1927）抄本，一册。封面题"第六／顾鹤泉藏本／回心宝卷"。卷首无题。无开卷偈。结卷偈"回心宝卷宣完成"。卷末题"民国十六年小春月　日立抄"。

检索号码：XJW110-19-1-2

4. 民国十八年（1929）杨廷章抄本，一册。封面后装，题"二十五号／浦大根／借海卷"。卷首题"借海青卷"。无开卷偈。结卷偈"回心卷宣完成"。卷末题"民国十八年小春月中浣抄／杨廷章自书"，钤"杨廷章藏"朱记。

检索号码：XJW110-19-1-1

5. 癸丑程义斋抄本，一册。封面后装，题"甲子年／陈栽之藏／借海青卷"。卷首题"回心宝卷"。无开卷偈。无结卷偈。卷末题"天运癸丑腊月哉生魄／弟子程义斋抄录传／学生陈栽之得此卷"，印"杨王仁记"。

检索号码：XJW110-19-1-5

6. 丁卯殷兰卿抄本，一册。封面题"回心宝卷"。卷首无题。无开卷偈。结卷偈"回心宝卷宣完成"。卷末题"时在丁卯年十一月十八日 / 殷兰卿二下半天沐手抄录 / 共结十八页字 / 敬惜字纸 / 五旦"。

检索号码：XJW110-19-1-4

J

055 《鸡修宝卷》

池州府青阳县太君寺僧大连，有仁德之心。因七月十五，寺庙要做兰盆盛会，大连于七月十三日吩咐徒弟普净看管寺院，独自前去采办斋供之物。大连来到城中，见街上之人争看一只九斤鸡。大连正要走时，鸡忽然跳出咬住他的法衣不放，大连就用二钱银子买了鸡回到寺中，叫普净好好养着。从此，大连鸡叫便起身做早课，鸡也在旁边听经、修行。大连遂收鸡为徒，法名普明，要普净与鸡以师兄弟相称。普净心中甚恨此鸡，望其早死，时常虐待。杭州钱塘县傅都司官至宰相，却年迈无后，告老还乡斋僧布施，修桥砌路。其行惊动玉皇大帝，便命鸡投胎傅家。鸡在投生前托梦给大连，与他七年后二月初八相约。早上，大连师父见鸡已死，便化缘葬鸡，并立一石碑。傅家修行三年，得一男婴，取名普明。傅公子虽生得眉清目秀，只是不会说话，傅都司心中闷闷不乐。光阴似箭，不觉已到七年，大连师父在经堂诵经，忽然想起与鸡有约，便收拾行李前往杭州。大连到了傅家，说会治公子哑病。果然，公子一见师父，即刻开口叫爹娘。傅家夫妇大喜，忙问原委，大连师父告之他们公子的前世今生。后来傅家全家皆修行。

版本共 1 种：

抄本，一册。封底已缺。封面题"第三十号 / 顾澄芝置 / 鸡修宝卷"。卷首题"鸡修宝卷"。无开卷偈。结卷偈"鸡修宝卷宣完成"。卷末无题。

检索号码：XJW207-19-1-1

056 《积善人家》，又名《太湖边上一只熊》

太湖边上熊家村生活着熊阿二、妻何氏与女桂英。桂英从小许配给东村黄根生之子祖德。有伪善地主熊成龙，子世彬，女丽娟，账房傅全昌，家人阿林，长工老汪，家有田三千多亩，每亩收租米一担，还串通本区陶区长，狼狈为奸，强买人田，利上滚利。这日熊成龙到熊阿二家讨租米，见桂英貌美，假作关心，叫桂英到自己家帮佣，本想调戏，被太太管住。这日熊成龙一家到城里给嫁与陶区长的丽娟办嫁妆，世彬在家强奸了桂英。黄祖德因抽了壮丁，来求熊成龙，将田地押卖壮丁费三十担米。谁知熊成龙又要讨还，祖德付不出只得将田卖与熊家。熊成龙又将太湖边上荒田叫别人开荒，先说三年不收租，后来叫来军队逼迫垦荒之人按年规缴租。桂英有孕，被辞，到家被父母责骂。阿二至熊家说理反被踢死。黄祖德因妻被世彬奸污，怒打世彬，被捉去做壮丁。后者幸逃出，投新四军，配合过江新四军将熊成龙、陶区长及反动军队消灭。

版本共 1 种：

抄本，一册。封面题"宋馥生／积善人家"，钤"宋馥生"朱印。卷首无题。无开卷偈。无结卷偈。卷末无题。

检索号码：XJW246-19-1-1

057 《积善延年》

宋朝开封府老者金善良，妻赵氏，一生行善，却无子嗣，后求嗣成功，生儿金本中。本中九岁时，双亲患病，奄奄一息。本中祷告上苍，剜心救亲，魂归冥府。原来本中命该九岁归阴，玉皇大帝念其大孝之举，让其延寿十年，本中遂还阳侍奉双亲。他大器早成，取得功名，十九岁娶亲刘氏。阴曹念其仁爱善良，不忍勾其魂魄。本中喜中状元，仍慈悲心善，为拖欠自家银两的穷户着想，将契约烧化。本中四十岁命中应当迎娶家破无靠的乡宦之女李氏为妾，然怜其悲惨遭遇，放归。本中被地府连赐三子，后一门三鼎甲。本中家门兴旺，后代有福，受封宫廷，年将六十，发愿修行，用心诵经念佛，善心仁慈，体恤下人，宽恕窃贼，救人性命。本中因一生善行无数，数次感动玉皇大帝。玉皇大帝屡次让其延寿，后本中活至百岁高龄，得道升天。

版本共 1 种：

清光绪五年（1879）魏镛麟抄本，一册。封面题"积善延年"。卷首题"积善延年"。无开卷偈。结卷偈"寿延宝卷宣圆成"。卷末题"光绪五年月　日太

岁己卯 / 魏镛麟敬抄"，后题"光绪二十二年桃月初五日太岁丙申 / 顾维新置办"。

检索号码：XJW246-19-1-2

058 《见钱眼开宝卷》，又名《金开妙典》《节孝宝卷》《节母孝子》《金开宝卷》《端午官》《孝子卷》《孝顺宝卷》《周孝子卷》《卖娘宝卷》《大孝宝卷》《尖刀宝卷》《卖母求妻》《端午宝卷》

宋朝山东高唐州平原县城西有一富户房士忠，生女月娥，月娥聘与乡农周涛为妻。不料成婚一年，家人俱死，月娥有孕在身，难以度日。房士忠欲让女儿改嫁而遭拒绝，月娥生子名叫端午官。端午官十九岁时，月娥为他定下东村金开小姐，不料金开小姐家却要二十两银作聘礼。端午官无钱，向外公借，遭到侮辱。无奈之下，月娥提出自己卖身为奴，来攒这二十两。端午官得银成婚，金开小姐得知婆婆为她卖身为奴，乃要自卖己身赎出婆婆。观音显圣送银给端午官，从此周家大富，并不念旧恶，接济败落的外公，一家行善积德，福寿安康。

版本共 13 种：

1. 清同治八年（1869）范子三抄本，一册。封面题"九号 / 日号 / 晚翠堂藏 / 孝顺宝卷"。扉页题"节孝宝卷全录原本 / 文正书院范庠撰"。卷首题"孝顺宝卷全录原本 / 文正书院范庠记"。无开卷偈。结卷偈"节孝宝卷宣完成"。卷末题"同治八年太岁在己巳小阳月上浣 / 吴郡后学奉祀生司典义庄籍弟子范庠子三氏谨沐手抄录原本"。

检索号码：XJW80-19-1-1

2. 清光绪三年（1877）抄本，一册。封面后装，题"叁拾号 / 东海凤良藏 / 节孝卷"。卷首无题。无开卷偈。无结卷偈。卷末题"光绪三年小春望月　日自抄成"。

检索号码：XJW80-19-1-2

3. 清光绪四年（1878）尚志赵抄本，一册。封面题"拾贰号 / 尚志 / 许廷芳 / 周孝子卷"。卷首无题。无开卷偈。结卷偈"节孝宝卷已宣完"。卷末题"光绪岁次戊寅孟夏 / 尚志赵抄录"。

检索号码：XJW205-19-1-1

4. 清光绪十六年（1890）吴锦芳抄本，一册。封面后装，题"列号／九号／朱士泳藏／端午官"。卷首题"孝子宝卷"。无开卷偈。结卷偈"孝子宝卷宣完成"。卷末题"光绪十六年岁次庚寅又二月下浣／吴郡弟子吴锦芳抄"。

检索号码：XJW80-19-1-7

5. 清光绪二十七年（1901）陈起凤抄本，一册。封面题"光绪二十七年辛丑岁季秋之月吉旦／陈起凤志／节孝宝卷尖刀卷"。卷首无题。无开卷偈。无结卷偈。卷末无题。

检索号码：XJW80-19-1-5

6. 清光绪三十年（1904）胡文忠抄本，一册。封面题"卖母求妻"。卷首无题。开卷偈"金开宝卷大众听"。无结卷偈。卷末题"光绪三十年菊月上旬问潘鸣和借抄"，印"胡文忠"。

检索号码：XJW182-19-1-1

7. 清光绪三十三年（1907）赵书森抄本，一册。封面题"见钱眼开／金开"。卷首题"金开妙典"。无开卷偈。结卷偈"金开妙典宣完成"。卷末题"光绪三十三年清和月下浣／赵书森敬沐／弟子马炳卿办用"。

检索号码：XJW60-19-1-1

8. 民国九年（1920）陈栽之抄本，一册。封面题"四十四号／陈栽之抄／金开宝卷"，印"杨王仁记"。卷首题"金开宝卷"。无开卷偈。无结卷偈。卷末题"民国九年岁次庚申拾壹月初一日／清□陈栽之抄录／陈根元抄书"。

检索号码：XJW188-19-1-3

9. 民国十五年（1926）杨廷章抄本，一册。封面题"三十三号／浦大根／节孝卷"。卷首无题。书口记"节孝卷／杨廷章氏"。无开卷偈。结卷偈"节孝卷宣完成"。卷末题"民国十五年太岁丙寅宫仲春月下浣抄终"。

检索号码：XJW80-19-1-6

10. 民国三十一年（1942）李铭抄本，一册。封面后装，题"杨震麟／节母孝子"。卷首题"节孝宝卷亦名卖娘卷"。无开卷偈。结卷偈"卖娘宝卷宣完成"。卷末题"民国三十一年十一月上浣／陈墓白云瘦鹤李铭抄"。

检索号码：XJW80-19-1-4

11. 丁未吴维淞抄本，一册。封面题"四十六号／吴维淞藏／金开宝卷"。卷首无题。无开卷偈。结卷偈"节孝宝卷已宣完"。卷末题"本皇丁未岁腊月　日／吴维自抄"。

检索号码：XJW188-19-1-2

12. 己卯抄本，一册。封面后装，题"浦鸿儒诵／金开卷"。卷首题"金开宝卷"。开卷偈"金开宝卷始宣行"。结卷偈"金开宝卷宣完成"。卷末题"太岁己卯年／浦克勤／浦鸿儒诵"。书后作："立借票于人，为因正用，央中人等，今借到。"

检索号码：XJW188-19-1-1

13. 抄本，一册。封面后装，题"十六号／汤寿春置／节孝卷"。卷首无题。开卷偈"节孝宝卷始展开"。结卷偈"节孝宝卷宣完成"。卷末无题。

检索号码：XJW80-19-1-3

059 《江流宝卷》，又名《唐僧宝卷》《江流子宝卷》《谋官夺印》《唐僧出世》

唐太宗时，海州弘农县西门外，富户陈光瑞赶考得中状元。国舅丞相殷开山以次女招之为婿。光瑞携眷上任，途中放生一奇鱼。后来，光瑞遇到歹人刘洪，被丢到江中溺死。歹人杀光家丁，霸占有孕在身的陈夫人。光瑞沉到江底后，被龙王救醒，留在府中。原来当日放生的奇鱼即是江中龙王。再说歹人刘洪冒充陈光瑞到洪州做官，陈夫人诞下一子。刘欲斩草除根害死婴儿。夫人乃命人将儿子及一封血书放在一个红木箱中，让其顺江而下。箱子被金山寺长老捞得，长老托人抚养婴儿，婴儿长大为僧，取名江流儿。江流儿从长老处看到血书，别师寻母，却被刘洪关进牢房，得母亲相救，乃去寻外公。殷丞相听闻此事，率兵到洪州，将刘洪正法。陈夫人自尽被救，到江边祭夫，陈光瑞乃由龙王送回岸上，一家团聚。唐王大喜，封赏众人，江流儿赐名陈玄奘，代王到西天取经。

版本共 16 种：

1. 清光绪十八年（1892）殷鹤泉抄本，一册。封面后装，题"廿一号／赵凤鸣志／江流子"。书口记"殷鹤泉记江流宝卷"。卷首题"谋官夺印名曰江留子"。

开卷偈"江留宝卷始展开"。结卷偈"江流宝卷宣完成"。卷末题"光绪十八年三月十一日立／吴邑居士殷鹤泉沐手焚香敬抄录终"。书后注："敬惜字纸，办钱一百四十文正。"

检索号码：XJW104-19-2-4

2. 清光绪二十三年（1897）翁汉庭抄本，一册。封面、封底残缺。卷首无题。无开卷偈。结卷偈"唐僧宝卷宣完满"。卷末题"光绪二十三年岁次丁酉桂月中旬／任馆抄录／谷旦／沐手翁汉庭藏"。

检索号码：XJW255-19-1-3

3. 清光绪三十三年（1907）戴云祥抄本，一册。封面题"戴亦斋藏／江流宝卷"。扉页题"江流宝卷／丙午年世德堂云记／大清光绪丁未年日新正月　日谷旦"。卷首无题。开卷偈"此本名为唐僧卷"。无结卷偈。卷末题"大清光绪丁未年新正月　日／戴云祥抄录"。

检索号码：XJW104-19-2-2

4. 清光绪三十三年（1907）顾峻山抄本，一册。封面题"三十号／汤寿春藏／江流卷"。卷首无题。无开卷偈。无结卷偈。卷末题"光绪三十三年荷月十日／顾峻山沐手抄录"。

检索号码：XJW104-19-1-2

5. 民国十三年（1924），上海文益书局石印本，上、下两册合订一册。封面题"唐僧宝卷""上海文益书局石印"。卷首题"唐僧宝卷"。开卷偈"开宣唐朝僧宝卷"。无结卷偈。卷末无题。

检索号码：XJW255-19-1-5

6. 民国十四年（1925）金芝田抄本，一册。封面题"李号／金芝田记／江流卷"。卷首题"江流卷／金芝田抄本"。无开卷偈。结卷偈"江流宝卷宣完成"。卷末题"民国十四年岁次乙丑榴月吉日／金芝田补抄藏本"。

检索号码：XJW104-19-1-3

7. 民国十六年（1927）李超然抄本，一册。封面无题。卷首题"江流宝卷／韩纪元藏"。无开卷偈。结卷偈"唐僧宝卷已宣完"。卷末题"民国十六年岁在丁卯杏月／李超然录／韩纪元藏"。

J

8. 民国三十五年（1946）吴家琛抄本，一册。封面题"岁在丙戌民国卅五年／吴家琛志／江流子宝卷"。卷首无题。开卷偈"唐僧宝卷初展开"。结卷偈"唐僧宝卷宣圆满"。卷末无题。

检索号码：XJW104-19-1-4

9. 乙卯徐敬记抄本，一册。封面、封底后装，封面题"拾玖号／姚云皋／唐僧出世"。原封面题"乙卯／三十六册／姚云高①记／谋馆夺印／江流子"。卷首无题。无开卷偈。结卷偈"江流宝卷宣完成"。卷末题"乙卯年三月下旬六日／弟子徐敬记抄录"。

检索号码：XJW255-19-1-4

10. 甲寅周梓祥抄本，一册。封面缺。卷首无题。无开卷偈。无结卷偈。卷末题"甲寅年乙亥月庚申日／周梓祥抄录"。

检索号码：XJW104-19-2-3

11. 辛酉香溪山人抄本，一册。封面题"方毓臣藏／江流卷"。卷首题"江流宝卷"。无开卷偈。无结卷偈。卷末题"辛酉岁季秋中浣／香溪山人抄录"。

检索号码：XJW104-19-1-5

12. 乙亥抄本，一册。封面题"岁次乙亥／李遵彧揣／江流宝卷"。卷首无题。无开卷偈。无结卷偈。卷末无题。书中钤"李杨发"朱印多枚。

检索号码：XJW104-19-1-1

13. 沈少梅抄本，一册。封面题"念四／沈少梅／江流卷"，另钤"金阊马路姚家街三一号"蓝记。卷首无题。无开卷偈。结卷偈"江流宝卷宣完成"。卷末无题。

检索号码：XJW104-19-2-1

14. 石印本，上、下两册合订一册。封面题"卅七号／合记鸿兴堂"。卷首题"唐僧宝卷"。开卷偈"开宣唐朝僧宝卷"。无结卷偈。卷末无题。

检索号码：XJW255-19-1-6

---

① 原书如此，"姚之皋""姚云高"应同为一人，照原书著录。

15. 抄本，一册。封面缺。卷首无题。无开卷偈。无结卷偈。卷末题"□□荷月 日沁香丑笔抄"。

检索号码：XJW104-19-2-5

16. 抄本，上下两册。上下册封面无题。上册卷首题"唐僧宝卷上卷"。开卷偈"开宣唐朝唐僧卷"。下卷卷首题"唐僧宝卷下卷"。无结卷偈。卷末无题。卷中记"要晓后来取经事，再后四卷见分明"。

检索号码：XJW255-19-1-1、XJW255-19-1-2

060 《解神星宝卷》，又名《解神宝卷》

唐朝太宗年间，扬州姜家村一户主姜林，有妻子陈氏，长子有连，次子有至。只因家中贫苦，有至为了不拖累哥嫂，便告别哥嫂，拜别祖宗，独自离家而去。路遇一道人蓬头赤脚，衣服单薄，此人乃赤脚大仙。大仙见有至为人善良，为其取名善德，后称解神星，并赠金龙护身为伴。除夕之日，善德留宿赵员外府。半夜，赵府内现妖魔鬼怪，善德唤出金龙制服妖怪后，劝其远离此处。赵员外感激，并留其在家中居住，后有至又劝员外救济穷人，行善积德。赵听从。有至常住赵家，为其化灾解难，逢凶化吉，保全家上下安康。从此得人尊敬，受人称赞。

版本共 1 种：

林洪福抄本，一册。封面题"廖庭桂藏／解神星宝卷全部"。卷首无题。开卷偈"解神宝卷初占（展）开"。无结卷偈。卷末题"弟子林洪福沐手敬抄"。

检索号码：XJW289-19-1-1

061 《金不换宝卷》，又名《双金宝卷》《圣帝携助宝筏》《圣帝携助敬神宝卷》《富贵卷》

明朝苏州娄门外龙墩山，金汉城和巫氏夫妇，撑只小船以卖萤火虫灯为生。两人一向心慈好善，周济穷人，自己省吃俭用，生一子取名"七官"，又名"不换"。不换十三岁时父母双亡，他亦以卖萤火虫灯为生。一相面先生说他有饿死之相，金不换心中忧闷。一日途中见村民姚文表因难付租米，地主欲将其小女抵押为妾，金不换想到相士曾告诫自己要行善方可逢凶化吉，便取出五十两赠予姚文表，不言姓名摇船而去。来年仍去相面，先生说灾星已脱，富贵即来。不换一日行船不动，下去推船，摸到薄包七只，内盛银子，不换欢喜不已。后因房屋坍塌，不换便到赠送银两的姚文表家求住，并告以得银之事。姚家为报其恩，将小女嫁之。不换收拾新房时，又掘得银子七缸，到中秋赏月之时，又在井边掘得珍珠数升，于是大富。

版本共 2 种：

1. 清光绪二十四年（1898）沈荣庆抄本，一册。封面题"金百换／金百换携助卷／沈显徐记／谨送志清氏"。扉页记"圣帝携助敬神宝卷"。卷首题"圣帝携助宝筏"。无开卷偈。结卷偈"大众听宣富贵卷"。卷末题"光绪念四年夹钟月　日立／沈荣庆跋"。

检索号码：XJW175-19-1-1

2. 清光绪二十七年（1901）顾彦抄本，一册。封面无题。卷首题"双全宝卷"。开卷偈"双全宝卷始宣明"。结卷偈"双全宝卷宣完成"。卷末题"光绪廿七年清和月上旬吉日立／黼章顾彦抄录"。

检索号码：XJW175-19-1-2

062 《金达宝卷》，又名《花园宝卷》《杭州大赖婚》《赖婚古典》《花园相会宝卷》《刘金达》《大赖婚宝卷》《忠良宝卷》《姻缘宝卷》《巧姻缘宝卷》《贞节宝卷》《忠节宝卷》《刘公子宝卷》

浙江省杭州钱塘县有宰相顾文学，夫人徐氏，生女兰英。顾文学屈杀官员，皇帝震怒，幸得刘太师救护，方脱得死罪。为感谢刘太师救命之恩，顾文学将女儿兰英许给刘家公子金达（一名锦达）为妻。其后，刘家屡遭磨难，刘太师身死，家道中落。刘金达到杭州投亲，中途生病，盘缠全无，只得乞讨度日。顾文学见刘家败落，心生赖婚之念，金达不允，顾文学便差人百般折磨，幸得太白金星显圣，才大难不死。刘金达见顾家无意允亲，写下退婚书，出门跌倒在顾府花园。夜里，花园土地托梦给顾兰英小姐，兰英见到公子，安顿他在东门王朝奉家安心苦读。顾文学要女儿改嫁高第，兰英以死明志。后刘金达高中状元，官封七省巡按御史，路过杭州城，乃假扮算命先生到顾家，得知兰英小姐忠贞不贰。刘金达官驾来到顾府，顾文学羞惭无地，低头请罪。刘金达乃娶兰英、王朝奉家女儿及丫头梅香为妻妾，一家修道，得成正果。

版本共13种：

1. 清光绪二十六年（1900）王森逮抄本，一册。封面题"庚子岁／王森逮藏／杭州赖婚"。卷首无题。开卷偈"今日宣部贞节卷"。结卷偈"此本名为姻缘卷"。卷末题"天运光绪二十六年太岁庚子清和月上浣／森逮修葺"。

检索号码：XJW204-19-1-3

2. 清光绪三十三年（1907）抄本，一册。封面无题。卷首无题。开卷偈"忠节宝卷初展开"。结卷偈"此本名为姻缘卷"。卷末题"光绪三十三年岁次丁未重春月抄录／致和堂张／许从然堂"。

检索号码：XJW400-19-1-15

3. 清光绪三十四年（1908）周裕香抄本，一册。封面题"三十五号／仁德堂藏裕香记／忠良宝卷／即赖婚"。卷首题"赖婚宝卷／周裕香沐手"。无开卷偈。结卷偈"忠良宝卷宣完成"。卷末题"光绪三十四年清和月　日立／周裕香沐手"。

检索号码：XJW181-19-1-1

4. 民国十七年（1928）抄本，一册。封面题"四十一／顾毓秀藏本／懒婚宝卷"。卷首无题。无开卷偈。结卷偈"懒婚宝卷宣完成"。卷末题"民国十七年闰二月　日立抄"。

检索号码：XJW204-19-1-1

5. 民国二十年（1931）徐肇鹤抄本，一册。封面题"辛未桂月中日立谷旦／姻缘宝卷"。卷首题"巧姻缘宝卷"。开卷偈"姻缘宝卷始展开"。结卷偈"姻缘宝卷宣完成"。卷末题"大中华民国二十年太岁辛未桂月中旬　日具／徐肇鹤谨摹"。

检索号码：XJW204-19-1-2

6. 民国二十年（1931）杨凤玉抄本，一册。封面题"杨凤玉录／花园相会"。卷首无题。无开卷偈。结卷偈"花园相会已宣完"。卷末题"民国辛未年仲秋上旬／镛炳吉旦"。

检索号码：XJW149-19-1-3

7.民国二十九年（1940）胡文忠抄本，一册。封面题"胡文忠藏／花园相会"。卷首无题。无开卷偈。无结卷偈。卷末题"民国二十九年古历菊月吉日立谷旦终卷／胡文忠抄志"。

检索号码：XJW149-19-1-2

8.民国三十七年（1948）陆听生抄本，一册。封面题"陆听生记／忠节宝卷"。卷首题"忠节宝卷"。开卷偈"忠节宝卷初展开"。结卷偈"忠节宝卷宣完"。卷末题"民国三十七年正月初八日完"。

检索号码：XJW400-19-1-16

9.霍耕山抄本，一册。封面后装，题"两号／汤记／忠良卷"。卷首题"忠良宝卷／霍耕山记"。无开卷偈。结卷偈"忠良宝卷已宣完"。卷末无题。

检索号码：XJW181-19-1-2

10.沈少梅抄本，一册。封面题"念叁号／沈少梅／花园卷"。卷首题"花园相会"。无开卷偈。结卷偈"赖婚古典宣完成"。卷末无题。

检索号码：XJW149-19-1-1

11.朱裕顺抄本，一册。封面题"朱裕顺记／刘公子宝卷"。卷首题"刘公子宝卷"。无开卷偈。结卷偈"此本名为姻缘卷"。卷末无题。

检索号码：XJW120-19-1-2

12.抄本，上下两册。上册封面题"蔡瑞馨藏／刘金达上集"。卷首无题。无开卷偈。下册封面题"蔡瑞馨藏／刘金达下集"，卷首无题，无开卷偈。封底残，无结卷偈。卷末无题。

检索号码：XJW120-19-1-1

13.抄本，一册。封面、封底缺。卷首无题。无开卷偈。无结卷偈。卷末无题。

检索号码：XJW27-19-1-1

063 《金锭宝卷》，又名《金锭为聘》《双金锭》

明吏部尚书太仓人黄恩，有女秀英，许配给山东巡抚王香之子玉卿为妻。王香以御赐双金锭为聘。王香病死后，家道中落，黄恩赖婚，把女儿另配给十三太保龙孟君。适遇王玉卿投亲到太仓，黄恩逼其退婚，玉卿不从。黄恩乘玉卿在龙王塘赏月之时，将其推入河中，幸得黄夫人派人营救，得免其难。黄夫人令玉卿在坟堂中攻读。黄恩心腹张进宝发现丫鬟秋菊奉小姐之命往坟堂送银钱衣物，乘机胁迫，然图奸不成，杀死丫鬟。黄恩嘱张进宝移尸，诬陷玉卿杀人，玉卿入狱。此冤案引起太仓杜子卿等众生员大闹公堂。黄恩倚仗官高权大，买通关节，将玉卿转押苏州府问定死罪。玉卿之妹月英和黄秀英双双探监，并告至出京巡按处，巡按正是龙孟君，龙正在左右为难之际，闻杜子卿等写了朝报四处张贴，引起众议。龙孟君判处凶犯张进宝斩首之刑。玉卿、秀英重联姻盟。

版本共 1 种：

民国十六年（1927）严少华抄本，一册。封面题"丁卯岁／王森远藏／金锭为聘上下集"。卷首无题。书口记"双金锭"。开卷偈"金锭宝卷始展开"。结卷偈"金锭宝卷宣完成"。卷末题"民国丁卯岁四月中浣／严少华抄还"。

检索号码：XJW187-19-1-1

064 《金牛宝卷》，又名《金牛化身》《金牛太子宝卷》

富户吴家有三女，长女二女都已婚配，三女金花虽年方二八，却一心只想修行，灵山诸佛知闻后，命金童接引至西天。金花路过铁壁山，遇见石精，石精见其美貌，使妖法抢人，波罗国王得知，命兵将收服石精，救出金花三小姐。金花被选为西宫皇妃。一日，波罗国王欲离宫去五台山，后宫众人献诗送别，金花已有身孕，便说等王归来那天要让太子迎接，王方知三王妃怀孕，大喜，命正宫将印交与金花执掌。另外二宫大惊，便设计陷害金花，用狸猫换太子，将太子丢入牛棚草桶，后被牛吞入腹中。波罗国王回宫见金花产下妖物，将金花打入冷宫受苦，而牛吞了太子后产下一金牛，波罗王甚是喜爱金牛。多年后金牛到冷宫认母，被二宫知晓，装病欲吃牛心，王无奈，命杀牛。陈屠户知牛乃太子所变，以狗心敬上，将金牛偷送出城外。适逢高丽国公主招亲，彩球抛在金牛身上，高丽国王大怒，公主却愿随牛而出。路上金牛吃下了仙人灵丹，下地变作人身，公主大喜。两人行至金仑国，见出榜招君，金牛揭榜而进，登了宝座。高丽国又命人来接公主，并问太子始末，同太子到波罗国认了父母亲。王将二宫定罪，又大赏陈屠户。太子终身行善，惊动玉帝，知太子修行三世，功成圆满，应授释迦牟尼之位，永管人民为善之事。

版本共 3 种：

1. 清光绪二十七年（1901）顾彦抄本，一册。封面题"辛丑年桃月下旬吉日立 / 敬业堂顾乐记 / 金牛宝卷"。卷首题"金牛宝卷"。书口记"金牛化身"。开卷偈"金牛太子宝卷开"。无结卷偈。卷末题"光绪二十七年岁次辛丑桃月下旬吉日立 / 黼章顾彦抄录"。

检索号码：XJW176-19-1-2

2. 清光绪三十四年（1908）王森遂抄本，一册。封面题"王森遂藏 / 金牛宝卷"。扉页有金牛太子圣像插图一幅。卷首题"佛说释迦牟尼尊佛金牛太子本行集经"。无开卷偈。无结卷偈。卷末题"清光绪三十四年太岁戊申一阳月终日 / 森遂自抄"。

检索号码：XJW176-19-1-1

3. 乙未王诚甫抄本，一册。封面题"奎元周懋卿桂林 / 丁云卿抄 / 金牛宝卷"。卷首题"金牛宝卷 / 乙未岁仲秋月季王手抄"，钤"诚甫"朱印。开卷偈"金牛宝卷初宣开"。结卷偈"金牛宝卷宣完成"。卷末无题。封底缺。

检索号码：XJW176-19-1-3

065 《金牌宝卷》，又名《盗金牌卷》《苦菜宝卷》《二星叙会宝卷》《二星聚会盗金牌》《筑叙仙楼》《盗牌救翁》

明正德六年，江西省南昌县太平村寒儒施德普（又作舒德普、舒德溥等）在外训蒙，年底得束修五十两，启程回家过年。南昌县漕总王景龙因亏空钱粮，不得已典妻抵债。施德普仗义疏财，拿出五十两，赠予王景龙，使王渡过难关。回到家中，施德普一家无钱过年，困顿不堪。施氏义举感动上天，云中高挂红灯笼，上写"状元及第"四字。恰有湖州乌程县一对摇船度日的曹氏母女看见这异象，随即找到施家，曹母将小女翠娥许给施家之子子芬。后有两江总督马千岁要拆掉施家的宅子改建"叙仙楼"，于是借故迫害施家。施子芬在王景龙的帮助下连夜逃走。众人商议要救施德普，必须有马千岁的金牌。恰好曹翠娥与马府上千金相识，于是偷来金牌，救下施德普。施子芬偶遇正德皇帝，诉说冤情，沉冤得雪。此后，施子芬高中状元，诸人亦得封赏，马千岁之女亦嫁施子芬为妻。

版本共 11 种：

1. 清光绪元年（1875）王毓秀抄本，一册。封面缺，封底题"二星聚会盗金牌／盗金牌小卷"。卷首无题。无开卷偈。结卷偈"金牌宝卷宣完成"。卷末题"光绪元年蒲月上浣　日／王毓秀沐手抄录／灵岩毓秀太原"，印"王森逵章"。卷后记"此卷纸墨哉小，功夫哉大，君子借子，不可满墨"。

检索号码：XJW189-19-1-1

2. 清光绪十二年（1886）戴逸斋抄本，一册。封面后装，题"戴逸斋记／盗金牌"。原封面题"盗金牌宝卷／锦华戴逸斋记"。卷首题"金牌宝卷／戴余庆堂"。无开卷偈。结卷偈"金牌宝卷宣完成"。卷末题"光绪十二年荔平月　日立抄录／仁包字"。

检索号码：XJW189-19-2-4

3. 清光绪十八年（1892）抄本，一册。封面题"念／王根记／盗金牌卷"。卷首无题。钤"王浩德藏"朱印。书口记"盗金牌／珮记"。开卷偈"金牌宝卷始展开"。结卷偈"集成一本苦菜卷／金牌宝卷宣完成"。卷末题"盗金牌／王荣棠耀宣仙"。

检索号码：XJW189-19-2-3

4. 清宣统二年（1910）王绥之抄本，一册。封面后装，题"姚国兴记／筑叙仙楼"。卷首题"盗金牌宝卷"。无开卷偈。结卷偈"苦菜宝卷宣完成"。卷末题"宣统二年清和月下浣／弟子王绥之谨录，共六十九页"，钤"姚云"朱印。

检索号码：XJW189-19-2-2

5. 民国五年（1916）抄本，一册。封面、封底缺。卷首残，无题。无开卷偈。无结卷偈。卷末题"民国五年小春月　日抄"。

检索号码：XJW189-19-1-2

6. 民国三十三年（1944）吕开富抄本，一册。封面、封底缺。卷首题"苦菜宝卷全集"。开卷偈"苦菜宝卷初展开"。结卷偈"苦菜宝卷宣完成"。卷末题"中华民国三十三年菊月中旬　日／吕开富抄录"。

检索号码：XJW179-19-1-1

7. 丁亥孙奇宾抄本，一册。封面题"壹佰拾肆号／孙奇宾／盗牌救翁"。卷首题"盗牌救翁"。无开卷偈。无结卷偈。卷末题"天运岁次丁亥年端月上旬吉立／孙奇宾沐手"。

检索号码：XJW189-19-2-6

8. 徐焕文抄本，一册。封面题"徐焕文志／金牌宝卷"。卷首无题。开卷偈"金牌宝卷初宣听"。结卷偈"金牌宝卷宣完成"。卷末无题。

检索号码：XJW189-19-1-3

9. 胡文忠抄本，一册。封面题"二星叙会"。卷首题"金牌宝卷"。开卷偈"盗金牌卷细宣明"。结卷偈"金牌小卷宣完成"。卷末无题。书中有"胡文忠"印数枚。

检索号码：XJW9-19-1-1

10. 抄本，一册。封面题"盗金牌"。卷首题"金牌宝卷"。开卷偈"金牌宝卷始展开"。结卷偈"金牌宝卷宣完成"。卷末无题。

检索号码：XJW189-19-2-1

11. 抄本，一册。封面题"杨兆熊藏／盗金牌"。卷首无题。无开卷偈。结卷偈"盗金牌卷已宣完"。卷末无题。

检索号码：XJW189-19-2-5

066 《金钱宝卷》，又名《金泉宝卷》《提篮金钱卷》《提篮宝卷》

宋仁宗时，浙江杭州草桥门外，李太守身故，并无后代。其妻杨氏修行，吃斋奉素。杨氏修行心不诚，拿白铜当银子，哄骗穷人，观音有心点化她。一日，观音变作一白发卖柴人，来到杨家，高喊卖柴。喊声惊动了杨夫人，拿了白铜充白银付柴钱。观音将白铜往杨夫人面前一丢，现出真身，驾起祥云，在空中教诲杨夫人一番。杨夫人连连谢过，将白铜尽丢入钱塘江内，诚心斋僧布施。三年后，观音变作一讨饭婆，来到杨家楼下，众人看到嫌弃，要动手打她。只有丫鬟金钱（一作金泉）心生恻隐之心，下厨房偷偷做饭给她吃。观音拿出一只小瓢，金钱盛了三碗在瓢中，总是盛不满，只得将瓢还给观音。金钱偷银给观音，被杨夫人捉住，痛打一顿。金钱到厨房盛了半钵冷面，送与观音。观音有心试她，变成满身疮毒、周身散发臭气之人，拿不得碗筷，要金钱喂她。金钱喂了三口，观音口吐脓血，不要吃了，叫金钱倒在沟里。金钱不舍，自己吃下，顿觉浑身轻快。金钱要为观音医治疮毒，观音说只要金钱吃了她身上疮疤的痂，病就好了。金钱就吃了，顿时陡长精神。观音度了金钱白日升天，杨氏大怒，开荤破戒。金钱回奏观音，若不度她，世间无人行善。观音驾云到草桥门，度了杨夫人，封为插香童子，金钱封为提蓝观音。

版本共 5 种：

1. 清光绪二十四年（1898）金芝田抄本，一册。封面题"重号/金芝田/金钱宝卷"。卷首题"金钱卷/金芝田"。无开卷偈。结卷偈"提蓝宝卷宣周全"。卷末题"光绪念四年岁在戊戌闰三月望日沐手/弟子芝田"。书后记"抄卷再艰难，借卷速急还，倘若不还者，到底也有灾"。

检索号码：XJW173-19-1-2

2. 清光绪三十年（1904）懋卿抄本，一册。封面题"赵兰亭记/提篮宝卷"。卷首无题。无开卷偈。结卷偈"提篮宝卷已周完"。卷末题"光绪三十年九月重阳后一日抄/懋卿抄录"。

检索号码：XJW282-19-1-1

3. 民国七年（1918）华秋亭抄本，一册。封面题"四十八号/吴水根揣/金钱卷"。卷首题"提篮金钱卷/华秋亭记"。无开卷偈。结卷偈"提篮宝卷宣完成"。卷末题"民国七年戊午日立"。

检索号码：XJW173-19-1-1

4. 民国十五年（1926）杨廷章抄本，与《杏花宝卷》合订一册。封面后装，题"二十一号/浦大根/杏花卷"。书口记"杏花金泉卷/四知堂杨记"卷首题"金钱卷"。开卷偈"金钱卷始展开"。结卷偈"金泉卷宣完成"。卷末题"民国拾伍年太岁丙寅宫季夏月　日立/杨廷章自书"。

检索号码：XJW146-19-1-2

5. 癸卯顾贞芝抄本，一册。封面题"四十八号/顾正志藏本/金钱宝卷"。卷首题"四十八号/顾正志/金钱宝卷"。无开卷偈。结卷偈"提篮宝卷完周全"。卷末题"癸卯岁桂月汝南沐手农字/顾贞芝记"。

检索号码：XJW173-19-1-3

J

067 《金如意宝卷》，又名《如意宝卷》《画图定亲》

宋太宗时期，杭州太守周文若之女周金兰嫁给昆山顾景龙为妻。因翁婿不和，金兰小姐成亲六年不得回家省亲。且说金兰之母放心女儿不下，遣长子周必正来昆山探望。无奈顾景龙嫌弃周家贫穷，百般刁难，双方起了纠纷。金兰小姐出来打圆场，赠送黄米金银给兄长。顾景龙诬陷周必正打劫库银，官府将周必正屈打成招。周必正之子仁官，遭此巨变，卖身汪姓为蟆蛤之子，次子德官又被致仕的常州太守收养。数年后二子分别改名汪仁、胡德，进京赶考，得中进士，并将家中冤屈上报皇帝，周必正沉冤得雪，恶人伏法。

版本共 5 种：

1. 清光绪三十三年（1907）董文彩抄本，一册。封面题"戴砚俊记／金如意卷"。卷首题"金如意宝卷"。无开卷偈。结卷偈"如意宝卷已宣完"。卷末题"光绪三十三年岁在丁未春月下浣／书屋弟子董文彩敬录"。

检索号码：XJW190-19-1-1

2. 民国九年（1920）邢时本抄本，一册。封面题"周廷良记／如意卷"。书口记"金如意／第六本"。卷首无题。开卷偈"如意宝卷始展开"。结卷偈"如意宝卷宣完成"。卷末题"民国庚申年戊寅月甲戌日立／邢时本敬书"。

检索号码：XJW190-19-1-3

3. 民国十五年（1926）王森逯抄本，一册。封面题"丙寅／王森逯藏／画图定亲／金如意"。书口记"金如意／森记"。卷首题"金如意"。开卷偈"如意宝卷始展开"。结卷偈"如意宝卷宣完成"。卷末题"民国十五年太岁丙寅榴月上浣　日／森逯自抄"。

检索号码：XJW190-19-1-4

4. 民国十五年（1926），杨廷章抄本，一册。封面题"二十二号／浦大根／如意卷"。书口记"金如意卷／杨四知堂"。扉页有插图一幅。卷首无题。开卷偈"如意卷始展开"。结卷偈"金如意卷宣完成"。卷末题"民国十五年孟冬月下浣终抄／杨四知堂"。

检索号码：XJW190-19-1-2

5. 民国二十年（1931）艾蒙钦抄本，一册。封面题"辛未桂月上旬　日立／

如意宝卷"。卷首题"如意宝卷"。开卷偈"如意宝卷初展开"。结卷偈"如意宝卷宣完满"。卷末题"民国辛未年桂月上旬 日立／艾蒙钦藏本"。

检索号码：XJW190-19-1-5

068 《金驼子宝卷》，又名《谋产害子》

洞庭东山有一金驼子，人送外号"元宝"。凡家有娶亲、发财、做戏等种种喜庆之事都要请他吃酒，讨个吉利，送他财物。日久，积得良田一丘。村中有一姓富名利山的，为人奸险，觊觎金驼子的良田。有一天，一叫花子倒毙在富利山田头，富移尸陷害，逼金驼子卖田与他。日后，有人泄露其计，金闻言大怒，磨刀一把，藏在胸中，到桥上等富，欲报仇。因等候时久，想到如此下去，冤冤相报何时了，便转念回家。路过石桥，脚下一滑，一跌，爬起来，背竟直了。数日后，有富家仆人挑物相送，请金到富家，金不知何故。去后，富利山告知某日其子在门槛上跌了一跤，变成驼子。求金告之灵丹妙方医治。金大惊，说出前事，富后悔不及。

版本共 2 种：

1. 清光绪十二年（1886）吴春翘抄本，与《刘方孝义卷》合一册。封面题"第十二号／吴春记／公案／金驼子"。卷首无题。无开卷偈。无结卷偈。卷末题"光绪十二年三月日立／吴春翘自书"。

检索号码：XJW169-19-1-1

2. 民国十一年（1922）如显堂抄本，一册。封面题"如显堂廖／谋产害子"。卷首题"谋产害子"。无开卷偈。无结卷偈。卷末题"大中华民国拾壹年壬戌岁季冬月抄毕／如显堂廖藏"。

检索号码：XJW269-19-1-1

069 《金印宝卷》，又名《黄金印宝卷》《黄金宝卷》《访奸失印》《周文进失印》《遇奸失印》《月香盗印》《黄金宝印》

明弘治年间，四川成都人周文俊父母早亡，十九岁进京赶考，得中状元，封七省巡按，扮作算命先生，到扬州私行察访。文华殿大学士田计高之子田荣在街上强抢民女薛凤仙，周文俊假装凤仙表兄，助其逃脱。周文俊被田荣请入府中吃酒，身份被识破，遭毒打囚禁，印信被夺。幸得田荣表妹谢素珍与丫鬟月香相救，又偷回印信，杀死看园人，放走周文俊。不料周文俊误上强盗船，被逼为仆，药哑喉咙。谢素珍与丫鬟女扮男装带了金印逃出田府，路遇兵部尚书杨大人与夫人，被收为养女。田荣见周文俊、谢素珍俱已逃走，又生一计，贿赂扬州知府金如山，奏明皇上周文俊逃官之罪。田荣恶心不改，到莲花庵中抢已故两江总督何仁之女何兰英，师太连忙通报庵主张沛公。张沛公拿了铁棍杀到田府，正在交战时，何兰英之兄何荣学成武艺前来寻亲，一同把田府打得落花流水。三人回到张家，商议到京城告御状。杨兵部诞辰，在洪福馆演戏，强盗也要去看戏，周文俊乘机逃离贼船，到戏院寻到薛凤仙之父薛圣贤，两人捉了强盗，拿到县衙。强盗招认，周文俊哑喉可以医好。周文俊认了薛圣贤为继父。薛圣贤领周文俊来见杨兵部，杨大人看他相貌非凡，又试了文采，十分欢喜，将薛凤仙配他，杨、薛两家结为姻亲。谢素珍见后，说出实情，周文俊、谢素珍、薛凤仙三人完婚。杨兵部又将事情原委从头至尾奏明皇上。八月半，田计高假意请皇上到家看灯，实则设计要谋篡皇位，最终皇上获救，田家一干人等皆处极刑。

版本共 12 种：

1. 清同治八年（1869）戴锦华抄本，一册。封面残，题"正／第四十三号／戴逸斋藏"。书口记"仁义记"。卷首题"黄金印卷"，钤"三让湘记"紫记。无开卷偈。结卷偈"黄金印卷已完成"。卷末题"大清同治八年太岁己巳仲春月吉日荣堂抄录／三让堂敬录／戴锦华德记自抄完"。

检索号码：XJW185-19-2-1

2. 清光绪十五年（1889）顾彦抄本，一册。封面题"己丑年清和月上旬日立／敬业堂顾乐记／金印宝卷"。卷首无题。开卷偈"金印宝卷始展开"。结卷偈"金印宝卷已完满"。卷末题"光绪十五年四月　日立／黼章顾彦抄录"。

检索号码：XJW185-19-1-2

3. 清光绪二十八年（1902）王森造抄本，一册。封面题"壬寅／王森造藏／访奸失印"。卷首无题。开卷偈"金印宝卷始宣明"。结卷偈"金印宝卷宣完全"。卷末题"光绪二十八年太岁壬寅三月上浣／森造自抄录"。

检索号码：XJW185-19-1-5

4.民国二年（1913）华秋亭抄本，一册。封面题"五十五号／吴水根揣／黄金印"。卷首题"金印宝卷／华秋亭子凤如藏记"。无开卷偈。结卷偈"金印宝卷宣完成"。卷末题"中华民国二年华秋亭领郎凤如藏志"。

检索号码：XJW185-19-1-4

5.民国十四年（1925）徐肇鹤抄本，一册。封面题"乙丑岁中秋月　日立谷旦／黄金印宝卷上下集"。卷首题"黄金印宝卷"。开卷偈"金印宝卷始宣明"。结卷偈"金印宝卷宣完成"。卷末题"中华民国十四年太岁乙丑桂月下旬　日谷旦／徐肇鹤录抄"。

检索号码：XJW185-19-2-3

6.民国十四年（1925）姚云高抄本，一册。封面题"四十三号／乙丑桂月／姚云高志／黄金宝印"。卷首题"黄金印卷"。无开卷偈。结卷偈"金印宝卷宣完成"。卷末题"中华民国十四年岁在乙丑桂月初十日四个钟头抄完／善底村姚云高清手苦功抄录"。

检索号码：XJW185-19-2-4

7.民国二十年（1931）毛文学抄本，一册。封面题"第念八号／毛文学自抄记／黄金印"。书口作"东长房黄金印廿八仁云堂李府／毛文学抄记办用"。卷首题"黄金印"。无开卷偈。结卷偈"金印宝卷宣完成"。卷末题"中华民国念年岁在辛未十月　日立／毛文学记自抄办用"。书后有诗云："借看此书不可轻，功夫团团写一程，散然纸墨细小事，遗失此书却难誊。"

检索号码：XJW185-19-1-3

8.民国二十二年（1933）姚重德抄本，一册。封面题"姚重德办用／遇见失印"。卷首无题。无开卷偈。无结卷偈。卷末题"民国念贰年太岁癸酉清和月上旬录毕／弟子姚重德书"。书后记"此卷略而减过，有才之人再更也，有个差字带录带改，一时难以更正，况且小弟才浅，只能音同字不同"。

检索号码：XJW277-19-1-1

9.民国三十一年（1942）顾根福抄本，一册。封面题"四十五／顾毓秀记／黄金印"。卷首无题。无开卷偈。结卷偈"金印宝卷宣完成"。卷末题"民

J

国三十一年五月 日立／顾根福抄"。

检索号码：XJW185-19-2-2

10. 民国三十六年（1947）胡文忠抄本，一册。封面后装，题"修德轩忠藏／月香盗印"，印"胡文忠印"。原封面题"胡文忠藏／月香盗印"，印"胡文忠印"。卷首无题。无开卷偈。结卷偈"金印卷已宣完"。卷末题"岁在民国丁亥年桃月／胡文忠涂毕"，印"胡文忠印"。

检索号码：XJW56-19-1-1

11. 丙寅丁侃如抄本，一册。封面题"丙寅年三月／丁侃如抄金印宝卷"。卷首题"黄金印宝卷"。开卷偈"黄金宝卷始宣明"。结卷偈"金印宝卷宣完成"。卷末无题。

检索号码：XJW185-19-1-1

12. 辛未吴庭蓉抄本，一册。封面题"三十二号／浦大根／黄金卷"。书口记"黄金印／吴庭蓉记"卷首题"黄金印宝卷"。无开卷偈。结卷偈"黄金印卷已完成"。卷末题"天运岁次辛未清和月下浣／吴庭蓉在馆内抄毕"。

检索号码：XJW185-19-2-5

070 《金枝宝卷》，又名《红楼铜镜金枝卷》《金枝玉叶卷》《红楼镜宝卷》

宋朝仁宗年间，江苏镇江丹徒县官宦陈文琳，单生二女。长女金枝许配给周家庄周凤祥，二女玉叶许配给王启舟。陈家供两位女婿读书。周凤祥儒雅好学，王启舟丑恶怪异，玉叶心中幽怨。丫鬟秋菊想出一计，让玉叶在夜晚假装金枝在书房中会周凤祥。周凤祥见到玉叶，拒不肯从。玉叶只得上楼回房。王启舟跟踪玉叶上楼，敲开旁边金枝的房门，大闹闺房逼婚。金枝情急之下，拿起铜镜，打死了王启舟。王家将金枝之事上告衙门，衙门判陈家无罪。陈家老爷回宅后，看到惴惴不安的金枝，想到她招惹的这些不清不白的事情，一股怒气升上来，将金枝打得昏死过去，丢到荒郊野外。陈老爷又将玉叶许给周凤祥。周凤祥不从，坚持不愿成亲，玉叶寻死，被人救下，在庵中修行。后周凤祥中状元，与包公之女成亲。新婚之日，周凤祥才知新娘竟是金枝。原来金枝当日为包公所救，并被收为义女。夫妻终于团圆。

版本共 4 种：

1. 民国十三年（1924）王彦达抄本，上、下两册。上册封面题"王森逵藏/红楼铜镜金枝卷上集"。上册卷首无题。上册开卷偈"金枝宝卷初展开"。上册无结卷偈。上册卷末题"炳坤世兄凤声妙音"。下册封面题"王森逵藏/红楼铜镜金枝卷下集"。下册卷首无题。下册开卷偈"金枝宝卷再宣明"。下册结卷偈"此卷名为红楼镜"。下册卷末题"天运民国十三年太岁甲子小春月中旬 日/太原王彦达代抄"。

检索号码：XJW177-19-1-1、XJW177-19-1-2

2. 民国三十七年（1948）孙奇宾抄本，上、下两册。上册封面题"捌拾号/孙奇宾/金枝玉叶"。上册卷首题"金枝玉叶宝卷，又名'红楼镜'"。上册无开卷偈。上册无结卷偈。上册卷末题"时维天运民国卅七年岁次戊子阴历榴月中旬抄毕弟子孙奇宾台宣"。上卷卷末记"五月芒种芒碌碌，空闲在家身寂寞，每日公余抄此卷，此卷共抄三日定"。下册封面题"捌拾壹号/孙奇宾/金枝玉叶下集"。下册卷首题"金枝玉叶宝卷，又名红楼镜下集"。下册无开卷偈。下册结卷偈"宣完全部金枝卷"。下册卷末题"天运民国卅七年岁次戊子榴月下弟子孙奇宾沐手谨抄，此卷共抄四天"。

检索号码：XJW177-19-1-3、XJW177-19-1-4

3. 1958 年宋馥声抄本，一册。封面题"金枝玉叶"。卷首无题。无开卷偈。无结卷偈。卷末题"今日在善桥镇，日里无事书成，足足写了十天，十二月初完成/一九五八年一月二七号/宋馥声自抄"。

检索号码：XJW177-19-1-5

4. 上海惜阴书局石印本，上下两册合订一册。封面缺。卷首题"新出绘图金枝宝卷上集又名红楼镜"。开卷偈"金枝宝卷初展开"。结卷偈"金枝宝卷宣完全"。卷末无题。

检索号码：XJW177-19-1-6

071 《九件衣宝卷》，又名《九件衣古事》

清末信阳城里富户花自芳为地方一霸。申家村申大成妻子申娘遇到花家佣人前来讨债，申娘无钱还债，花家佣人抢去饭锅抵债，并说花府要嫁女，必须送礼，否则收回田地房子。申大成只得去表姐处借钱，看见表姐深夜赶制绣衣，便提出借出绣衣典当以渡难关。表姐借出九件绣衣。哪知当夜花府遇盗，恰好盗去绣衣九件，申大成当衣时被当作盗贼抓住，被判死罪。适逢太平军崔杰知悉申家冤情，率领义军杀进城内，处死贪官恶霸，救下申大成。

陈富昌本内容如上，王炳坤改写本把故事时间提前到明末，主人公不变，主线不变，最后惩恶扬善的人变成了李自成起义军，具体情节亦稍有变动。

版本共 2 种：

1.1950 年抄本，陈富昌编辑，一册。封面题"庚寅年／颖川书屋／九件衣古事"。卷首题"九件衣古事"。无开卷偈。结卷偈"九件衣宣完成"。卷末题"古历五月上旬／陈富昌编辑"。书后作"各项句文面杂样，请诸为（位）老师多多原谅，真草草不恭"。

检索号码：XJW11-19-1-1

2. 1952 年王炳坤抄本，一册。封面题"公元一九五二年农历壬辰岁／太原王炳坤编／九件衣／斗恶霸"。卷首题"九件衣"。无开卷偈。结卷偈"九件衣宣完成"。卷末题"公元一九五二年农历壬辰年正月上旬／王炳坤自编抄录（在京剧剧本上编下）"。书后有跋："此卷编辑已完成，连抄二月带黄昏。并无一人供材料，所以内容欠三分。倘有韵脚拉勿正，接受批评要更正。各位同志要借抄，内容之中要当心。欢迎大家来指教，多提意见多讨论。鄙人编卷文化低，倘有缺点当面论。此卷抄得真勿好，粗枝大叶字勿灵。"

检索号码：XJW11-19-1-2

072 《掘藏宝卷》，又名《掘藏库》《掘藏妙典》《藏神宝卷》《假掘藏卷》《藏银宝卷》

与《巧财宝卷》大同小异。宋仁宗时，长安富荣一家七口缺衣少食，借债度日。因所借无还，乡邻都不肯再借。富荣夫妻想出个计策，假说家中掘到一缸元宝，到当铺借米油。当铺女主人听说富荣掘到宝藏，就叫丫鬟拿六十两纹银要换一只所掘的银元宝。富荣搪塞开丫鬟，拿了纹银到钱庄换元宝，回家做旧，就像埋藏地下多年的一样。当铺主请富荣吃酒，又拿了银子与他做生意。富荣拿了本钱，出洋做生意，满载而归，还了当铺主银子，建屋置田。

版本共 3 种：

1.癸亥汤春香抄本，一册。封面题"宙号／汤春香记／掘藏宝卷"。卷首题"掘藏卷"。无开卷偈。结卷偈"掘藏宝卷宣完成"。卷末题"时维岁次癸亥年新正月　日／汤春香旦"。

检索号码：XJW275-19-1-1

2.癸丑金培春抄本，一册。封面题"金培春记／掘藏库"。卷首无题。开卷偈"藏神宝卷始展开"。结卷偈"藏神宝卷宣完成"。卷末题"岁在癸丑年菊月　日抄／谷旦沐"。

检索号码：XJW275-19-1-2

3.抄本，一册。封面题"掘藏妙典"。卷首题"掘藏卷"。开卷偈"假掘藏卷初展开"。结卷偈"藏银宝卷已宣完"。卷末无题。

检索号码：XJW275-19-1-3

K

073 《开家宝卷》又名《忠孝天颜卷》《七代宝卷》《七代同心卷》《良善宝卷》

汉文帝年间，宁州府带郭县安平乡富杨村村民开公，生十七子，九代同堂，富可敌国，最珍贵者是两扇婆婆门，世间罕有。文帝得知后，诱逼开公进献婆婆门，无果。十年后，文帝又想起婆婆门，下旨开家，勒逼开家献出玻璃盏并婆婆门，开公拿不出玻璃盏，又舍不得婆婆门，合家老小大哭，惊动玉帝，佛堂赐灯。开公邀请文帝来观看宝物，皇上看后自叹弗如。玉帝查得开家一门孝义，派太白金星下凡来超度他们，开公白日飞升，儿孙也人人上了天庭。

（又一种）：宋朝仁宗时期，宁州府安平村有一富户开忠义，家资殷实，有一妻二妾十七个儿子，数百后代，一家和睦。开公问家人，现在家中到底有几代人。一翻丁簿，已是七代同堂。开公见家人众多，便欲分家，让各家去各方开

K

枝散叶。不料，众兄弟妯娌相亲相爱，都不愿分家。此事感动上天，天降神木，制作成奇宝"娑婆门"。宋仁宗访求民间忠孝之人，有刘青启奏，说有义民开忠义七代同堂不分家，家有神木。宋仁宗爱上其娑婆门，欲占为己有。公不献门，愿改献他宝。仁宗遂要求以奇宝代替，若无，则定要"娑婆门"。开家人齐心协力，排除万难，终于凑成奇宝，一家人得成正果。

版本共7种：

1.清光绪七年（1881）峻山抄本，一册。封面题"十八号／汤寿春藏／开家卷"。卷首无题。开卷偈"听叹开公宝卷文"。结卷偈"开家宝卷已宣完"。卷末题"大清光绪七年菊月　日立／峻山沐手敬录"。

检索号码：XJW264-19-1-6

2.清光绪十七年（1891）邹诗庭抄本，一册。封面题"谯国逸藏／忠孝天颜"。卷首无题。开卷偈"开家宝卷始展开"。结卷偈"开家宝卷已宣完"。卷末题"光绪十七年辛卯桂月／邹诗庭抄录"。

检索号码：XJW264-19-1-2

3.清宣统元年（1909）维记抄本，一册。封面、封底缺。卷首残，无题。无开卷偈。结卷偈"开家宝卷已宣完"。卷末题"大清宣统元年闰二月　日中旬／维记抄录"。

检索号码：XJW264-19-1-3

4.民国八年（1919）飞龙抄本，一册。封面后装，题"己未岁／马耀堃志／七代宝卷"。原封面题"马耀堃记／七代同心"。卷首无题。无开卷偈。结卷偈"良善宝卷已宣完"。卷末题"中华民国八年巧月初旬　日／弟子飞龙沐手"。

检索号码：XJW10-19-1-1

5.民国十七年（1928）陈栽之抄本，一册。封面题"陈栽之藏／开家卷"，印"杨王仁记"。卷首无题。开卷偈"开家宝卷始展开"。结卷偈"开家卷已宣完"。卷末题"民国十七年岁次戊辰新正月望春后一日／陈栽之抄"，印"杨王仁记"。

检索号码：XJW264-19-1-5

6.民国三十七年（1948）俊甫抄本，一册。封面题"中华民国三十七年二

月中旬　日上午订／武陵俊甫抄录／开家宝卷"。卷首无题。开卷偈"大众听得开家卷"。无结卷偈。卷末无题。

检索号码：XJW264-19-1-1

7. 抄本，一册。封面题"十三号／浦大根／开家卷"。卷首无题。开卷偈"开家宝卷始展开"。结卷偈"开家宝卷已完成"。卷末无题。

检索号码：XJW264-19-1-4

074 《坤延寿宝卷》，又名《延寿宝卷》

浙江衢州常山县卜元官为兵部尚书，夫人陆氏，膝下无子女。卜元官一心行善求子，感动上天，天官送女，取名芙蓉。一日，卜元官生病，医药无效。芙蓉向灶君为父祈福，父亲醒来要吃鱼，可是数九寒冬，无处卖鱼。芙蓉便卧冰取鱼，冻死在冰上。魂灵撞入龙宫，龙王深受感动，送她去见阎王，阎王感其孝心，启奏玉帝，救她父亲，增加芙蓉十年阳寿。一日，陆氏身染沉疴，一病不起，芙蓉割肉疗亲，再次感动阎王，救她母亲，为芙蓉增寿十年。后来芙蓉行善，又增数十年阳寿，一直活到一百〇一岁，全家荣登极乐世界。

版本共 1 种：

清光绪三十二年（1906）悟红道人抄本，一册。封面题"悟红道人珍藏／坤延寿宝卷"。卷首题"坤延寿宝卷"。开卷偈"延寿宝卷始展开"。结卷偈"延寿宝卷宣完全"。卷末题"光绪三十二年巧月望日／悟红道人沐手敬录"。卷中夹有红纸一页，纸人数个，纸上记录"江苏吴境吴苑乡九都六图留杯／延生信士黄阿来为寄母黄氏赵陆氏／寿庚六十三岁／庚寅五月初二卯时建生／身于起因元月初五寒热醒来／满身疼痛心闷起昏……"

检索号码：XJW197-19-1-1

L

075 《兰香阁宝卷》

明朝嘉靖年间，松江府华亭县落魄书生祁文定，欲赴京求取功名，苦无盘缠，幸得"小孟尝君"巢必成赠予纹银二两，方才成行。祁文定到南京后，在旅店附近的兰香阁偶遇一位美貌女子，这位女子是已故刑部尚书庄老爷的独生女庄珍容，郎才女貌，两人一见如故，于是私订终身，珍容小姐赠送祁文定纹银五十两，助其赶考。祁文定约定：一旦考取功名，即迎娶珍容小姐为妻。祁文定先后考取举人和进士，被任命为山西洪洞县县令。但他贪图荣华富贵，改娶了大财主、丁进士之女为妻。获此消息后，珍容小姐悬梁自尽。再说"小孟尝君"巢必成到常州去游玩，路过南京，无意中入住这家旅店，晚上散步至兰香阁，珍容小姐托梦给巢必成，希望帮其复仇。巢必成为此去洪洞县找祁文定论理，在洪洞县境内，他听到祁文定鱼肉百姓、贪赃枉法的众多劣迹。见面后，祁文定否认认识，派衙役将其乱棒赶出。巢必成又气又恨，赴京投奔其父好友、兵部尚书陈廷连。正巧此刻云南发生叛乱，朝廷损兵折将，陈尚书推荐巢必成为征讨大元帅平乱。巢必成平定叛乱，被封为兵部尚书、太子太保，并代天巡狩。巢必成来到洪洞县将祁文定砍头正法，百姓欢腾。而东岳大帝查阅生死簿，庄珍容小姐命不该绝，阳寿未尽，应该活到七十二岁，所以让其还阳。庄珍容与巢必成两人结成夫妇。

版本共 9 种：

1. 清光绪十六年（1890）戴逸斋抄本，一册。封面题"谯国逸记/兰香阁卷"。卷首题"兰香阁宝卷/戴逸斋敬藏"。无开卷偈。结卷偈"兰香阁卷宣完成"。卷末题"光绪拾陆年巧月上旬抄录"。

检索号码：XJW308-19-1-1

2. 清光绪二十五年（1899）墨卿抄本，一册。封面题"兰香阁"。卷首无题。无开卷偈。结卷偈"兰香阁卷已宣完"。卷末题"光绪贰拾五年太岁己亥桂月中浣/墨卿代抄"。

检索号码：XJW308-19-1-2

3. 清光绪三十四年（1908）霍耕山抄本，一册。封面题"四十三号/嘉会堂根渊记/兰香阁"。卷首题"兰香阁/霍根山① 记"。无开卷偈。结卷偈"兰香

---

① 原文如此，"霍根山"又作"霍耕山"，均照录。

阁宣完人"。卷末题"光绪三十四年春王月／霍耕山抄日立／儿子渊如蛋毕"。

检索号码：XJW308-19-1-3

4. 清宣统元年（1909）抄本，一册。封面残，题"吴维淞置"。卷首无题。无开卷偈。结卷偈"兰香阁宝卷宣完"。卷末题"大清宣统元年闰二月哉生明日抄录"。

检索号码：XJW308-19-1-4

5. 民国十一年（1922）悦记抄本，一册。封面无题。卷首题"兰香阁"，钤"吴仁生"朱印。无开卷偈。结卷偈"兰香阁卷宣完成"。卷末题"民国十一年蔷月底／陇西悦记抄录"。

检索号码：XJW308-19-2-3

6. 民国三十四年（1945）汤万祥抄本，一册。封面题"汤万祥藏／兰香阁"。卷首无题。无开卷偈。结卷偈"兰香阁宝卷宣完成"。卷末题"民国三十四年蔷薇月终日抄"。

检索号码：XJW308-19-2-5

7. 民国三十五年（1946）周克勤抄本，上、下册。上册封面题"周克勤藏／兰香阁上集"。上册卷首题"兰香阁宝卷"。上册开卷偈"兰香阁卷始开宣"。上册无结卷偈。上册卷末题"中华民国三十五年仲月灯下抄"。上下册书口题"汪家墩，汝南"。下册封面题"周克勤藏／兰香阁下集"。下册卷首无题。下册无开卷偈。下册结卷偈"兰香阁宝卷宣完满"。下册卷末题"中华民国三十五年仲月灯下抄"。

检索号码：XJW308-19-2-1、XJW308-19-2-2

8. 壬子华秋亭抄本，一册。封面题"三十四号／吴水根揣／兰香阁"。卷首题"兰香阁／华秋亭子凤如"。无开卷偈。结卷偈"兰香阁卷宣完成"。卷末题"太岁壬子年九月三十日／华秋亭记／华凤如"。

检索号码：XJW308-19-1-5

9. 言周抄本，一册。封面题"四十五号／姚云高记／兰香阁"。卷首题"兰香阁"。无开卷偈。结卷偈"兰香阁卷宣完成"。卷末题"此卷共三十五页／言周抄"。

检索号码：XJW308-19-2-4

076 《礼貌逆母卷》，又名《逆孝宝卷》

康熙年间苏州府吴江县人苏关福，四岁丧父，由寡母何氏一手抚养长大。十九岁娶方贞妹为妻。关福时常忤逆娘亲，非骂即打，方氏贤惠，对婆婆十分孝顺，不时规劝丈夫。何氏因终日受儿子的气，心中忧闷，日日痛哭，竟哭瞎了双眼。关福愈加嫌弃，乘方氏回娘家探病之际，骗娘亲说去看眼睛，把娘带到荒郊白莲荡，将她推入池塘。方氏到了娘家，只觉心惊肉跳，连忙赶回家，四处寻找婆婆不得。见丈夫回来，问婆婆下落，关福胡说一番。霎时间，雷声大作，关福吓得躲在缸中。原来玉帝带着雷公电母到池中救出何氏，送她回家，双目也复明。雷公电母从缸中提出关福，把他丢入白莲池霹雳打死。那方氏原有五月身孕，十月生下一男婴，取名传生。

版本共 4 种：

1. 清光绪三十三年（1907）王浩德抄本，一册。封面题"第五三／邱松笏记／礼貌逆母卷"。卷首题"礼貌逆母卷"。无开卷偈。结卷偈"今日宣扬礼貌卷"。卷末题"光绪三十三年太岁丁未七月　日谷旦／弟子王浩德自抄之录"。

检索号码：XJW210-19-1-3

2. 民国十九年（1930）顾根福抄本，一册。封面题"十九／顾毓秀记／苏关福"。卷首无题。无开卷偈。结卷偈"逆子孝媳宣完成"。卷末题"民国十九年二月　日立／顾根福抄"。

检索号码：XJW236-19-1-2

3. 民国二十八年（1939）胡锦芳抄本，一册。封面题"己卯岁／安定胡锦芳记抄／逆孝宝卷"。卷首题"逆孝宝卷"。开卷偈"逆孝宝卷初展开"。结卷偈"今日宣部逆孝卷"。卷末题"民国己卯古二十八年荷月念九日完工／安定胡锦芳抄录"。

检索号码：XJW210-19-1-4

4. 民国三十五年（1946）殷桂福抄本，一册。封面无题。卷首无题。开卷偈"逆子孝媳始展开"。结卷偈"忤逆宝卷宣完成"。卷末题"合福社员殷桂福沐手抄录／卷在孙奇宾处来抄竣／卷在庄嵩港沈府生意抄毕／民国三十五年十月初三日抄成"。

检索号码：XJW236-19-1-1

077 《连环计宝卷》，又名《劝夫宝卷》《败子回宝卷》

江南吴郡书生孙镐，字凌云，父母双亡，家财殷实，娶妻梁氏，生有一子。妻弟梁洪亦与孙家住在一处。乡间无赖包光得，专以勾引他人赌博为业。一日寻上孙镐，引诱孙镐迷上赌博。梁氏见夫君如此，百般无奈，只得为其寻一房妾室，试图规劝夫君。媒婆计妈将秀才赵瑜之女月姑与孙联姻。赵月姑过门后，孙镐依旧赌博，不久荡尽家财。梁氏姐弟欲规劝孙镐，乃设计让赵月姑扮作男子赵灏桂，假作富户要收买孙家家产。孙镐卖尽家财，无家可归，包光得更献计要把梁氏卖给他人为妾。赵月姑再次假扮男子，娶了梁氏。至此孙镐孤苦一人，走投无路，只得卖身为奴，改名悔初，受尽苦楚。幡然悔悟后，发奋攻读，得中亚元（陈栽之本做解元），于是全家团聚。

版本共 2 种：

1. 民国二十二年（1933）陈栽之抄本，一册。封面题"陈栽之记 / 连环计"，钤"杨王仁记"朱印。卷首无题。无开卷偈。结卷偈"连环计宣完满"。卷末题"民国二十二年岁次癸酉桂月下浣日陈栽之抄录"。卷末有"连环计宣完成，炉内香烟透九霄。再宣延寿三神卷，东天就要太阳高。念佛老太开珠数，诸君回家去睏觉"诸句。

检索号码：XJW140-19-1-2

2. 抄本，一册。封面无题。卷首题"败子回"。无开卷偈。结卷偈"劝夫宝卷宣完了"。卷末题"木香港尹记"。

检索号码：XJW140-19-1-1

078 《莲英宝卷》

民国时，杭州拱辰桥有一户人家，父柏仁，母董氏，女莲英。伯仁死后，母女无法生活，到上海寻姨母。姨母在上海清河坊开设妓院，见莲英貌美，欲让其为妓。莲英初不愿，经母苦劝应之，因人美，名噪沪上。有恶少阎瑞生，向题红馆借钻戒一只，当了买跑马票，输尽。题红馆追索，阎即设法欲骗名妓小林黛玉，小林黛玉知阎是恶少，故拒之。莲英不知，乘其车兜风。在田野里，阎瑞生等人将莲英闷死，取得首饰，将尸抛在麦田。董氏寻女，追索阎。阎逃至外国人开设的洋行，捕房不能进。最后仍伏法。

版本共 1 种：

抄本，一册。封面、封底缺。卷首题"新编莲英宝卷前本"。开卷偈"莲英宝卷初展开"。无结卷偈。卷末无题。本卷当为时闻题材，书前记："恭闻莲英宝卷出在民国时代上海地方有一阎瑞生谋财害命一案，轰轰烈烈，已经宣传天下，待在下细细宣讲出来，诸君静心一听。"

检索号码：XJW250-19-1-1

079 《梁祝化蝶》，又名《梁山伯祝英台》《梁山伯与祝英台宝卷》《梁祝宝卷》《蝴蝶宝卷》《义烈宝卷》《梁山伯》《英台宝卷》《花蝴蝶宝卷》《同窗宝卷》《梁祝姻缘》《蝴蝶缘》《还阳姻缘》《双蝴蝶》《梁祝姻缘古典》《乾坤结义》《结拜恩义》

周朝浙江绍兴诸暨县梁山伯，闻说山东孔仲尼周游列国，广教儒人，在杭州设帐训学，山伯即至杭州读书。在凉亭歇息，遇见越州会稽县杏花村祝家庄女扮男装的祝员外小姐祝英台，也赴杭州求学。二人在凉亭中结拜金兰。同窗三载。一日，祝员外夫妇来信要英台回家。山伯送行时，英台假托有妹许与山伯，实是将自己终身付之。不想回家后，父亲将她许与前村马俊。半年后山伯来，英台只得诉说前情，嘱其再娶。山伯思英台得病而亡，英台亲至坟上祭奠，忽地一声霹雳，英台与山伯化作蝴蝶飞去。马俊气愤自尽，至阴府告状，阎王翻姻缘簿，得知英台应嫁山伯，马另有婚姻。于是，三人同遣还阳，各自结婚。后梁门子孙夺魁，合家美满。

版本共 16 种：

1. 清咸丰七年（1857）王涌泉抄本，一册。封面题"庚午／王涌泉藏／梁祝化蝶"。卷首无题。开卷偈"双蝴蝶卷始宣明"。结卷偈"此部名为双蝴蝶"。卷末题"咸丰七年岁次丁巳桃月　日立／王涌泉记"。

检索号码：XJW261-19-1-1

2. 清光绪二十五年（1899）叶凤标抄本，一册。封面题"乾坤结义"。卷首题"乾坤结义"。无开卷偈。结卷偈"蝴蝶卷宣完成"。卷末题"光绪二十五年中秋后半月／弟子叶凤标抄录"。

检索号码：XJW261-19-2-5

3. 清光绪三十三年（1907）徐梅抄本，一册。封面题"余德堂徐梅藏／梁祝古典"。卷首题"蝴蝶宝卷"。无开卷偈。结卷偈"蝴蝶宝卷宣全完"。卷末残，题"光绪三十三年太岁丁未□□□"。封底缺。

检索号码：XJW261-19-1-3

4. 民国元年（1912）戴荣抄本，一册。封面无题。卷首题"蝴蝶缘卷"。无开卷偈。结卷偈"蝴蝶缘卷已宣完"。卷末题"中华民国元年吉月中浣／戴逸斋藏／嘤溪云祥戴荣抄完"。

检索号码：XJW309-19-1-1

5. 民国七年（1918）唐培之抄本，一册。封面题"吴友壮记／双蝴蝶即梁山伯祝英台"。卷首无题。无开卷偈。结卷偈"义烈宝卷宣完成"。卷末题"民国七年戊午岁小春月上旬／弟子唐培之抄记"。

检索号码：XJW261-19-2-1

6. 民国十六年（1927）姚重德抄本，一册。封面题"姚重德置／梁山伯"。卷首无题。无开卷偈。结卷偈"此卷名为花蝴蝶"。卷末题"民国十六年岁次丁卯仲冬月上浣　日／姚重德录"。

检索号码：XJW261-19-2-3

7. 民国十七年（1928）陈栽之抄本，一册。封面题"五十九／陈栽之记／蝴蝶缘"，钤"杨王仁记"朱记。书口记"陈氏家产"。卷首题"蝴蝶缘／陈栽之藏"。无开卷偈。结卷偈"蝴蝶缘卷宣完成"。卷末题"民国十七年年岁次戊辰闰杏月　旬　日／陈栽之在家昏抄录"。

检索号码：XJW309-19-1-3

8. 民国十八年（1929）杨廷章抄本，一册。封面题"拾八号／浦大根／蝴蝶缘"。书口记"蝴蝶缘／四知堂杨氏"。卷首题"蝴蝶缘"。无开卷偈。结卷偈"蝴蝶缘宣完成"。卷末题"民国十八年杏月　日立抄终／杨廷章记"。

检索号码：XJW309-19-1-2

9. 民国三十六年（1947）蔡松茂抄本，一册。封面题"蔡松茂记／梁祝姻缘"。卷首题"英台宝卷"。无开卷偈。结卷偈"义烈宝卷亦宣完"。卷末题"民

国三十六年十二月　日立／合吉抄录蔡松茂记"。

检索号码：XJW261-19-1-2

10. 1950年吴伯鸿抄本，一册。封面题"吴伯鸿抄／义烈宝卷"。卷首题"梁山伯与祝英台宝卷"。无开卷偈。结卷偈"义烈宝卷宣完成"。卷末题"桃月立日／吴伯鸿记沐手抄／庚寅年至桂月立日／借去速还"。

检索号码：XJW261-19-2-6

11. 壬子王浩德抄本，一册。封面题"四十九号／王浩德藏／蝴蝶缘"。卷首题"蝴蝶缘"，钤"王浩德藏"朱印。无开卷偈。结卷偈"蝴蝶宝卷宣完成"。卷末题"太岁壬子年小春月　日立／王浩德自抄之录"。

检索号码：XJW309-19-1-4

12. 高竹卿抄本，存下册一册。封面题"福寿堂高竹卿抄／英台宝卷"。卷首无题。无开卷偈。结卷偈"英台宝卷宣完成"。卷末无题。

检索号码：XJW261-19-1-5

13. 汤椿香抄本，一册。封面题"水号／叁拾四号／汤椿香记／同窗宝卷"。卷首无题。无开卷偈。结卷偈"义烈宝卷亦宣完"。卷末无题。

检索号码：XJW261-19-2-4

14. 抄本，一册。封面题"丁亥秋日／武陵书斋／梁祝姻缘"。卷首无题。开卷偈"双蝴蝶卷始宣明"。结卷偈"此部名为双蝴蝶"。卷末残，无题。

检索号码：XJW261-19-1-4

15. 抄本，一册。封面题"礼／祁老二卷／还阳姻缘"。书脊记"十三／英台"。卷首无题。开卷偈"结拜恩义始展开"。无结卷偈。卷末无题。

检索号码：XJW261-19-1-6

16. 抄本，一册。封面题"花蝴蝶"。卷首无题。开卷偈"蝴蝶宝卷始展开"。结卷偈"蝴蝶宝卷已宣完"。卷末无题。钤"胡文忠"朱印。

检索号码：XJW261-19-2-2

080 《吝饭雷诛》

山东省东昌府柔昌县沙中村有杨子发、杨子兴两兄弟。两人从小丧父，由母亲带大，皆已娶妻。两人在田屋房产上已议定均分，且约定共同赡养母亲。小儿子孝顺，将并不宽裕的粮食让与母亲，而大儿子不孝，不顾母亲饥寒。母亲在田间因饥饿倒地，险些丧命。当值土地君连同灶君，将此事上奏玉帝，玉帝大怒，差雷部不必行雨，速速打杀杨子发，救他母亲。杨子发被雷劈，而杨子兴有天神护送，日后置田得地，家业兴隆，子孙兴旺。

版本共 1 种：

汤寿春抄本，与《刘方孝义卷》合一册。封面题"六十五 / 汤寿春记 / 吝饭雷诛"。卷首题"吝饭雷诛"。无开卷偈。无结卷偈。卷末无题。

检索号码：XJW162-19-1-1

081 《灵鸟公案》，又名《灵鸟宝卷》

清咸丰年间，江西广丰县有一宦家冯敬山，儿子佩玉在京，殿试得榜眼，在京供职，敬山与夫人周氏，偏室徐氏、汪氏因战乱避难在浙江乌龙镇上。房东姓金，房客与房东关系极其和洽。一日冯老爷见一同乡流落此地，境况十分狼狈，收留在家，甚是信任。哪知徐氏见其美貌，暗中勾引，并杀害冯氏夫妇。房东告知佩玉其父母已死。佩玉感觉父母死得蹊跷，开棺验尸发现是被毒死，因而怀疑是房东金畏三所为，故告到州府赵老爷处。赵老爷与金畏三相熟，知其不是杀人凶手，让其找人写状子去告状。金畏三写了状子将佩玉告到了杭州府台凌大人处。凌大人看佩玉仗势欺人、诬告好人，将其关入监狱。在狱中，佩玉万念俱灰，担心无法为双亲昭雪。这时，灵鸟飞到监狱中来，将事情告诉公子，还告诉汪氏，让汪氏到衙府申冤，最终灵鸟带领差人捉拿徐氏伏法。

版本共 1 种：

抄本，一册。封面题"灵鸟公案"。卷首无题。无开卷偈。结卷偈"灵鸟宝卷已宣完"。卷末钤"胡文忠"朱印。

检索号码：XJW319-19-1-1

082 《刘方孝义》

江南常州府武进县刘家湾刘方幼年丧父，由母亲扶养成人。家里无田产，只有三间草房。刘方与后村李氏成亲。十九岁时，离家做生意。李氏新娘在家中刁蛮，婆媳关系紧张。刘方离家一月有余后归家，听母亲哭诉。刘方一方面规劝母亲心宽，另一方面让妻子懂得孝顺母亲，让双方彼此忍让。一月后，全家和睦。

版本共 1 种：

汤寿春抄本，与《吝饭雷诛》宝卷合一册。封面题"六十五号 / 汤寿春记 / 刘方孝义"。卷首题"刘方孝义"。无开卷偈。结卷偈"刘方孝义已宣完"。卷末无题。

检索号码：XJW162-19-1-1

083 《刘金狗宝卷》，又名《金狗宝卷》

宋仁宗时期，广东海阳县刘金狗，娶妻王玉英，以经营酒店为生。后结识监生张鹤群，妻子与之通奸，合谋害死金狗。金狗变狗到包公处告状，包公明察暗访，查明真相，审清冤案。

版本共 2 种：

1. 民国三十四年（1945）费意周抄本，一册。封面后装，封面题"金志祥 / 刘金狗"。卷首无题。无开卷偈。结卷偈"金狗宝卷宣完成"。卷末题"民国三十四年腊月初六日费意周沐手抄录，共六十四页"。卷末有记"若要再听晚生卷，再做佛会再相逢"。

检索号码：XJW127-19-1-2

2. 抄本，残本一册。封面封底缺，封面无题。卷首无题。无开卷偈。无结卷偈。卷末无题。

检索号码：XJW127-19-1-1

084 《刘香宝卷》，又名《刘香女宝卷》《太华山紫金镇两世修行刘香宝卷》

湘州李百倍之女不肯出嫁，在家修行，名唤善果。死后转生为刘香，吃斋念佛，劝化世人，与其父母刘光夫妇、夫状元马玉、二夫人金枝、婢玉梅均寿终后到西方极乐世界。

版本共 4 种：

1. 抄本，据清同治九年（1870）木刻本抄录，存中下两册。封面、封底缺。

卷首题"太华山紫金岭两世修行刘香宝卷全集"。中卷开卷偈"刘香中卷再宣扬"。无结卷偈。卷末题"同治九年十一月吉日晓庵氏等敬刊/板存上海城隍庙内翼化堂善书局"。

检索号码：XJW113-19-1-1、XJW113-19-1-2

2. 民国二十三年（1934）陆氏抄本，一册。封面题"瑞露堂/刘香宝卷"。卷首题"太华山紫金镇两世修行刘香宝卷"。开卷偈"刘香宝卷初展开"。结卷偈"刘香宝卷宣成完"。卷末题"民国念三年岁次甲戌年杏月初立/江苏武进县陆氏录"。卷后记"借卷第一要还人，一年四季保太平。千辛万苦抄本卷，不可起心勿还人。倘然日后来遗失，快快请送前途门。卷中若有宣错字，一卷心经补完成"。

检索号码：XJW400-19-1-13

3. 上海惜阴书局石印本，存上册一册。封面题"绘图刘香女宝卷"。卷首题"太华山紫金镇两世修行刘香宝卷全集"。开卷偈"刘香宝卷初展开"。无结卷偈。卷末无题。

检索号码：XJW113-19-1-5

4. 抄本，上下两册。卷首无题。无开卷偈。无结卷偈。卷末无题。

检索号码：XJW113-19-1-3、XJW113-19-1-4

085 《刘智远宝卷》，又名《英烈宝卷》《白兔记》《李三娘磨房卷》《磨房产子卷》《苦尽甜来磨房卷》《李三娘一丈青女贞节宝卷》

刘智远原名高智远，后因母亲改嫁刘氏而改姓刘。他因赌博败家，落魄流浪，在马鸣王庙被财主李文奎收留，在李家充当佣工。李文奎断定他日后必定大贵，于是将女儿李三娘许配给他。李文奎死后，三娘哥嫂将有瓜精作祟的瓜园分给刘智远去看守，欲加害之。李三娘心知是计，力阻刘智远看园。刘智远身怀武艺，战胜了瓜精，得到了兵书和宝剑，便告别了三娘，去汾州投军。刘智远因屡立战功，受到多次提拔，官至九州安抚，娶岳氏为妻。三娘在家受尽折磨，因劳累过度，在磨房产下一子，因无剪刀，用嘴咬断脐带，故取名"咬脐郎"。又托窦公将儿子送给智远抚养。十五年后，刘智远命儿子回村探母。咬脐郎一天出外打猎，因追赶一只白兔，与正在井边汲水的母亲相遇。咬脐郎回去报知父亲。

刘智远带兵回沙陀村，与李三娘团聚。

版本共 4 种：

1. 清光绪十八年（1892）戴友良、张万亨抄本，一册。封面题"戴逸斋藏 /
英烈宝卷"。卷首题"白兔记"。无开卷偈。无结卷偈。卷末题"大清光绪十八
年仲冬　日立 / 弟子戴友良、张万亨沐手抄"，钤"戴逸斋藏"朱印。

检索号码：XJW109-19-1-1

2. 民国元年（1912）尤梦臣抄本，一册。封面无题。卷首题"小倡 / 尤梦
臣抄 / 荷月十四日志"。无开卷偈。结卷偈"智远法号宣完成"。卷末题"宣统
四年岁次壬子荷月十三癸卯日申刻 / 尤梦臣抄藏"。

检索号码：XJW109-19-1-2

3. 民国十一年（1922）钱保澄抄本，一册。封面无题。卷首题"白兔记"。
无开卷偈。无结卷偈。卷末题"民国拾壹年菊月上旬　日立抄录 / 保澄沐手"。
封底"岁次壬戌榴月 / 钱保澄抄录 / 中华民国三十三年太岁 / 江杲佩卿"。

检索号码：XJW400-19-1-1

4. 上海惜阴书局石印本，一册。封面题"十四号 / 刘公核 / 合记鸿兴社社
员沈祥元文明宣扬 / 磨房产子"。封底缺。卷首题"李三娘磨房宝卷"。开卷偈"磨
房宝卷初展开"。无结卷偈。卷末无题。

检索号码：XJW137-19-1-1

086 《六娘宝卷》，又名《节孝六娘》《六娘大孝宝卷》《孝顺宝卷》《尖刀宝卷》《矒睒宝卷》《取心宝卷》《割心救婆》《大孝宝卷》

宋朝，浙江湖州乌里南关七家村，有张员外，生有六子，五子皆娶，由五
娘子当家。后小儿子娶六娘进门，六娘孝贤知礼，张员外改由六娘当家。五娘
怀恨，在婆婆面前挑拨离间，婆婆毒打六娘。后婆婆生病，由神仙点化，要吃
活人心才能痊愈。六娘立刻剖胸取心，神仙为之感动，救活六娘，进汤治好婆婆。
婆婆知情后，十分后悔，痛打五娘。六娘后来修行，得成正果。

版本共 12 种：

1. 清光绪三十二年（1906）隐士居抄本，一册。封面题"赵兰亭记 / 割心救

L

婆"。卷首无题。无开卷偈。结卷偈"割心救婆宣完成"。卷末题"光绪丙午年腊月　日立／隐士居抄谷旦"。封底题"妙曲在此壹概不借矣／庚申年办用／周懋卿记／敬惜字纸"。

检索号码：XJW284-19-1-1

2.民国六年（1917）沈浩如抄本，一册。封面后装，题"叁拾七号／汤椿香藏／六娘宝卷"。原封面题"汤氏椿记／节孝六娘"。卷首题"六娘宝卷"。无开卷偈。结卷偈"六娘大孝宝卷终"。卷末题"中华民国六年太岁丁巳闰二月上旬抄／弟子沈浩如献臭／我不为人人为我／名不传世世传名"。

检索号码：XJW72-19-1-1

3.民国七年（1918）朱士泳记，抄本，一册。封面题"往号／十四号／朱士泳记／大孝卷"。内书口题"大孝卷"。卷首无题。无开卷偈。结卷偈"大孝宝卷已完成"。卷末题"民国七年戊午岁桂月　日抄录"。书后作"愿以此功德，普及于一切，念佛保延生，消灾增福寿"。

检索号码：XJW24-19-1-4

4.民国十四年（1925）丁财宝抄本，一册。封面题"民国十四年闰四月／丁财宝抄／尖刀宝卷"。卷首题"尖刀宝卷"。开卷偈"尖刀宝卷初展开"。结卷偈"尖刀宝卷宣完满"。卷末题"民国十四年闰四月吉／丁财宝抄"。

检索号码：XJW126-19-1-2

5.民国十九年（1930）顾根福抄本，一册。封面题"十六／顾毓秀抄本／大孝宝卷"。卷首题"大孝宝卷"。无开卷偈。结卷偈"大孝宝卷宣完成"。卷末题"民国十九年三月　日立／顾根福抄"。

检索号码：XJW24-19-1-2

6.民国二十年（1931）抄本，一册。封面题"民国二十年岁次辛未桂月日立抄／大孝卷"。卷首无题。无开卷偈。结卷偈"大孝宝卷宣圆全"。卷末无题。书中有印数枚。

检索号码：XJW24-19-1-6

7.民国二十九年（1940）冯昇卿抄本，一册。封面题"大孝宝卷"，下钤"顾顺显章"朱记。卷首无题。无开卷偈。结卷偈"大孝宝卷宣完成"。卷末题"民国念玖年太岁庚辰腊月将净缄修 / 大孝法宝者 / 善山人 / 冯昇卿息心抄录"。

检索号码: XJW24-19-1-3

8. 1950年周克勤抄本，一册。封面题"八号 / 周克勤藏 / 尖刀记宝卷"。卷首无题。开卷偈"此名就叫尖刀记"。书口记"汪家墩"。结卷偈"一把尖刀宣罢休""六娘宝卷宣完满"。卷末题"周克勤灯下抄来 / 吉日谷旦"。

检索号码: XJW126-19-1-1

9. 壬寅查士兴抄本，一册。封面题"壬寅年 / 查士兴课 / 曛睒宝卷"。卷首题"曛睒宝卷"。开卷偈"曛睒宝卷初展开"。结卷偈"尖刀宝卷宣完满"。

检索号码: XJW500-1-1

10. 甲戌丁永良抄本，一册。封面题"十三号 / 丁永良氏珍 / 取心卷"。卷首题"取心宝卷"。无开卷偈。结卷偈"取心宝卷宣完成"。卷末题"甲戌之年夏月 / 永良抄写"。

检索号码: XJW201-19-1-1

11. 抄本，一册。封面题"念七号 / 周三全记 / 大孝宝卷"。卷首题"正宗 / 周珊泉置"。无开卷偈。结卷偈"孝顺宝卷宣完成"。卷末无题。

检索号码: XJW24-19-1-1

12. 抄本，一册。封面后装，题"二十一号 / 韩继源藏 / 大孝卷"。原封面题"二十二号 / 汤省斋揣 / 张六嫂"。卷首无题。无开卷偈。结卷偈"大孝宝卷已完成"。卷末无题。

检索号码: XJW24-19-1-5

087 《龙灯宝卷》，又名《赏元宵》《闹元宵》《龙灯传》

明嘉靖年间，山东官宦何况，官居大学士，生有三子一女。长子大汉官居吏部，二汉为驸马，三子三汉在家。一日三汉外出看灯，被拐子拐走卖给徽州汪朝奉。三汉长大后，与汪家之女桂金私定婚姻，桂金赠银欲助其回家。不料被家中奸奴汪福告知员外，汪朝奉大怒，将三汉送至官府。幸好县令正是三汉表兄，救下三汉，让其陪公子在府苦读，得中状元。汪小姐以为公子已死，悲痛欲绝。后公子奉旨回来与她成亲，并明察暗访将当年的拐子正法。

104

版本共 13 种:

1. 清光绪十六年（1890）朱耀先抄本,一册。封面后装,题"王炳坤识／龙灯卷"。卷首题"龙灯传",下钤"王森遠章"印。无开卷偈。结卷偈"龙灯宝卷已宣完"。卷末题"光绪十六年四月十六日／朱耀先修补敬录"。

检索号码: XJW77-19-1-3

2. 清光绪十九年（1893）抄本,一册。封面残,题"龙灯宝卷"。卷首题"龙灯卷"。无开卷偈。结卷偈"龙灯宝卷已宣完"。卷末题"光绪戊子年桃月　日立",后题"大清光绪十九年杏月中　日"。封底缺。

检索号码: XJW77-19-2-5

3. 清光绪二十七年（1901）张锦泉抄本,一册。封面缺。卷首题"龙灯宝卷共结五十三页正　殷兰卿记"。无开卷偈。结卷偈"龙灯宝卷宣完成"。卷末题"大清光绪二拾柒年太岁辛丑／弟子张锦泉谨录／灵岩居士殷兰卿办用壹千／诸亲好友一概不借出／共吉五十六页／敬惜字纸／谷旦"。

检索号码: XJW77-19-2-6

4. 民国十一年（1922）杨春芳抄本,一册。封面题后装,题"四拾壹号／浦大根／龙灯卷"。卷首题"龙灯卷／杨廷章氏"。开卷偈"龙灯宝卷始展开"。结卷偈"龙灯宝卷宣完成"。卷末题"龙灯卷终／一根籐[①]缠勿清／民国拾壹年壬戌岁桃月底瀚　日／嶆溪杨春芳抄终"。书口题"龙灯宝卷／杨廷章氏"。

检索号码: XJW77-19-2-2

5. 民国二十一年（1932）杨凤玉抄本,一册。封面题"杨凤玉抄／龙灯卷"。卷首无题。无开卷偈。结卷偈"龙灯宝卷已宣完"。卷末题"民国二十一年壬申孟春月终日录",下钤"镛炳"朱印。

检索号码: XJW77-19-2-1

6. 民国二十一年（1932）徐远宋抄本,一册。封面残,题"东海徐远宋抄记／龙灯宝卷",钤"黄老虎印"印。扉页题"民国壬申年闰七月初四日上旬抄录吉／东海永德堂徐记／龙灯宝卷全部"。卷首题"龙灯宝卷全集／徐银桥

———————————

① 原文如此,应为"籐"。

宣扬"。无开卷偈。结卷偈"龙灯宝卷宣完成"。卷末题"民国念壹年龙灯卷完叙／闰七月度　日既望沐手重抄／东海永德堂徐记"。

检索号码：XJW77-19-2-7

7. 民国二十一年（1932）徐肇鹤抄本，一册。封面题"壬申／巧月／下弦／日立／龙灯宝卷"。卷首题"龙灯宝卷"。开卷偈"龙灯宝卷始展开"。结卷偈"龙灯宝卷终"。卷末题"中华民国念一年太岁壬申古历巧月下弦四日立／弟子徐肇鹤谨摹"。

检索号码：XJW77-19-2-3

8. 丙寅姚重德抄本，一册。封面题"韶乐堂重德办／闹元宵"，下钤"姚重德书"朱印。卷首无题。无开卷偈。结卷偈"龙灯宝卷已宣完"。卷末题"岁次丙寅年清和月下瀚十一日录毕／愚晚生抄录"，下钤"姚重德书"朱印。

检索号码：XJW77-19-1-5

9. 吴幼庄抄本，一册。封面题"壬戌年／吴幼庄记／龙灯宝卷"。卷首无题。开卷偈"龙灯宝卷始展开"。无结卷偈。卷末无题。

检索号码：XJW77-19-2-4

10. 抄本，一册。封面、封底缺。卷首无题。顾怀椿藏。无开卷偈。无结卷偈。卷末无题。

检索号码：XJW77-19-1-4

11. 抄本，一册。封面后装，封底缺。卷首无题。开卷偈"龙灯宝卷始展开"。无结卷偈。卷末无题。

检索号码：XJW77-19-1-1

12. 抄本，一册。封面题"念四号／吟和书屋／赏元宵"。卷首无题。无开卷偈。结卷偈"龙灯宝卷宣完成"。卷末无题。

检索号码：XJW77-19-1-2

13. 抄本，一册。封面后装。封面题"龙灯卷"。卷首无题。无开卷偈。结卷偈"龙灯宝卷宣周全"。卷末无题。

检索号码：XJW77-19-2-8

088 《龙凤宝锁宝卷》，又名《龙凤宝卷》《龙凤锁宝卷》《金凤宝卷》

宋仁宗时浙江金华府兰溪县林天官在京做官，生子名凤春，有御赐龙凤锁护身。一日在城隍庙看戏，偶见豆腐店家的女儿金凤貌美，乃半夜前去求亲。金凤以青丝一缕相赠，凤春以龙凤锁定情。两人缱绻之时，店主归来，金凤赶紧将凤春藏于箱内，谁知将凤春闷死箱中。金凤哭告其父，乃于半夜将尸体丢在山中。林府因公子久久不归，四面寻访，有人在山中打柴发现凤春尸体，林家遂到县衙报案。县官查出箱子为豆腐店金家之物，查明原委，县令念凤春为爱色丧身，就替金凤向林家求情，林夫人不允。京城林天官得知金凤已孕孙儿，乃认金凤为儿媳，林家夫人却念子生恨，欲致金凤于死地，幸得凤春表兄白如龙相救。金凤生子天喜，为林天官领回收养，十数年后白如龙送金凤归，天喜又文武全才，凤春亦得天赦还阳，合家团圆。

版本共 5 种：

1. 民国二十六年（1937）周馀良抄本，一册。封面题"七十八号／周馀良氏珍／龙凤卷"。卷首题"龙凤锁宝卷"。无开卷偈。结卷偈"今夜听宣龙凤卷"。卷末题"民国念六年丁丑五月上旬／周馀良录古"。

检索号码：XJW82-19-1-1

2. 民国三十年（1941）徐肇鹤抄本，一册。封面题"中华民国三十年太岁辛巳四月　日立／龙凤锁"。卷首题"龙凤锁"。开卷偈"金凤宝卷始展开"。结卷偈"龙凤锁宝卷宣完成"。卷末题"中华民国三十年太岁重光大荒落仲吕月上旬五日／徐肇鹤摹"。

检索号码：XJW82-19-1-6

3. 民国三十六年（1947）袁宝庭抄本，上、下两册。上册封面题"拾号／袁宝庭／龙凤宝锁上本"。上册卷首无题。上册无开卷偈。上册无结卷偈。上册卷末题"龙凤锁上本／计四十五页／于民国三十六年前二月十六日抄毕"。下册封面题"拾壹号／袁宝庭／龙凤宝锁下本"。下册卷首无题。下册无开卷偈。下册结卷偈"今日宣完龙凤锁"。下册卷末题"龙凤锁宝卷终／共计四十三页／抄于民国三十六年前二月念七日夜十时半沐手抄"。书后有小诗云："日长居家无事做，故而抄此龙凤卷。但愿步步多发达，丝弦平宣多是我。"

4. 1950年沈柏祥抄本，一册。封面题"九十七号／汤安斋藏／龙凤锁"。卷首题"龙凤锁"。无开卷偈。结卷偈"今夜听宣龙凤卷"。卷末题"庚寅于十月沈柏祥沐手敬抄"。

检索号码：XJW82-19-1-3

5. 己未顾荣钦抄本，一册。封面题"五七号／顾荣钦记／龙凤锁"。卷首题"龙凤锁全集宝卷／岁次己未仲秋之月书"。无开卷偈。结卷偈"今日宣此龙凤卷"。卷末题"太岁己未仲秋之月吉日抄录于包庵静室／谷旦／共柒拾页"。

检索号码：XJW82-19-1-5

089 《洛阳桥宝卷》，又名《呆娥救主》《梅娥救主》《洛阳造桥》《受生宝卷》《殿撰建桥》《洛阳大桥》《洛阳宝卷》《受生宝典》《受生古典》《阴司赎罪》《寿生宝卷》

唐太宗时，大学士蔡昶，有夫人戚氏，因其为官忠直，天赐一子名蔡遵。蔡遵娶妻窦氏。蔡昶告老还乡，清闲自在。窦氏的随身丫头梅娥，年方十六，生病而亡。后蔡遵进京考试，得中状元。蔡昶在家中忽生恶症，蔡遵请旨回乡省亲。路过贵州某地，蔡遵迷路，路遇一女，相貌酷似梅娥，一问方知，自己已到阴司地界，梅娥已嫁马面判官为妻。马面与蔡遵相见，邀他到阎王殿一游。马面查出蔡昶因不敬神明，正受病痛折磨，要赎其罪，需十兆九万五千零四十八贯钱钞。马面挪用阴司库中金银借给蔡遵，蔡遵许诺还阳之后便予偿还。蔡遵还阳，救了父亲，并携金银为阴司打造洛阳桥，以便凡人托生。自此一家人行善积德。

版本共19种：

1. 清光绪三年（1877）唐仁抄本，一册。封面后装，题"张桂堂记／寿生卷"。原封面题"光绪叁年岁次丁丑仲秋吉　日谷旦／叶封堂唐仁记／寿生宝卷"。卷首题"寿生宝卷"。无开卷偈。结卷偈"寿生宝卷宣完毕"。卷末无题。

检索号码：XJW143-19-1-1

2. 清光绪二十一年（1895）朱士泳抄本，一册。封面题"为号／朱士泳记／

受生卷"。卷首题"受生宝卷"。无开卷偈。结卷偈"受生宝卷宣完成"。卷末题"光绪二十一年巧月　日立"。

检索号码：XJW174-19-1-2

3. 清光绪二十六年（1900）范明亭抄本，一册。封面题"程俊奎置／殿撰建桥"。卷首题"受生宝卷"。无开卷偈。结卷偈"受生宝卷宣完成"。卷末题"光绪念陆年十壹月叁日范明亭建此卷之捌号"。

检索号码：XJW174-19-2-3

4. 清宣统元年（1909）云祥抄本，一册。封面题"戴逸斋藏／受生宝卷又名洛阳桥"。卷首无题。无开卷偈。结卷偈"受生宝卷已宣完"。卷末题"大清宣统元年闰杏月　日／云祥自抄妙录"。

检索号码：XJW174-19-1-6

5. 清宣统二年（1910）沈浩明抄本，一册。封面题"暑号／汤永初珍／受生卷"。卷首题"受生宝卷"。开卷偈"受生宝卷始展开"。结卷偈"受生宝卷已宣完"。卷末题"太岁宣统贰年腊月　日立／浩明沈抄手"。

检索号码：XJW174-19-1-3

6. 清宣统三年（1911）庄泮芹抄本，一册。封面封底缺。卷首无题。无开卷偈。结卷偈"受生宝卷宣完成"。卷末题"宣统三年柳月沐手抄录日吉立谷旦／弟子嘉庠庄泮芹敬录"。卷后记录有"六十甲子看受生经欠钞数目"。

检索号码：XJW239-19-1-1

7. 民国十七年（1928）丁侃如抄本，一册。封面题"民国拾柒年桃月／丁侃如目录／洛阳宝卷即受生卷"。卷首题"洛阳宝卷即受生卷"。开卷偈"洛阳宝卷初展开"。结卷偈"洛阳宝卷宣完成"。卷末题"民国拾柒年桃月吉日／丁侃如沐手谨书"。

检索号码：XJW174-19-2-7

8. 民国二十一年（1932）顾毓秀抄本，一册。封面题"卅五／顾毓秀抄本／受生宝卷"。卷首无题。无开卷偈。结卷偈"此本名为受生卷"。卷末题"民国廿一年小春月　日立抄"。

检索号码：XJW174-19-1-1

9. 民国二十二年（1933）朱茂山抄本，一册。封面题"民国二十二年／芙荣（蓉）下旬　日／朱茂山记／受生卷"。卷首题"受生卷"。无开卷偈。无结卷偈。卷末无题。

检索号码：XJW174-19-1-4

10. 民国三十五年（1946）王炳坤抄本，一册。封面题"丙戌／太原王炳坤识／洛阳大硚（桥）受生卷"。卷首无题。开卷偈"寿生宝卷始展开"。结卷偈"受生宝卷宣完成"。卷末题"太原王炳坤自抄藏／中华民国三十五年太岁丙戌十二月中／王炳坤自灯抄／石焕章借抄"。

检索号码：XJW174-19-2-2

11. 民国三十七年（1948）朱券抄本，一册。封面题"文忠记／梅娥救主"。卷首无题。无开卷偈。结卷偈"受生宝卷已宣完"。卷末题"民国戊子年桃月上旬抄／宣教才子朱券学书"。

检索号码：XJW272-19-1-1

12. 沈少梅抄本，一册。封面题"拾叁号／沈少梅／受生宝卷"。卷首题"受生古典"。无开卷偈。结卷偈"受生卷，宣完成"。卷末无题。

检索号码：XJW174-19-1-5

13. 浦大根抄本，一册。封面题"元号／浦大根记／受生宝卷"。卷首无题。开卷偈"受生宝卷始宣扬"。结卷偈"受生宝卷宣完成"。卷末无题。

检索号码：XJW174-19-1-7

14. 丙申抄本，一册。封面无题。卷首题"受生宝卷"。开卷偈"受生宝卷始展开"。结卷偈"受生宝卷宣完成"。卷末题"岁次丙申年癸巳月／汪嵩藏"。

检索号码：XJW174-19-2-5

15. 抄本，一册。封面无题。卷首无题。开卷偈"受生宝卷初展开"。结卷偈"受生宝卷宣完成"。卷末无题。

检索号码：XJW174-19-2-8

16. 抄本，一册。封面题"洛阳造桥"。卷首无题。无开卷偈。结卷偈"洛阳桥卷宣完成"。卷末无题。

检索号码：XJW239-19-1-2

17. 抄本，一册。封面题"阴司赎罪"。卷首题"受生宝卷"。无开卷偈。结卷偈"受生宝卷宣完成"。卷末无题。

检索号码：XJW174-19-2-1

18. 抄本，一册。封面题"安庆堂德记／受生宝卷"。卷首题"受生宝卷"。无开卷偈。结卷偈"斋主宣扬受生卷"。卷末无题。

检索号码：XJW174-19-2-4

19. 抄本，一册。封面题"顾鸿洲藏／受生忏"。卷首无题。无开卷偈。结卷偈"延寿宝卷已周全"。卷末无题。

检索号码：XJW174-19-2-6

090 《落金扇宝卷》，又名《金扇宝卷》

明正德五年，河南洛阳官宦之子周学文与友孙赞卿游春，在大觉寺拾到陆庆云小姐遗落的金扇。周学文回家见到扇上小姐画像，便央孙赞卿做冰人。孙赞卿托薛媒婆去陆府说亲，其父陆琦不允。薛媒婆于是叫周学文借着陆府买丫头做戏班男扮女装混进陆府。被丫鬟红莲识破，但红莲从中牵线，使周学文楼会千金，学文以珠佛金扇为信物私订终身。陆琦送女儿入宫为妃，周学文知道后，离家追赶，途中偶救正德皇帝，并结识英雄莫连，又在二龙山招亲朱赛花。是日，周学文与朱彪、朱赛花父女打猎，追赶猎物至大同城，城内莫连与反贼交兵，周学文等前来救驾。反贼正法。周学文、朱彪、朱赛花三人保驾有功，周学文封文武状元，加封都督之职，与陆小姐奉旨完婚。其他一干人等皆有封罚。

版本共 1 种：

清光绪三十年（1904）王森遴抄本，一册。封面无题。卷首无题。书口记"落金扇"。无开卷偈。结卷偈"金扇宝卷宣完成"。卷末题"光绪三十年新正月冬日／森遴抄录"。

检索号码：XJW278-19-1-1

M

M

091 《马力宝卷》，又名《马铜宝卷》《东西和合宝卷》《结义高升宝卷》

西京有一家官宦，父亲官拜花马将军，母亲徐氏赐封诰命夫人，生姐弟两人，弟马力十八岁未婚配，姐姐出嫁东京王御爵。后花马将军亡故，家遭大火，徐氏与马力住在破窑中，十分可怜。马力幼学武艺，本领很高，奉母命去姐姐处借钱周济。马力一路靠卖艺为生，路遇小姐王月英赠送盘缠，一路来到姐丈王御爵家。姐丈与姐姐不认穷亲人，并放恶狗咬人，马力凉亭寻短见，幸亏员外路遥相救。路员外问清原因，集合兄弟一百人和马力一道，前去责罚王御爵。路遥送马力白银、千里马，马力回家后与母亲租一房子住，竟在所租赁的房中意外得金银财宝无数，从此马力豪富无比。马力为报路员外之恩，兑足一万两银子派人送与路员外。却说王御爵为报痛打之仇，半夜放火，烧尽路员外房屋。原来一帮弟兄多薄情，幸有卖豆腐的张义元救济。此时高丽造反，向君王要十万两黄金，大学士启奏，马力新得金银，富可敌国，可向其借钱。君王召见马力，马力愿率兵打败高丽番兵，君王赐马力武状元，王月英半路来助阵，全胜而归。君王大喜，敕封马力为三齐王，王月英敕封护国夫人，造齐王府。路员外穷困潦倒，投奔马力，也获封官。

版本共 2 种：

1. 清光绪二十年（1894）王森逵抄本，上、下册。上册封面题"王森逵藏／东西和合上下集／上下集马铜拳"。上册卷首无题。上册无开卷偈。上册无结卷偈。上册卷末题"天运光绪贰十年清和上浣森逵灯下抄录"。下册封面题"时来福凑下集马铜拳"。下册卷首无题。下册无开卷偈。下册结卷偈"马力宝卷以（已）宣完"。下册卷末题"光绪贰十年太岁甲午清和月中浣／森逵抄执"。

检索号码：XJW100-19-1-1

2. 抄本，一册。封面题"丙戌年抄／周克勤藏／结义高升宝卷"。卷首题"结义高升宝卷全集"。开卷偈"马力宝卷始宣明"。结卷偈"马力宝卷以（已）完全""结义高升已宣完"。卷末无题。

092 《**卖花宝卷**》，又名《**还魂宝卷**》《**孙氏三娘宝卷**》《**龙图宝卷**》《**贞节宝卷**》《**贞烈宝卷**》《**卖花三娘子**》《**张三娘卖花宝卷**》《**卖花妙典**》《**龙图公案**》《**卖花女**》

宋仁宗年间，河南开封府洛阳县城外绿萝庄刘员外，生子刘思进。刘思进娶妻孙氏。因刘员外不行善事，家道中落。刘员外死后，思进夫妇生活窘迫，卖绒花为生。一日，孙三娘到西京卖花，被国丈看见。国丈欲霸占三娘，三娘怒斥国丈，为国丈家人所杀。夜间，三娘托梦给刘思进，刘思进访查得妻子死因，向包龙图告状。谁料国丈假扮包公，抓住刘思进，打入大牢。孙三娘魂灵到阴司告状，阎王准她到国丈家讨命，闹得他家鸡犬不宁。后包大人陈州粜米归来，路遇三娘冤魂，明察暗访，查出国丈为非作歹之罪恶，沉冤得雪，三娘还魂，与丈君修行得道。

版本共 15 种：

1. 清光绪三年（1877）张玉峰抄本，一册。封面题"叁拾壹／王荣堂记／卖花卷"。卷首无题。无开卷偈。无结卷偈。卷末题"光绪叁年杏月花朝后三日书／张玉峰誊录／吕秋亭记／陈维康记"。

检索号码：XJW194-19-2-1

2. 清光绪二十四年（1898）顾彦抄本，一册。封面题"太岁乙酉重镌／顾培源志／卖花三娘子"。卷首题"龙图宝卷"。开卷偈"龙图宝卷始展开"。结卷偈"龙图宝卷宣完成"。卷末题"光绪念肆年岁戊戌闰三月终日立／黼章顾彦敬抄"。

检索号码：XJW194-19-1-3

3. 清光绪二十六年（1900）王森逵抄本，一册。封面题"庚子岁／王森逵藏／龙图宝卷"。卷首无题。开卷偈"龙图宝卷始展开"。结卷偈"龙图宝卷宣完成"。卷末题"光绪贰拾陆年太岁庚子一阳月上浣／森逵抄录"。此卷亦名"卖花宝卷"，讲述祥符县刘家庄刘文俊妻子孙氏三娘故事。

检索号码：XJW83-19-1-6

4. 清光绪三十年（1904）祥兴斋刻本，一册。封面题"宣统三年三月　日立／卖花三娘子"。卷首题"张氏三娘卖花宝卷全集"。开卷偈"卖花宝卷初展开"。

M

113

结卷偈"此本名为卖花卷"。卷末题"光绪三拾冬月佛诞日 / 祥兴斋发"。

检索号码：XJW194-19-1-6

5.清宣统三年（1911）陈冠卿抄本，一册。封面后装，封面题"中华民国叁拾贰年十二月　日抄 / 徐焕文志 / 卖花宝卷"。卷首题"卖花宝卷"。开卷偈"卖花宝卷始展开"。结卷偈"卖花宝卷宣完了"。卷末题"宣统三年太岁辛亥清和月下旬 / 陈冠卿谨抄"。

检索号码：XJW194-19-2-4

6.民国四年（1915）杨廷章抄本，一册。封面题"二十七号 / 浦大根 / 卖花卷"。卷首题"卖花宝卷"。无开卷偈。结卷偈"卖花宝卷宣完成"。卷末题"中华民国肆年太岁乙卯杏月　日立 / 杨廷章抄录"。

检索号码：XJW194-19-2-5

7.民国九年（1920）心香抄本，一册。封面题"民国九年杏月　日立 / 顾敬芝补 / 卖花宝卷第三十四本"。卷首无题。无开卷偈。结卷偈"卖花宝卷宣已完"。卷末题"菊月　日立 / 心香沐手抄"。

检索号码：XJW194-19-1-2

8.民国十二年（1923）周维新抄本，一册。封面题"周文斌记 / 卖花宝卷"。书口记"卖花卷周记号"。卷首无题。开卷偈"卖花宝卷初展开"。结卷偈"卖花宝卷宣完满"。卷末题"中华民国拾贰年岁次癸亥桃月 / 窗下学周维新抄"。

检索号码：XJW194-19-1-4

9.民国三十年（1941）上海惜阴石印本，上下两册合订一册。封面题"民国卅年九月十一日立 /7 号 / 朱家浜 / 金志祥记 / 绘图卖花记宝卷 / 文明宣卷"。卷首题"张三娘卖花宝卷"。开卷偈"卖花宝卷初展开"。结卷偈"此本名为卖花卷"。卷末无题。

检索号码：XJW194-19-1-5

10.民国三十七年（1948）蔡松茂抄本，一册。封面题"蔡松茂记 / 卖花宝卷即贞节"。卷首无题。开卷偈"贞烈宝卷初展开"。结卷偈"贞节宝卷宣完成"。卷末题"民国卅七年十一月下旬 / 松茂抄录"。

检索号码：XJW194-19-1-1

M

11. 丁巳祁培镛抄本，一册。封面题"十三号／卖花卷"。卷首题"卖花妙典"。无开卷偈。结卷偈"龙图公案宣完成"。卷末题"太岁丁巳小春月抄／弟子祁培镛置"。

检索号码：XJW194-19-2-2

12. 丙寅陈栽之抄本，一册。封面题"五一／陈栽之记、杨王仁记／卖花卷"。卷首题"卖花宝卷／陈栽之藏"。无开卷偈。结卷偈"卖花宝卷已宣完"。卷末题"丙寅置清和月下浣／陈栽之空闲在家抄录／杨王仁记"。

检索号码：XJW194-19-2-3

13. 顾九如抄本，一册。封面题"五十号／顾九如抄／还魂宝卷"。卷首无题。开卷偈"还魂宝卷来黑开"。无结卷偈。卷末无题。

检索号码：XJW163-19-1-1

14. 胡文忠抄本，一册。封面题"龙图案即孙氏三娘"。卷首无题。开卷偈"龙图宝卷始展开"。无结卷偈。卷末无题。此卷亦名孙氏三娘宝卷，讲述祥符县刘家庄刘文俊妻子孙氏三娘故事。

检索号码：XJW83-19-1-5

15. 抄本，一册。封面题"安定胡畹峰办／卖花女"。卷首题"卖花宝卷全部／庞春贵记用"。开卷偈"卖花宝卷始展开"。结卷偈"卖花宝卷宣完成"。卷末题"社长胡畹峰"。

检索号码：XJW194-19-2-6

093 《卖香宝卷》

浙江台州早年民风不正，居民常作恶，不敬神道。玉皇大帝命火德星君前来放火。观音化作卖香女，前去点化众人。城中富户刘金，见卖香女貌美无双，便要娶她做第四房太太。卖香女提出自己要修行，若要嫁娶，必须建起宏伟庙宇，并要用沉香木雕成仙床。刘金一一应允，庙宇完成之后，观音显圣，众人从此改邪归正。整个台州亦得以保全。

版本共 2 种：

1. 民国二十九年（1940）冯昇卿抄本，一册。封面题"卖香宝卷"。卷首无题。无开卷偈。结卷偈"卖香宝卷宣完成"。卷末题"中华民国二十九年仲冬腊月下

M

浣　日立 / 善山人冯昇卿沐手抄录"。

检索号码：XJW195-19-1-2

2. 方霞城抄本，一册。封面题"五十八号 / 方霞城记 / 吴水根揣 / 卖香宝卷"。书口记"卖香 / 方记"。卷首题"卖香宝卷"。无开卷偈。结卷偈"卖香宝卷宣完成"。卷末无题。

检索号码：XJW195-19-1-1

094 《梅英宝卷》，又名《剪发宝卷》《双剪发》

宋仁宗天圣五年，湖广荆州府永嘉县梅上林，有妻杨氏，一心向善，然苦于膝下无子女。一日夫妇去天齐庙求子，感动上天，天赐玉女下凡。梅上林的妻弟杨文为人不善，惯常吃喝嫖赌。一日输光钱财，找梅家借钱，梅上林不允。后杨氏临盆生下一女，取名梅英。梅上林生病身死，杨氏拿余下的家财开办了一家饭店，辛苦度日。福建泉州书生骆云，父母双亡，家境贫穷，出门寻亲流落荆州。杨氏见骆云相貌不凡，读书上进，欲招他与女儿梅英成婚。杨文屡次上门滋扰，梅家苦不堪言，只得打发骆云外出读书，以求功名，临行前梅英小姐赠青丝为信物。另有富户陈善想娶梅英，杨文设计，谎称骆云身死。不料杨氏一惊而亡。杨文反诬陷陈善下毒杀人。骆云上京赶考，中得状元，回到荆州。陈善沉冤得雪，杨文奸人伏法，骆云、梅英喜结连理。

版本共 1 种：

民国十九年（1930）郭子明抄本，一册。封面题"国历一月十一日 / 苦中得乐超等名卷 / 郭子明本 / 荣生抄本 / 梅英宝卷又名双剪发"。卷首无题。开卷偈"剪发宝卷初展开"。结卷偈"梅英宝卷宣完成"。卷末题"民国十九年旧历十一月念四日抄完 / 郭子明本"。

检索号码：XJW400-19-1-14

M

095 《猛将宝卷》，又名《猛将得道》《天曹宝卷》《刘猛将军》《刘天王》《南朝众圣》《赞刘佛圣歌》《刘王宝卷》

唐朝上海松江青龙巷刘百万，生子刘三舍，三舍娶妻双凤楼包氏。夫妻结婚数年，一直无子。夫妻二人去松江城胜景观中求子，回来后一心行善积德，终于感动上天。玉帝命阿那尊者下界投胎，刘三舍为子取名刘伕。刘伕七岁之时，包氏染病身亡。刘三舍续娶一朱姓娘子，朱娘子带来与前夫所生之子，改名刘圣。朱娘子生性恶毒，对刘伕百般欺辱，命他每日出门放鹅。却买通无赖包三，要他偷鹅，以便找借口责打刘伕。刘三舍虽不满朱娘子刁难儿子，但他生性懦弱，拿朱娘子也无可奈何。刘伕忍无可忍，不得已欲投河自尽，幸得龙王庇佑，送到双凤楼包家外公处。刘伕借住在包家三娘子处，又受到姨夫刁难，被赶去放鹅。刘伕思念母亲，用泥土捏像祭拜，孝心感动上天，赐下黄金甲、青锋剑和天书。这年江南大熟，包家诸人打算运粮进京，不料大船吃重，下不了水。刘伕自得天书之后，有了神通，便一人独拉船下水。进京时，恰逢多地蝗虫为乱，民众苦不堪言。武则天无奈，出榜寻找驱蝗之人，刘伕出来揭榜，略显神通，将各地蝗虫全部驱散。皇上大喜，封赏刘伕及其全家。从此以后，刘猛将之名天下广传，每逢正月各地都要祭拜，求刘伕保佑虫灾不起，五谷丰登。

版本共 8 种：

1. 清道光二年（1822）王浩德抄本，一册。封面题"十九"。卷首题"南朝众圣"，下钤"王浩德藏／三让湘记／德华"朱记。无开卷偈。无结卷偈。卷末题"时维道光二年小春月中浣朔日／三让堂荣记敬录"，钤"三让湘记"朱记。

检索号码：XJW263-19-1-3

2. 清咸丰二年（1852）孔载卿抄本，一册。封面题"咸丰二年新正月谷旦／赞刘佛圣歌"。卷首无题。无开卷偈。无结卷偈。卷末题"孔载卿抄"。

检索号码：XJW306-19-1-1

3. 清同治十年（1871）莫鸣岐抄本，一册。封面无题。卷首无题。开卷偈"祝赞刘王出生处"。无结卷偈。卷末题"辛未岁桂月莫鸣岐抄写"。此册中另有"金沙传卖鱼观音赞文""慈悲赋""城隍赞文"等篇。

检索号码：XJW128-19-1-1

4. 民国十二年（1923）丁财宝抄本，一册。封面题"民国拾贰年桃月／丁财宝目录／猛将宝卷"。卷首题"猛将宝卷／丁财宝目录"。开卷偈"称扬奉宣猛将

M

神"。结卷偈"猛将宝卷宣完成"。卷末题"民国拾贰年桃月　日立 / 丁财宝抄录"。

检索号码：XJW263-19-1-4

5. 民国十三年（1924）徐肇鹤抄本，一册。封面题"天曹宝卷"。卷首题"天曹宝卷"。开卷偈"猛将宝卷始展开"。结卷偈"猛将宝卷宣完成"。卷末题"太岁民国十三年岁次甲子荷月中旬　日立 / 徐肇鹤抄录"。

检索号码：XJW263-19-1-2

6. 民国三十四年（1945）顾金虎抄本，一册。封面题"顾金虎记 / 猛将得道"。卷首无题。开卷偈"猛将宝卷初展开"。结卷偈"今日宣了猛将卷"。卷末题"民国叁拾四年贰月拾五日立"。

检索号码：XJW263-19-1-1

7. 民国石印本，上下两册合订一册。封面题"猛将宝卷"。卷首题"猛将宝卷"。开卷偈"猛将宝卷初展开"。结卷偈"猛将宝卷宣完成"。卷末题"许记"。

检索号码：XJW263-19-1-5

8. 壬申顾友萃抄本，一册。封面题"壬申年古历腊月上旬抄录 / 万里社顾重记 / 第四号 / 天曹卷上集"。扉页题"同里顾友萃抄"，绘"刘猛将军像"。卷首题"天曹宝卷 / 卷上"。开卷偈"天曹宝卷初展开"。无结卷偈。卷末无题。

检索号码：XJW63-19-1-1

096 《孟姜女宝卷》，又名《南瓜卷》《万里寻夫》《贞节宝卷》《贞烈孟姜女宝卷》《贞烈古典》

据传秦始皇时，浙江省嘉兴府嘉善县有一富户姓孟，孟家和姜家是邻居，两家的墙角处长出了一个大南瓜，剖开南瓜，里面竟然是一个小女孩，取名孟姜女。当时，秦始皇大造长城，到处抓壮丁服劳役，范杞良（又名万喜良）从家里逃出，误闯入孟家的后花园，后与孟姜女成婚，成婚后即被抓去服劳役，一去杳无音信。孟姜女放心不下，亲自去长城送寒衣，当万里迢迢到达后，得知丈夫已亡，失声痛哭，感天动地，哭倒长城，终于见到亡夫尸骨。秦始皇大怒，但见孟姜女貌美，想招进宫。孟姜女假装依从，但要秦始皇先答应做三件事：率百官为丈夫举行葬礼、始皇披麻戴孝行孝子礼、带自己回娘家看望父母。为了得到美貌的孟姜女，秦始皇一一答应了。等三件事做完，孟姜女投海自尽。

版本共 8 种：

1. 清同治七年（1868）王森逑抄本，一册。封面题"王森逑藏 / 万里寻夫"。卷首无题。无开卷偈。结卷偈"长城宝卷宣完成"。卷末题"同治七年岁次戊辰巧月上浣　日 / 王森逑抄录"。此版亦说秦始皇时，松江城内，华亭县富户孟德隆生一女叫孟姜女，万喜良是姑苏城内的公子。

检索号码：XJW168-19-1-6

2. 清光绪九年（1883）峻山抄本，一册。封面后装，封面题"四十九号 / 汤寿春置 / 孟姜女"。卷首题"贞烈孟姜女宝卷"。无开卷偈。结卷偈"贞洁宝卷宣完满"。卷末题"大清光绪癸未年太岁端月中旬　日立 / 晚生峻山抄录"。

检索号码：XJW168-19-1-1

3. 清宣统元年（1909）吴维淞抄本，一册。封面题"五十二号 / 吴维淞藏 / 孟姜女（贞烈妇）"。卷首无题。无开卷偈。书口记"孟姜女 / 维记 / 贞洁"。结卷偈"贞节宝卷宣完满"。卷末题"宣统元年闰二月上浣　日 / 吴维淞沐手"。

检索号码：XJW168-19-1-2

4. 民国三年（1914）张瑞卿抄本，一册。封面题"张记 / 贞烈卷"。卷首题"南瓜卷"。无开卷偈。结卷偈"贞烈古典宣完全"。卷末题"甲寅年又五月三日 / 张瑞卿录"。

检索号码：XJW116-19-1-1

5. 民国十五年（1926）杨廷章抄本，一册。封面题"七号 / 浦大根 / 南瓜卷"。卷首题"南瓜卷"。书口记"南瓜卷 / 四知堂杨氏"。开卷偈"南瓜宝卷初展开"。结卷偈"南瓜卷宣完成"。卷末题"民国十五年太岁丙寅宫孟冬月　日立抄 / 杨廷章自书"。

检索号码：XJW168-19-1-4

6. 抄本，残本一册。封面封底缺。卷首题"仙女宝卷"。开卷偈"孟姜宝卷初展开"。无结卷偈。卷末无题。

检索号码：XJW168-19-1-3

7. 抄本，一册。封面题"孟姜女宝卷"。卷首无题。无开卷偈。结卷偈"孟姜过关宣完成"。卷末无题。此版亦说秦始皇时，松江城内，华亭县富户孟德隆生一女叫孟姜女，万喜良是姑苏城内的公子。

检索号码：XJW168-19-1-5

8. 抄本，一册。封面题"万里寻夫"。卷首无题。无开卷偈。结卷偈"长城宝卷宣完成"。卷末无题。

检索号码：XJW168-19-1-7

097 《描金凤宝卷》，又名《金凤卷》《金凤为聘》

姑苏书生徐惠兰（又作惠来）家中父母双亡，因家贫向叔父借贷，途中饥寒交迫，晕倒在关王（帝）庙，被世交钱子敬相救，并将其女钱翠凤（又作彩凤、翠姐、彩姐、阿彩）相许。惠兰以祖上寄存钱家的家传珍宝描金凤相赠，作为定情之物。徽州朝奉汪先欲娶翠凤为二房，钱子敬竟糊涂应允。媒婆许四娘与钱子敬相好，钱在许的帮助下，机智谋划，最终平息此事。钱子敬与许四娘成亲，好不欢喜。惠兰姑父马文龙封千岁，姑母徐氏无嗣，偏房王氏生一女姣春。姑母接惠兰至府中，欲配姣春予他为妻，惠兰婉拒，徐夫人气病而亡。王夫人内侄王云显（又作云宪）至马府，与惠兰同读书，甚相契。马千岁奉旨赴边关平反。有书童马寿荣（又作寿永），马千岁视若螟蛉之子，欲占姣春，遂害死云显，又行贿致惠兰被冤下狱。幸钱子敬得天赐金银，上京营救。京城大旱，钱子敬揭皇榜求雨，被封护国军师。义士董武昌曾为惠兰所救，他也在法场救了惠兰以报恩。钱子敬上殿鸣冤，代天巡按白如泉将马寿荣正法。惠兰被钦赐状元，娶翠凤、姣春为妻。

版本共 2 种：

1. 民国二年（1913）顾彦、傅义路抄本，一册。封面题"癸丑年巧月吉日立／敬业堂顾乐记／金凤为聘"。卷首无题。无开卷偈。结卷偈"描金凤卷宣完成"。卷末题"中华民国二年太岁癸丑巧月　日立／黼章顾彦记"。书后记"此卷余自抄五页，后皆傅义路代抄"。本卷文字为苏州方言。

检索号码：XJW257-19-1-1

2. 庚年胡文忠抄本，一册。封面题"安庆堂忠／描金凤"。卷首题"金凤卷／胡文忠抄"。无开卷偈。结卷偈"描金凤卷宣完全"。卷末题"庚午岁／文忠胡

M

尘抄"。

检索号码: XJW257-19-1-2

098 《妙英宝卷》，又名《白衣宝卷》《花灯宝卷》《白衣观音宝卷》《白衣大士宝卷》

香山顶上紫竹林中，观世音菩萨有位姐姐名叫妙英（音），虽已得悟但终不能成佛。观音告知姐姐，缘因恩爱未断，须得下凡童身修道，方能得证菩提。妙英下凡到东京城外徐家，投胎出世。后吃素念经。十六岁时，徐家欲为女订婚，妙英不允，夫妇无奈，将女儿许给大户王百万之子王承祖，约定元宵看灯抢亲。谁知妙英不肯外出，员外大怒，扯破经文，扔掉木鱼，妙英只得答应。王家抢人，被观音隔空摄走，王家开轿见已无人，徐家乃告王家毁尸灭迹。官府将王承祖打入狱中待斩。幸逢大赦改判充军，路过白云山，见人修行，承祖亦看破红尘，前去拜师。谁料其人竟是妙英。徐王二家均看破红尘，一起上山修行。妙英得证菩提，白日飞升。

版本共 19 种:

1. 清道光二十四年（1844）松翠堂抄本，一册。封面题"肆拾肆/王荣棠记/白衣卷"。扉页题"白衣卷/三槐堂藏"。卷首题"白衣宝卷"。开卷偈"妙英宝卷始展开"。无结卷偈。卷末题"道光贰拾肆年孟夏下浣　日立/弟子嘤溪松翠堂弟子盥手置敬"。卷末又作"天运光绪二十七年腊月/王荣棠置办"，钤"王浩德藏"朱印。

检索号码: XJW76-19-1-4

2. 清咸丰五年（1855）陈福基抄本，一册。封面题"咸丰乙卯年菊月中旬　日谷旦/世寿堂陈抄/妙英卷"。扉页题"咸丰五年七月念七"。卷首无题。无开卷偈。无结卷偈。卷末题"咸丰五年岁在乙卯小春上浣　日/后学陈福基谨抄"。

检索号码: XJW76-19-1-3

3. 清同治十一年（1872）邹惠昌抄本，一册。封面已缺。卷首题"妙英宝卷/惠昌目录"。无开卷偈。结卷偈"妙英宝卷宣完成"。卷末题"同治壬申岁

巧月七夕 / 邹惠昌重建目录"。书后记"维淞记 / 卅六本"。

检索号码: XJW152-19-2-1

4. 清光绪五年（1879）毕凤川抄本，一册。封面、封底后装。封面题"白衣卷"，印"韩琴梁印"。卷首题"妙英卷 / 金芝田"。无开卷偈。结卷偈"妙英宝卷已宣完"。卷末题"光绪五年十一月廿二 / 毕凤川自书抄录"，印"韩琴梁印"。

检索号码: XJW76-19-1-1

5. 清光绪七年（1881）抄本，一册。封面题"光绪七年桃月　日立 / 福海汉扬记 / 白衣卷"。卷首题"白衣宝卷"。无开卷偈。结卷偈"妙英宝卷宣完成"。卷末无题。封底缺。

检索号码: XJW76-19-1-2

6. 清光绪十六年（1890）朱景堂、陈松亭抄本，一册。封面题"光绪十六年四月　日立 / 朱梅山记 / 白衣卷"。扉页有手绘龙纹绣像一页。卷首题"白衣大士宝卷 / 协慎堂合记 / 朱景堂、陈松亭笔"。无开卷偈。结卷偈"听着白衣观音卷"。卷末题"生意兴隆，光前裕后 / 协慎堂合记"。

检索号码: XJW76-19-1-6

7. 清光绪十七年（1891）周裕芗抄本，一册。封面后装，封面题"洪号 / 朱士泳藏 / 妙英卷"。卷首题"妙英宝卷 / 周裕香^①院书"。无开卷偈。结卷偈"妙英宝卷宣完满"。卷末题"光绪十七年巧月　日立抄完 / 周裕芗"。书后记"妙英卷 / 周恒记"。

检索号码: XJW152-19-1-4

8. 清光绪三十一年（1905）抄本，一册。封面题"徐焕文置 / 妙英宝卷"。卷首无题。开卷偈"妙英宝卷始展开"。无结卷偈。卷末题"光绪三十一年榴月　旬　日抄"。

检索号码: XJW214-19-1-1

9. 清光绪三十三年（1907）周国安抄本，一册。封面已缺。卷首题"妙英宝卷 / 周国安记"。无开卷偈。结卷偈"妙英宝卷宣完成"。卷末题"大清光绪

---

① 原文如此，"周裕芗"又作"周裕香"，均据原书照录。

M

叁拾叁年太岁丙午年　日立办通，小春立办全"。

检索号码: XJW152-19-2-2

10. 民国三年（1914）上海文益书局石印本，一册。封面题"10号/和合社金志祥/绘图妙英宝卷"。卷首题"妙英宝卷全集"。开卷偈"妙英宝卷始展开"。结卷偈"妙英宝卷宣圆成"。卷末无题。

检索号码: XJW152-19-1-5

11. 民国十一年（1922）高竹卿抄本，残本一册。封面题"高竹卿志/妙音卷"。扉页有某茶号牌记广告半页。卷首无题。无开卷偈。无结卷偈。卷末题"民国拾壹年杏月/高竹卿抄"。

检索号码: XJW152-19-2-4

12. 民国十四年（1925）金培春抄本，一册。封面题"金培春抄/白衣观音"。卷首无题。开卷偈"妙音宝卷始展开"。结卷偈"妙音宝卷宣完成"。卷末题"民国乙丑宫拾四年清和月上浣　日沐手录"。

检索号码: XJW76-19-1-5

13. 乙丑黄忆椿抄本，一册。封面题"黄忆椿摩/花灯卷"。卷首无题。开卷偈"花灯宝卷始展开"。结卷偈"花灯卷已宣完"。卷末题"乙丑年桃月完初八日沐手录/黄忆椿自办用"。书中描述花灯的内容多于他本，卷末另附会有《饿死不可做贼，气杀不要告状》一节。

检索号码: XJW158-19-1-1

14. 苏州玛瑙经房木刻本，一册。封面后装，封面题"乙亥重修/浦氏敬诵/妙英宝卷"。卷首题"妙英宝卷全集"。开卷偈"妙英宝卷始展开"。结卷偈"妙英宝卷宣圆全"。卷末题"板藏苏城护龙街中玛瑙经房，印造各种经忏善书良方书籍发兑"。

检索号码: XJW152-19-1-6

15. 杨廷章抄本，一册。封面后装，题"拾九号/浦大根/妙英卷"。书口记"妙英卷/杨廷章氏"。卷首题"白衣宝卷"。开卷偈"妙英宝卷始展开"。结卷偈"白衣观音到如今"。卷末无题。

检索号码: XJW152-19-2-3

M

16. 张世元抄本，一册。封面题"五号／张世元记／妙英卷"。卷首无题。开卷偈"妙英宝卷始展开"。结卷偈"妙英宝卷全部周园（圆）"。卷末无题。

检索号码：XJW152-19-2-5

17. 沈顺生抄本，一册。封面后装，封面题"七号／吴水根揣／妙英卷"。原封面题"沈顺生记妙英宝卷"。扉页记"万事散中有一思，事当忍处需当心／信人沈纪福记，学名沈顺生记，小名沈凤罡，大号天花庄……"。卷首无题。无开卷偈。结卷偈"妙英宝卷宣完满"。卷末无题。

检索号码：XJW152-19-1-3

18. 抄本，一册。封面题"胡文忠藏／妙英卷"。卷首题"妙英宝卷／胡文忠"。无开卷偈。结卷偈"妙英宝卷宣完成"。卷末无题。

检索号码：XJW152-19-1-1

19. 抄本，一册。封面题"尚忠记／妙英卷"。卷首题"妙英宝卷"。无开卷偈。结卷偈"妙英宝卷宣完成"。卷末无题。

检索号码：XJW152-19-1-2

099 《目莲宝卷》，又名《目莲救母宝卷》《目连宝卷》

南都关西傅员外与妻刘氏修行，生一子名目莲。傅员外死后，目莲在寺内出家，刘氏前去规劝，应允在家开斋，目莲回家。母亲因打僧骂道，茹荤吃肉，却发了重誓，当场身死，身入地狱，受尽苦楚。目莲见佛，得知母亲受难，于是，请求佛祖解救，佛祖赐衣钵、禅杖，目莲赴地狱，狱门大开，阎王差目莲投生黄巢，黄巢因貌丑，遭帝嫌。便起兵反帝，杀人无数，后自刎而死。又投生屠夫贺因，杀千万猪羊，后受到观音点化，与父母同升天界。

版本共 3 种：

1. 民国十一年（1922）戴正泉抄本，一册。封面题"戴正泉记／目连卷"。卷首题"目连宝卷"。无开卷偈。结卷偈"目连宝卷宣完成"。卷末题"民国十一年太岁壬戌一阳月吉立"。

检索号码：XJW43-19-1-2

2. 民国十八年（1929）杨廷章抄本，一册。封面题"拾壹号／浦大根／目莲卷"。

卷首题"目连宝卷/四知堂杨记"。无开卷偈。结卷偈"目连卷宣完成"。卷末题"民国十八年太岁己巳桃月　日/杨廷章自抄"。书口题"目连卷/四知堂杨记"。

检索号码：XJW43-19-1-1

3.民国石印本,上下两册合订一册。封面后装。封面题"安定胡畹峰办/目莲卷"。卷首题"新刻目莲救母宝卷"。无开卷偈。结卷偈"目莲三世宝卷"。卷末无题。

检索号码：XJW43-19-1-3

N

100 《纳妻丧子宝卷》，又名《晚娘宝卷》《欺嫂丧妻》

河间府吴桥县胡家镇石绍山,有妻荣氏,生子臼官。荣氏病死,绍山又娶戈氏,戈氏生子石杵。后来戈氏害死石臼,石臼告到玉帝处,玉帝降旨拿石杵抵命。石绍山娶了戈氏,结果连丧两子。

版本共 1 种：

清光绪十六年（1890）抄本,一册。封面题"春王月/第十三号/吴春翘藏/公案/纳妻丧子"。卷首题"欺嫂丧妻"。无开卷偈。结卷偈"晚娘宝卷宣完成"。卷末题题"大清光绪十六年"。

检索号码：XJW67-19-1-1

101 《逆媳变驴宝卷》，又名《逆媳宝卷》《逆妇卷》《恶妇变驴宝卷》《恶妇变驴》《恶妇宝卷》《三和宝卷》《姚茅官》《忤妇宝卷》《逆媳恶妇》

在杭州钱塘县桑溪村有户人家,丈夫姚瑞昌,妻吕氏,四十多岁才求得一子,取名姚毛官（一作姚茅官、姚茅观）。毛官 19 岁时与前村女赵氏成亲。谁知赵氏娇生惯养,好吃懒做,不敬公婆,打骂丈夫,成亲一年来,公婆受尽气,丈夫毛官却是敢怒不敢言,终被南海观音得知,在初一那天趁赵氏回娘家,化作一师太前来化缘,赠吕氏鹦鹉绿棉袄一件,转交于赵氏,赵氏穿后即变为一牲畜,方知是观音对自己的惩罚,随之醒悟,后悔不已。之后姚毛官重娶妻并得一子,一家人其乐融融。

版本共 11 种：

1. 清光绪十年（1884）青莲居士抄本，一册。封面题"五十四号／王浩德藏／恶妇变驴"。卷首题"逆妇变驴"。无开卷偈。无结卷偈。卷末题"大清光绪十年太岁甲申巧月　日置／青莲居士书"。钤"王浩德藏"朱记。

检索号码：XJW242-19-1-2

2. 清光绪十四年（1888）顾蕙安抄本，一册。封面无题。卷首题"恶妇变驴宝卷"。开卷偈"恶妇变驴始展开"。无结卷偈。卷末题"光绪十四年九月十三日／顾蕙安沐手抄写"。

检索号码：XJW242-19-1-6

3. 民国十一年（1922）周琴鹤抄本，一册。封面残，题"汤春香课"。扉页题"壬戌年／汤春香置／逆妇宝卷"。卷首题"忤妇宝卷"。无开卷偈。无结卷偈。卷末题"民国壬戌年小春月／周琴鹤敬书抄用"。

检索号码：XJW136-19-1-1

4. 民国十五年（1926）王锦洋抄本，一册。封面题"第二本／王锦洋记日立／三和宝卷"。卷首无题。无开卷偈。无结卷偈。卷末题"民国十五年五月／王锦洋记日立"。

检索号码：XJW16-19-1-1

5. 民国十六年（1927）姚重德抄本，一册。封面题"韶乐堂重藏／逆媳变驴即姚茅官"。卷首无题。无开卷偈。无结卷偈。卷末题"中华民国十六年仲冬月录终／弟子姚重德记"。

检索号码：XJW242-19-1-5

6. 民国三十六年（1947）蔡松茂抄本，一册。封面题"蔡松茂记／恶妇卷"。卷首无题。无开卷偈。结卷偈"恶妇宝卷宣完成"。卷末题"民国三十六年岁次丁亥杏月立／蔡松茂抄录"。

检索号码：XJW242-19-1-8

7. 民国三十七年（1948）孙奇宾抄本，一册。封面题"玖拾叁号／孙奇宾／逆媳变驴"。卷首题"逆媳变驴"。无开卷偈。结卷偈"逆媳宝卷宣完成"。卷末题"天运民国三十七年岁次戊子杏月中抄毕／弟子孙奇宾台宣"。

检索号码：XJW242-19-1-4

8. 丁巳志清抄本，一册。封面题"丁巳岁抄／巨鹿志清氏／逆妇变驴宝卷"。卷首题"逆媳宝卷"。无开卷偈。无结卷偈。卷末题"天运太岁丁巳年闰杏月下旬／巨鹿志清氏录"。

检索号码：XJW242-19-1-3

9. 丁卯姚云高抄本，一册。封面题"三十号／姚云高记／逆媳宝卷"。卷首题"恶妇变驴宝卷／逆媳宝卷"。无开卷偈。结卷偈"逆媳恶妇宣完成"。卷末题"太岁丁卯年十一月冬至前十天／姚云高抄"。

检索号码：XJW242-19-1-7

10. 邹晓初抄本，一册。封面题"十三号／顾念萱揣／范阳邹晓记／恶妇宝卷"。卷首题"恶妇变驴／邹晓初录"。无开卷偈。结卷偈"恶妇宝卷宣完成"。卷末无题。

检索号码：XJW242-19-1-1

11. 乙丑抄本，一册。封面题"三十七号／凤良课／恶妇卷"。卷首无题。无开卷偈。结卷偈"恶妇宝卷宣完成"。卷末题"乙丑年清和月　日立／来字号"。封底缺。

检索号码：XJW242-19-1-9

102 《女延寿卷》，又名《延寿宝卷》

唐中宗时，东吴地方安乐村李廷，生女秀英。李廷因事下狱，无奈将秀英卖给金状元为妾。后李廷出狱，又生一子荣春。数年后，李廷之妻庞氏病重，荣春去岩岭山求圣姑保佑，得圣姑梦示，赴仙山求王母，乃得仙草救得庞氏性命。为去仙山感谢仙人，姐弟二人上路，路遇歹徒，幸得玉英小姐救助，得脱离苦难，到得仙山，感动上天，各得延寿。

版本共 1 种：

庚寅顾彦抄本，一册。封面题"庚寅岁杏月下旬六日立／敬业堂顾乐记／女延寿卷"。卷首题"女延寿卷"。无开卷偈。书口记"女延寿卷／顾乐之记"。结卷偈"延寿宝卷已宣完"。卷末题"庚寅岁杏月下旬　日立／黼章顾彦抄录"，钤"顾彦"朱印。

检索号码：XJW21-19-1-2

P

103 《潘公宝卷》，又名《免灾宝卷》《免灾救难宝卷》

苏州城内潘中堂之子潘功甫一直行善积德，且有未卜先知之能，一次在开凿古井救助旱灾中的民众之后，从异象中得知自己要坐化升天。升天后，潘公托梦给亲戚淡然生，说明人间有大难，要行善积德方能免灾。此后潘公多次托梦显圣，救得世人无数，并告诉世人应如何行善积德。

版本共 1 种：

清咸丰五年（1855）木刻本，上中下三册。封面无题。扉页题"咸丰五年七月中元日 / 遂安洪福生修因氏撰《五好愿百字铭》"。卷首题"潘公免灾救难宝卷"。开卷偈"免灾宝卷乍宣扬"。无结卷偈。卷末无题。

检索号码：XJW400-19-1-17、XJW400-19-1-18、XJW400-19-1-19

104 《庞仁宝卷》，又名《庞仁忠义宝卷》《义汉宝卷》

江西南昌建安县路家庄路建，七岁丧父，由母亲贾氏抚养成人，后娶妻陆氏。小桥镇屠户庞仁，父母双亡，十分孝义。一日，路建前来买肉，谎称母亲要吃，无钱购买，只得赊欠。庞仁以为其是个孝子，不仅不收肉钱，并要与之结拜。谁料，路建回家对母亲冷眼相待，不给肉吃，还和妻子一道毒打母亲。贾氏无奈，外出寻短见，幸得庞仁遇见救回家中。次日，路建又来买肉，庞仁要求随路建一同拜望贾氏。路建不许，庞仁乃请出贾氏，路建竟不认母。庞仁大怒，劈杀路建。陆氏状告其杀夫，庞仁被判充军。忽然天雷打死陆氏，庞仁遇赦归家。

版本共 2 种：

1. 民国十九年（1930）顾银海抄本，一册。封面题"五号 / 中华民国二十年岁次辛未年 / 庞仁 / 顾彧芝办用 / 庞仁忠义"。卷首无题。无开卷偈。结卷偈"义汉宝卷宣完成"。卷末题"中华民国十九年岁次庚午十月 / 顾银海抄 /

顾银海办用"。

检索号码：XJW165-19-1-2

2. 民国十九年（1930）周三全抄本，一册。封面题"念号 / 周三全记 / 庞仁宝卷"。卷首题"庞仁宝卷 / 周三全记"。无开卷偈。无结卷偈。卷末题"中华民国十九年岁次庚午十二月 / 周三全记"。

检索号码：XJW165-19-1-1

105 《琵琶记宝卷》, 又名《琵琶古典》《赵五娘》《贤孝宝卷》《贤良宝卷》《赵氏五娘琵琶宝卷》《赵氏贤孝宝卷》《忠孝宝卷》《节孝古迹》

汉朝时陈留郡蔡邕娶了赵五娘为妻后，在众人的劝说下，决定赴京赶考。蔡邕考中状元后，奉旨游街，被太师牛丞相看中。牛丞相将蔡邕迎入家中，准备将小女儿许配给他。蔡邕说家中早有婚配，百般不同意。牛丞相大怒，将蔡邕软禁起来。蔡邕无奈，只好同意了这门婚事。而在遥远的家中，蔡邕的妻子赵五娘以及父母正在盼望他回来。正值荒年，家中已经断粮多日，看着饿得无力的公婆，赵五娘只好回娘家去借。谁知后娘竟无情地拒绝了。幸亏许婆帮忙乞讨，总算帮公婆讨到一点米。为了度过荒年，赵五娘将米粥给公婆吃，自己每日躲在厨房靠吃糠度日。婆婆怀疑赵五娘躲在厨房偷吃好的而责骂她，得知她吃糠后，羞愧的婆婆尝吃糠而被噎死。不久之后，公公也死了。为了埋葬公婆，赵五娘将自己的头发剪掉卖了。安葬好公婆后，赵五娘带着公婆的画像，背着琵琶离开家乡，到京城去找蔡邕。最后，赵五娘找到蔡邕，皇帝感其品行，敕封为贤孝一品夫人。

版本共 15 种：

1. 清光绪十年（1884）吴静安抄本，一册。封面题"第九号 / 吴春翘置 / 琵琶宝卷"。卷首题"琵琶宝卷全部"。开卷偈"琵琶宝卷始开宣"。结卷偈"琵琶宝卷已宣完"。卷末题"光绪拾年杏月　日立抄 / 叔春翘氏藏本 / 侄静安氏沐手敬书抄"。

检索号码：XJW285-19-2-4

2. 民国八年（1919）李慎芝抄本，一册。封面无题。卷首题"琵琶宝卷"。

无开卷偈。结卷偈"琵琶宝卷已完满"。卷末题"中华民国八年太岁己未菊月日立抄谷旦/李慎芝抄"。

检索号码：XJW285-19-1-2

3.民国十九年（1930）陈栽之抄本，一册。封面无题。卷首题"琵琶计（记）"。无开卷偈。无结卷偈。卷末题"民国十有九年桂月中秋日立/弟子陈栽之抄录"，钤"杨王仁记"朱记。

检索号码：XJW215-19-1-2

4.民国二十年（1931）陆锦章抄本，一册。封面题"廿六号/沈仁生记/倪凤卿记/琵琶宝卷"，沈仁生记遮盖在倪凤卿记上。卷首题"琵琶记"。无开卷偈。无结卷偈。卷末题"民国二十年荷月录/陆锦章抄"。

检索号码：XJW285-19-2-3

5.民国二十年（1931）周三全抄本，一册。封面无题。卷首题"节孝古迹/周三全记"。无开卷偈。结卷偈"此卷名为琵琶记"。卷末题"中华民国贰拾岁次辛未年冬月/周氏抄录"。

检索号码：XJW215-19-1-3

6.民国十二年（1923）抄本，一册。封面无题。扉页钤"金阿炳印"朱印。卷首无题。开卷偈"贤孝宝卷世难闻"，钤"王森遂章"朱印。结卷偈"贤孝宝卷宣完成"。卷末题"民国十二年皋月中浣　日立/闲游抄录"。

检索号码：XJW285-19-1-3

7.民国二十二年（1933）冯根虎抄本，一册。封面题"六号/五十二/冯生祥藏/琵琶宝卷"。卷首题"琵琶卷"。无开卷偈。结卷偈"琵琶古典宣全本"。卷末题"民国二十二年癸酉二月初四日/冯根虎抄录"。

检索号码：XJW285-19-1-1

8.民国上海惜阴书局石印本，上下两册合订一册。封面封底缺。卷首题"赵五娘琵琶记宝卷"。开卷偈"贤孝宝卷初展开"。无结卷偈。卷末无题。

检索号码：XJW286-19-2-6

9.民国上海文益书局石印本，上下两册合订一册。封面后装，题"琵琶宝卷"。卷首题"赵氏贤孝宝卷"。开卷偈"贤孝宝卷初展开"。结卷偈"贤孝宝卷到此全"。卷末无题。

检索号码：XJW285-19-1-4

10. 华秋亭抄本，一册。封面后装，封面题"廿四号／吴水根揣／琵琶记"。卷首题"忠孝卷／华秋亭藏记"。无开卷偈。无结卷偈。卷末无题。

检索号码：XJW286-19-2-2

11. 西湖慧空经房刻本，一册。封面无题。卷首题"赵氏贤孝宝卷""先排香案"。开卷偈"贤孝宝卷初展开"。结卷偈"贤孝宝卷到此全"。卷末题"板存西湖慧空经房"。

检索号码：XJW215-19-1-5

12. 顾友萃抄本，一册。封面题"顾友萃抄"。卷首题"贤良宝卷全集／顾友萃抄"。开卷偈"贤良宝卷初展开"。结卷偈"贤良宝卷宣完成"。卷末题"东海氏达宗记"。

检索号码：XJW215-19-1-1

13. 民国石印本，上下两册合订一册。封面题"宣员徐记／琵琶赵五娘宝卷全集"。卷首题"赵氏贤孝宝卷"。开卷偈"贤孝宝卷初展开"。结卷偈"贤孝宝卷已宣完"。卷末无题。

检索号码：XJW286-19-2-5

14. 石印本，一册。封面后装，题"赵五娘／安定胡畹峰办"。卷首题"赵氏贤孝宝卷"。开卷偈"贤孝宝卷初展开"。无结卷偈。卷末无题。

检索号码：XJW215-19-1-4

15. 抄本，一册。封面题"第独字／戴谯国逸藏／琵琶寄（记）"。卷首题"忠孝卷"。无开卷偈。结卷偈"听了琵琶名宝卷"。卷末无题。

检索号码：XJW286-19-2-1

106 《普陀宝卷》，又名《黄有金》《善恶分明》《同仁宝卷》

东京河南府陈留县有黄姓兄弟二人，家财万贯，兄黄有金，一心向善，弟黄有银执意作恶。黄有金夫妇有一子叫德郎，一女叫秀英。一日，有银到哥哥家赏牡丹，有僧来化缘，为修建普陀大殿。有金一口应允，变卖房产田地，还凑不齐数目，就请有银帮忙。有银非但不肯相助，反而埋怨了一番。有金无法，只得卖女卖儿筹钱。一双儿女分别被陆翰林、李太史收养。黄有金夫妇虽只在一间茅屋安身，粗茶淡饭过光阴，但仍乐善好施，一心修行。后秀英封为皇后，德郎得中状元，有金夫妇封国丈、国太夫人，功成圆满，升天而去。再说观音大士想要点化有银，乘有银出门收账，叫孙悟空施法，使有银跌落河中，孙悟空便化作有银模样，带了财物回家。黄有银好不容易爬上岸，衣衫褴褛回到家，家人以为是冒名顶替，把他打出门去。黄有银到县衙告状，县官也难辨真假，把有银杖打三十，赶出衙门。有银一心要到西天，求佛祖断个分明。到了西天，被佛祖一番开悟后，夫妻二人也立志修行，十年后功德圆满。

版本共 3 种：

1. 清光绪十五年（1889）许廷印抄本，一册。封面题"念贰 / 贰号 / 收号 / 己丑岁 / 金国本藏 / 普陀宝卷"。卷首题"普陀宝卷"。开卷偈"普陀宝卷始开宣"。结卷偈"普陀宝卷已宣完"。卷末题"光绪岁在己丑岁杏月中浣敬录具备办 / 梁溪许廷印抄手"。

检索号码：XJW273-19-1-1

2. 民国四年（1915）杨廷章抄本，一册。封面后装，题"拾六号 / 浦大根 / 普陀卷"。卷首题"普陀宝卷"。无开卷偈。结卷偈"同仁宝卷宣完成"。卷末题"民国乙卯年五月中旬谷旦 / 杨廷章抄"。

检索号码：XJW273-19-1-2

3. 抄本，一册。封面后装，题"善恶分明"，钤"胡文忠"朱印。卷首无题。无开卷偈。结卷偈"普陀宝卷已宣完"。卷末无题。

检索号码：XJW298-19-1-1

107 《普陀莲船》

观音菩萨制造的白莲船，采用各种佛界名贵珍宝材质精雕细作而成，船上的掌舵、乘者、侍者皆为佛界历尊，内中陈设摆置亦无比珍贵。此船渡信佛念佛之人去西天净土极乐世界，到达西天，仙界圣子前来迎接有佛缘之人得道升天。

版本共 1 种：

清光绪三十年（1904）天佑庵生徒抄本，一册。普陀莲船、荡河桥、顺星延寿宝卷三种合订一册。封面后装，封面无题。卷首题"普陀莲船"，无开卷偈。无结卷偈。卷末题"光绪叁拾年季冬腊月天佑庵前生徒抄录／须宅馆内士初诵"。卷末记"借卷不可损坏，抄写必有尴尬，冷天写写手冷，纸张笔墨倍也。"

检索号码：XJW33-19-1-1

Q

108 《欺妻宝卷》

宋朝绍兴年间浙江临安城，有一叫花甲头金老大，家财颇丰，生有一女，名唤玉奴，十八岁时招赘穷书生莫稽为婿。婚后，金玉奴劝夫苦读应试，莫稽得中进士，授任淮西无为军，却嫌玉奴出身微贱，赴任途中，莫稽竟将玉奴灌醉推落江心。玉奴被莫稽上司许德厚所救，收作继女。许德厚夫妇不满莫稽薄情，为替玉奴出气，招他入赘。莫稽不知原委，只道巴结上司，欣然应允。花烛之时，玉奴当众痛数莫稽之罪，命丫鬟重打薄情人。后在许德厚劝解下，夫妻重归于好，金氏父女团圆。

版本共 1 种：

清光绪三十一（1905）周玉庭抄本，一册。封面题"乙巳／花秀堂周玉庭记／欺妻宝卷"。卷首无题。无开卷偈。结卷偈"欺妻宝卷已宣完"。卷末题"光绪叁拾壹年岁次乙巳仲冬月西窗下玉廷抄录／俞云阶"。

检索号码：XJW280-19-1-1

109 《欺嫂失妻》，又名《卖嫂失妻》《欺嫂宝卷》《逼嫂宝卷》

镇江赵仁和赵节兄弟两人，均已娶妻成家，十分和睦，同居一处，未曾分家。赵仁去广东经商，五六年杳无音信，赵节顿起不良之心，谎报兄长因病亡故，将嫂嫂裘氏以三百两银卖与过往盐商，嘱黄昏后抬轿来抢，并说明是戴孝之人。哪知，赵节与妻在房中商议时，尽被裘氏听到。待赵节出门，裘氏邀弟媳秦氏吃分别酒，秦氏酒醉，嫂嫂将孝服披在其身上，自己关门安睡。盐商误将秦氏抢去，赵节回家，见儿子立在门口哭娘，知是弄错了，追到江边也没找到，回到家中，看见银子又被贼偷，只得缢死。三年后，赵仁满载而归，夫妻团圆，抚养侄子成人，裘氏亦生一子，赵仁生意越做越兴隆。

版本共 4 种：

1. 民国十九年（1930）周三全抄本，一册。封面无题。卷首题"欺嫂宝卷/周三全记"。无开卷偈。结卷偈"欺嫂宝卷宣完成"。卷末题"中华民国十九年岁次庚午十二月/周三全抄"。

检索号码：XJW279-19-1-1

2. 民国三十五年（1946）杨一民抄本，一册。封面题"杨一民藏/赵节宝卷"。卷首题"赵节宝卷"。无开卷偈。结卷偈"赵节宝卷宣完满"。卷末题"中华民国三十五年岁次丙戌冬月　日涂毕/杨一民录藏/杨家桥克以录"。

检索号码：XJW216-19-1-1

3. 乙卯周桂林抄本，一册。封面题"欺嫂失妻/卖嫂失妻"。卷首题"欺嫂失妻"。无开卷偈。结卷偈"逼嫂卷宣完成"。卷末题"岁在乙卯年蓍月上旬桂林抄录"。卷后记"江南苏州府吴县胥台乡十四都十六图下沙土地陈明大王界中居住/诸亲好友，一概不借/解厄礼斗，完愿宣扬/　日吉时建生沐手焚香弟子周桂林记有邵金牛换来矣/壬戌年此卷有邵金牛卷换卷换来也/勿是人偷有对"。

检索号码：XJW279-19-1-2

4. 丁巳方霞城抄本，一册。封面题"蔡介彬记/欺嫂失妻"。卷首题"欺嫂失妻"。书口记"欺嫂/方记"。无开卷偈。结卷偈"逼嫂卷宣完成"。卷末题"岁次丁巳年季春桃月上浣/霞城抄录"。

检索号码：XJW279-19-1-3

110 《麒麟豹宝卷》，又名《后本珠塔宝卷》《麒麟宝卷》

此书是《珍珠塔》故事的后续，讲述明朝嘉靖年间，河南方卿中得状元后，住在岳父陈御史家中。一天，方卿梦到陈府家人陈翔夜宿麒麟寺时，被僧人谋财害命。方卿到麒麟寺去探访，见到恶僧迫害良民、霸占民女，方卿不慎被恶僧捉去。陈御史禀明皇帝，搬来救兵将寺庙踏平，救出方卿。不久，方卿夫人陈翠娥和小妾华夫人、屏夫人都怀了孕。与方卿同朝为官的裘统政夫人也有了身孕，便与方卿约定儿女亲家。十月怀胎，方卿得了二子一女，分别取名方进、方同和方飞龙。而裘统政生了一女，取名水金。几年后，陈御史夫妇双双过世。方卿搬到河南，修建了豪华的府邸。因私自将三千精兵调拨到家中，遭罗（鲁）大人参奏。皇帝大怒，将方卿砍头。方卿儿子方进投奔亲家裘大人家并被陷害入狱，方同在北京收服了麒麟豹（一只怪兽）做坐骑，娶了王大人女儿。女儿方飞龙做了土匪头领。方同、方飞龙联手救出方进，并一同造反。在报了杀父之仇后，被朝廷招安。后兄妹三人平定了潼关大乱，受到皇帝封赏。

版本共 5 种：

1. 清光绪十年（1884）浦远香抄本，上中下三册。上册封面题"洪／陆蕴祥藏／景福堂浦卖吾／麒麟豹卷上"。扉页记"光绪二十八年春王月苑香子死，艰难无钞用。今将此卷共又拾四部央人来卖，洋贰元"。卷首题"麒麟豹宝卷上集"。开卷偈"麒麟宝卷始宣明"。中卷封面题"荒／景福堂浦／麒麟豹卷中"。卷首题"麒麟豹宝卷中集"。开卷偈"麒麟中卷再开宣"。下卷封面题"日／景福堂浦／麒麟豹卷下"。卷首题"麒麟豹宝卷下集"。开卷偈"麒麟下卷再开宣"。结卷偈"麒麟宝卷宣完满"。卷末题"大清光绪十年岁次甲申巧月上旬抄终／蠡溪浦远香置藏／此部三卷共一百二十四页"。

检索号码：XJW314-19-2-1、XJW314-19-2-2、XJW314-19-2-3

2. 清光绪二十四年（1898）顾彦抄本，一册。封面题"壬辰岁重书／顾培源藏／麒麟豹"。卷首题"麒麟宝卷"。开卷偈"麒麟宝卷始展开"。结卷偈"麒麟宝卷宣完成"。卷末题"光绪念四年岁次戊戌桂月上旬六日立／蕭章顾彦抄录"。卷后记"居云生记／潘文俊写字好的／民国三十四年吉日"。

检索号码：XJW314-19-2-4

3. 清光绪三十年（1904）王森遴抄本，一册。封面题"王森遴藏／麒麟豹"。卷首题"麒麟豹卷全集"。无开卷偈。结卷偈"麒麟宝卷宣完成"。卷末题"光绪三十年太岁甲辰清和月下浣／森遴自抄录藏"。

检索号码：XJW314-19-1-1

4. 民国二十二年（1933）顾振民抄本，上下两册。上卷封面题"癸酉岁／俞云阶藏／麒麟豹卷上集"。书口记"癸酉岁／麒麟豹上集／俞云阶藏／四十七号"。卷首题"后珍珠塔麒麟豹"。开卷偈"麒麟宝卷初展开"。上卷无结卷偈。卷末题"民国念二年岁在癸酉桂月下浣　日立／俞云阶藏本／顾振民书"。下卷封面题"麒麟豹卷下集／癸酉岁／俞云阶藏"。书口记"癸酉岁／麒麟豹上集／俞云阶藏／四十七号"。结卷偈"麒麟宝卷宣完成／此是后本珍珠塔"。卷末题"民国念二年太岁癸酉芙蓉月上旬九日立／俞云阶藏本"。

检索号码: XJW314-19-1-3、XJW314-19-1-4

5. 抄本，一册。封面无题。卷首题"新编麒麟豹宝卷／即珍珠塔后本"。开卷偈"珠塔宝卷初展开"。结卷偈"珠塔宝卷宣完成"。卷末无题。

111 《钱孝子宝卷》

清乾隆年间，江南常州清贫之士钱长元，娶妻姜氏，贤淑温良，生三子，长子聚生，次子聚万，三子聚贤。老母有病，聚万割股疗亲；后老母又病，聚万遂割肝奉母，母难以下咽而去世。聚万大孝之行，感动上天玉帝，刀伤得以痊愈；其身处地界原是旱年，因其孝举而逢甘霖。守孝三年后，聚万说服兄弟，一心出家修行，并效仿丁兰刻木，修行报孝两不误。圆寂后，阴间使差来迎接，聚万在阴间继续修道。因其行孝，其故去的父亲得投好生，母亲则被王母娘娘带往峨眉山修行。日后母子修成正果，同上天庭。另滩瀛庵西一里有善士周范正，寿终归阴，游历了地狱和天堂。因其生前行善积德，阎王遂令其同钱孝子一起旁观审判阴间歹恶之人，并述明判断缘由与阴阳善恶有报之理。周善人还阳后规劝世人。

版本共 1 种:

癸丑敦仁堂抄本，上、下合一册。封面题"癸丑年仲冬月／敦仁堂记／钱孝子宝卷"。卷首题"钱孝子宝卷"。无开卷偈。无结卷偈。卷末无题。本书上、下篇正文前各有一段文字，宣讲劝人为善为孝之理。

检索号码: XJW253-19-1-1

112 《巧财宝卷》

苏州胥门外王家庄王瑞发，娶妻钱氏，以卖鱼干为生。因欠人钱财，无力偿还，钱氏拿出银环典借银钱买香烛及荤素菜肴，等讨债人上门。南濠鱼行汪管账来，看见他家正在挖掘，以为王家在挖藏银，想想过年后来要也不迟。隔壁苏婆婆，无子无婿，家有银子若干，听说王家挖藏银，便过来说，藏银越晚用越好，她有银子，可先拿去用。王家从苏婆处得旧藏银一百两。次日，王家去汪管账处还欠款，汪管账连称恭喜，不仅免去债务，还将半年前山西客留下的五十篓鱼干交给王瑞发去卖。王家拿回鱼干，发现篓内鱼干下藏着银子五万余。南濠鱼行东家家私巨万，听说王家掘到横财，定要见识一下。后来两家合开洋船出海，大获其利，又拾到龟壳，尽是珠宝，从此王家大富。

版本共 1 种：

民国十年（1921）陈栽之抄本，一册。封面题"陈栽之藏／颖川／巧财宝卷"，印"杨王仁记"。卷首无题。开卷偈"巧财宝卷始展开"。结卷偈"巧财宝卷已宣完"。卷末题"民国十年岁次辛酉巧月十八日完敬书／嶐南陈栽之栽茶室吃茶抄录"，钤"杨王仁记"朱记。

检索号码：XJW93-19-1-1

113 《邱王宝卷》，又名《龙图宝卷》《小邱王》

宋仁宗时，河南开封祥符县县民邱王，父母双亡，家产败尽，生活艰难。于是到包公处状告十殿阎王，为何贫富不均。后来阎王查明，邱王前世为饭店主人，见财起意，谋财害命，故今生受苦。包公审问清楚之后即将邱王处斩。

版本共 3 种：

1. 清宣统元年（1909）夏美芳抄本，一册。封面题"己酉／花秀堂周玉庭记／龙图宝卷"。卷首无题。书口记"小邱王／花秀堂周"。开卷偈"龙图宝卷初展开"。结卷偈"龙图宝卷已宣完"。卷末题"大清宣统元年太岁闰二月下旬／弟子夏美芳书／珠定巷河南美芳沐手敬抄／梅园里周玉庭录／俞云阶"。

检索号码：XJW83-19-1-7

2. 民国二年（1913）戴彦椿抄本，一册。封面题"戴逸斋记／龙图案卷"。卷首题"龙图宝卷"。无开卷偈。结卷偈"龙图宝卷已宣完"。卷末题"中华民国二年旧历十二月上浣／戴彦椿抄记"。

3. 杨廷章抄本，一册。封面题"十五号 / 浦大根 / 龙图卷"。书口记"龙图卷 / 杨廷章氏"卷首无题。开卷偈"龙图宝卷初展开"。结卷偈"龙图宝卷已宣完"。卷末无题。

检索号码: XJW83-19-1-4

114 《劝夫宝卷》，又名《杀狗劝夫》

清道光年间，嘉兴县西门乡沈家兄弟二人，大哥沈凤林，二弟沈凤春。凤林娶妻刘氏，凤春亦娶妻。凤春娘子不甚贤惠，常常搬弄是非，进门不多久便要分家，凤春不允，娘子便要上吊，逼得凤春无法，只得答应。分家时，凤春使计疏通乡间长者，分得家中的好地。虽然如此，但凤林运道好，处处获利，凤春得产不正，处处折本。不多久，凤林殷富，凤春受穷。凤春去向哥哥借米，哥哥赌气不允，幸有贤惠大嫂刘氏前来劝说，并背着凤林接济凤春。刘氏设计杀死自家黄狗穿上人的衣服，让凤林以为有人在自己门前自缢，甚是惊慌，急忙央求凤春代为背尸埋葬，经此一事，兄弟二人重新和睦如初，再合并成一家。

版本共 1 种：

清光绪二十八年（1902）顾彦抄本，一册。封面题"壬寅年清和月中旬吉日立 / 敬业堂顾乐记 / 劝夫宝卷"。卷首题"杀狗劝夫"。无开卷偈。无结卷偈。卷末题"光绪二十八年岁次壬寅四月中旬立 / 麟章顾彦抄"，钤"顾彦""柏荣"朱印。

检索号码: XJW65-19-1-1

R

115 《让家宝卷》

宋朝时期，一王姓富家娶妻素贞，素贞自小吃斋念佛，长大后经常扶危济困。一日遇见一员外，此员外作恶多端，素贞根据种种佛教教义，感动催化员外，后素贞一家大小升天成仙。

版本共 1 种：

民国十二年（1923）丁财宝抄本，一册。封面题"民国十二年十二月 / 丁财宝抄 / 让家宝卷"。卷首无题。开卷偈"让家宝卷才展开"。无结卷偈。卷末题"民国十二年十二月 / 丁财宝抄"。

检索号码：XJW317-19-1-1

116 《日月雌雄盏宝卷》，又名《日月雌雄杯宝卷》《雌雄宝盏》《忠义宝卷》

汉文帝时，西宫梅妃甚得宠爱。一日番邦献来雌雄宝盏一对，文帝大悦，问丞相应归哪宫掌管。丞相以为应由正宫苏娘娘掌管。梅妃得知此事，装病求苏娘娘带雌雄宝盏前来探视，趁机将盏打碎。文帝大怒欲斩苏氏，丞相求情得缓，并以自家夫人代苏娘娘死。不料梅妃精通神道，得知苏氏未死，数次去丞相府巡查，都被丞相瞒过。此后苏娘娘逃出京城，半路生下太子，得仙人帮助母子平安。梅妃在朝迫害忠良，又欲害丞相，幸得吏部天官查明真相，文帝悔悟，处死梅妃，迎回苏娘娘。

版本共 1 种：

民国八年（1919）筱松抄本，一册。封面题"王炳坤藏 / 日月雌雄盏"。扉页钤"金阿炳印"朱印，题"日月雌雄杯 / 王炳坤"。卷首题"雌雄宝盏"。无开卷偈。结卷偈"忠义宝卷宣完成"。卷末题"民国八年岁次己未十一月上旬吉日 / 筱松敬抄"。

检索号码：XJW66-19-1-1

S

117 《三官宝卷》，又名《三元宝卷》，《赴任受灾宝卷》《三魁宝卷》

中州灵台县陈良，有子陈宝。陈宝十六岁时元宵节观灯，被太白金星引至龙王府，与府中三位宫主结亲，生下三子。后陈宝得中状元，皇帝招亲，陈宝不允，遂远放边疆为官。赴任后，遇妖人摄入洞中受苦。八年后，三子长大，学得道法，救出陈宝。皇帝册封陈宝三子为三元帝君。

版本共 8 种：

1. 清同治三年（1864）陈景斋抄本，一册。封面题"同治三年岁在甲子腊月中　日立谷旦 / 世寿堂陈氏 / 三元宝卷"。卷首题"三官宝卷"。开卷偈"三官宝卷始展开"。结卷偈"三元宝卷已宣完"。卷末无题。封底题"景斋沐手抄"。

检索号码：XJW15-19-1-4

2. 清同治四年（1865）居松泉抄本，一册。封面缺。卷首无题，印"王森遗章"。无开卷偈。无结卷偈。卷末题"天运同治四年岁次乙丑桃月　日立 / 弟子居松泉抄"。

检索号码：XJW15-19-1-3

3. 清同治十三年（1874）唐仁源抄本，一册。封面、封底后装。封面题"张桂堂记 / 三官卷"。卷首无题。开卷偈"三官宝卷始展开"。结卷偈"三元宝卷已宣完"。卷末题"大清同治拾叁年岁次甲戌墙月　浣谷旦 / 唐仁源抄集书"。原封底题"唐云麒诵"。

检索号码：XJW15-19-1-2

4. 清光绪三年（1877）顾峻山抄本，一册。封面、封底后装。封面题"全号 / 汤寿春藏 / 三元宝卷"。卷首无题。无开卷偈。结卷偈"三元宝卷以（已）宣完"。卷末题"光绪三年孟春月　日立 / 顾峻山抄录"。

检索号码：XJW15-19-1-6

5. 宣统元年（1909）维记抄本，一册。封面、封底缺。卷首无题。无开卷偈。结卷偈"三元宝卷已宣完"。卷末题"宣统元年 / 维记"。

检索号码：XJW15-19-1-8

6. 戊午华秋亭抄本，一册。封面题"第五号 / 吴水根揣 / 三官卷"。卷首题"三官宝卷"。无开卷偈。结卷偈"三官宝卷宣完成"。卷末题"岁次戊午年华秋亭沐手书日立 / 令郎凤如、云如、根兴"。

检索号码：XJW15-19-1-1

7. 抄本，一册。封面、封底缺。卷首无题。无开卷偈。无结卷偈。卷末无题。

检索号码：XJW15-19-1-5

8. 抄本，一册。封面、封底缺。卷首题"三官宝卷"。无开卷偈。结卷偈"三官宝卷宣完成"。卷末无题。

118 《三景图宝卷》，又名《三锦图》《昆仲宝卷》《三贤卷》

清康熙年间，苏州府太仓州嘉定县王景铭、景秀、景德兄弟三人，父亲早亡。一日，大哥景铭往岳父家求助，借得金银启程回乡。不料在乌龙山遇匪，被掳上山去。家中见景铭杳无音讯，又派景秀去湖州舅家求救。谁料，又被当作歹徒抓进牢中，屈打成招。见景秀迟迟不归，母亲蔡氏与三子景德赴湖州打探，得知景秀遭遇。虽百般营救，毫无办法。王景铭趁匪人下山之机逃脱，路遇浙江按察司王启龙，二人结为异姓兄弟。其后，景铭中解元，并在王启龙的帮助下，启奏皇帝，禀明冤情，平反昭雪。王氏兄弟三人一同及第，合家幸福。

版本共 9 种：

1. 清光绪二十二年（1896）周裕艻抄本，一册。封面、封底后装。封面题"叁二号／沈仁生记／三景图宝卷"。原封面题"二十七／周仁德堂裕记／三景图宝卷"。卷首题"三景图宝卷／周裕艻"。无开卷偈。结卷偈"三景图宝卷宣满完"。卷末题"岁次光绪二十二年小春月　日立／周裕艻抄手"。

检索号码: XJW18-19-2-2

2. 民国二十年（1931）艾蒙钦抄本，上、下两集合订一册。封面题"天水谦录／三景图宝卷"。上卷卷首题"三景图"。上卷开卷偈"昆仲宝卷始展开"。上卷卷末题"民国二十年杏月中旬艾蒙钦录本"，钤"艾梦钦藏"朱印。下卷卷首题"三景图下集"。下卷结卷偈"昆仲宝卷宣完成"。下卷卷末题"民国二十年辛未岁杏月　日立／艾蒙钦藏本"，钤"艾梦钦藏"朱印。

检索号码: XJW18-19-2-3

3. 民国二十一年（1932）顾根福抄本，一册。封面题"廿二／三景图"。卷首无题。无开卷偈。无结卷偈。卷末题"民国念一年九月　日立抄／顾根福书"。

检索号码: XJW18-19-1-2

4. 民国二十五年（1936）顾根生抄本，一册。封面残。卷首残，题"□景图宝卷"。无开卷偈。结卷偈"三景图卷宣完全"。卷末题"顾根生沐手／中华民国二十五年太岁丙子二月二十三日抄完"。

检索号码：XJW18-19-2-1

5. 民国二十五年（1936）丁永良抄本，一册。封面题"三十一／丁永良氏珍／三景图"，钤"丁永良章"朱印。卷首题"三景图"。开卷无偈。无结卷偈。卷末题"民国二十五年岁次丙子孟冬月中　日／丁永良录古"。

检索号码：XJW18-19-1-5

6. 癸亥姚重德抄本，一册。封面题"丁卯年补／姚重德藏／三锦图"。卷首无题。无开卷偈。结卷偈"昆仲宝卷宣完"。卷末题"岁次癸亥年清和月／姚重德录"。

检索号码：XJW18-19-1-3

7. 辛亥华秋亭抄本，一册。封面题"十二号／吴水根揣／三景图"。卷首无题。无开卷偈。无结卷偈。卷末题"岁次在辛亥年立冬后小春月　日立／华秋亭沐手书字"。

检索号码：XJW18-19-1-1

8. 抄本，一册。封面题"三锦图"，印"胡文忠"。卷首题"三贤卷"。开卷偈"三贤宝卷始展开"。结卷偈"三贤卷宣完成"。卷末无题，卷末钤"胡文忠"朱印。

检索号码：XJW18-19-1-4

9. 抄本，一册。封面题"癸酉岁／李遵彧藏／三景图宝卷"。卷首无题。无开卷偈。结卷偈"三景图卷宣完成"。卷末无题。

检索号码：XJW18-19-2-4

119 《三看御妹宝卷》，又名《双连笔》

大明嘉靖年间，浙江严州府桐庐县封加进，父兄皆在京中为官。加进进京读书于文昌阁，与安乐王之女御妹相见，两相爱慕，然不能暗通款曲。御妹相思成疾，加进扮医治病，互吐真情。御妹赠以双连笔。不料，加进被人认出，将处斩刑，幸得御妹托人搭救，奏明真情。皇帝钦赐加进状元及第，与御妹成亲。

版本共1种：

民国三十七年（1948）王炳坤抄本，一册。封面题"戊子年／太原王炳坤识／三看御妹"。卷首题"双连笔"。无开卷偈。结卷偈"双连笔宣完成"。卷末题"中华民国三十七年岁次戊子古历四月中浣／王炳坤自编抄录／在越剧本上编下"，钤"王炳坤"印。书口题"双连笔／王炳坤藏"。

120 《三猫宝卷》，又名《三猫古典》《小猫宝卷》《小小猫偈》

秦始皇时，有一个官宦名叫张士高，生有三子，长子赵龙，次子赵虎，三子赵彪。二位兄长均乐善好施，唯有三子顽劣不堪，死后阎王罚他投胎为猫。兄长二人不忍兄弟吃苦，亦自愿为猫，一同投胎于王丞相家中。三只小猫出生后境遇大不相同，兄长二人处处顺心，而第三只小猫则受尽苦楚。

版本共 3 种：

1. 清光绪二十七年（1901）姜镛棠抄本，一册。封面题"武陵书斋 / 三猫卷"。卷首题"三猫古典"。无开卷偈。结卷偈"小猫宝卷宣完了"。卷末题"光绪二十七年岁次辛丑巧月 / 姜镛棠录抄"。封底题"李杏卿记"。

检索号码: XJW30-19-1-1

2. 清光绪三十二年（1906）邢廷魁抄本，一册。封面残，封底后装。封面题"三十二号 / 仁寿堂邢魁记 / 三猫宝卷"。卷首题"三猫宝卷"，印"邢廷魁记"。无开卷偈。结卷偈"小小猫偈宣完了"。卷末题"天运光绪叁拾贰年桃月下浣日抄用 / 仁寿堂邢魁记"。

检索号码: XJW30-19-1-3

3. 民国四年（1915）抄本，一册。封面题"十三号 / 高顺卿志 / 三猫古典"。卷首题"三猫古典"。无开卷偈。结卷偈"三猫宝卷宣完了"。卷末题"中华民国乙卯年桂月上浣抄（于）宋仙洲巷内录 / 沈宏源办"。

检索号码: XJW30-19-1-2

121 《三上轿宝卷》

残本，讲述的是恶霸李三意欲霸占农民陈昇之妻兰英最终未能得逞的故事。

版本共 1 种：

抄本，残本一册。封面后装，封底缺。封面题"三上轿"。卷首题"三上轿故事"。无开卷偈。无结卷偈。卷末无题。

检索号码: XJW31-19-1-1

122 《三笑才子宝卷》，又名《三笑留情》《三笑姻缘》

明代大才子唐伯虎在苏州一寺院内邂逅华太师府艳婢秋香，惊为天人，伯虎尾随不舍，秋香三笑留情。伯虎为亲近佳人，混入太师府当书童，其才华深受太师赏识。秋香早慕伯虎名，伯虎向秋香表露身份，秋香不信，更戏弄伯虎。伯虎无计可施，幸得好友祝枝山授以妙计。伯虎谎称祝枝山有意聘他作西宾，允他选一婢女为妻。太师为挽留唐伯虎，准他在众婢女中选妻。伯虎得偿所愿，娶得美人归。

版本共 2 种：

1. 民国七年（1918）抄本，一册。封面题"出号／念五号／汤根泉办用／中华民国戊午年菊月　日立抄录／三笑才子"。卷首无题。无开卷偈。结卷偈"三笑姻缘宣完成"。卷末无题。

检索号码：XJW14-19-1-1

2. 民国三十五年（1946）沈柏祥补抄本，一册。封面、封底后装。封面题"五十一／沈柏祥藏／三笑留情宝卷"。卷首无题。无开卷偈。结卷偈"三笑姻缘宣完成"。卷末题"民国三十五年孟秋日立／沈柏祥"。

检索号码：XJW14-19-1-2

123 《杀狗劝夫》，又名《醒世回头》《贤良宝卷》《同心宝卷》《忠义宝卷》《劝夫宝卷》

永乐年间，曹州府南华县青墩巷农民赵大郎、赵二郎兄弟种田为业，家财丰裕，妯娌和顺同心。一日，二郎请娘舅前来分家，因大郎家招待周到，二郎家招待平常，分家时，娘舅偏向大郎。二郎妻尚氏宽宏大量，勤俭持家，不仅增田增地，又生了一子。大郎家夫妻两个时常生病，耗尽钱财。清明节，大郎去二郎家借了米粮过日。二郎有两个酒肉朋友车三、王二，尚氏劝丈夫少与他们往来，二郎只是不听。年底，二郎出门收账，尚氏在家心生一计，将黄狗打死，脱了毛，穿了人的衣服，吊在后院桑树上。夜里，二郎回家，尚氏说后院出了一桩无头公案，吊死了一个人。二郎吓得连忙去找车三、王二商量，结果二人推脱干净。二郎只得来找大郎，大郎一口答应，埋了尸首，尚氏借机提出并家合炊之事，至此兄弟二人、妯娌又在一起和睦相处。车三、王二因为赵二与赵大并家后，不与他们饮酒，也不借贷与他们，心生怨恨，就到县衙去告赵氏兄弟谋财害命，移尸埋葬，弟兄二人被收进监牢。尚氏到县衙击鼓喊冤，请知县到埋尸地方验尸，最终真相大白。知县将杀狗劝夫事奏明永乐帝，尚氏被封贤德夫人，赵大被封通政司，赵二封曹州指挥之职，黄狗坟边刻一碑"杀狗劝夫"，南华县加升三级。

版本共 7 种：

1. 清光绪三十二年（1906）王浩德抄本，一册。封面题"第二五号 / 王浩德 / 贤良卷"。卷首题"贤良卷"，钤"王浩德藏"朱印。书口记"王荣棠"。无开卷偈。结卷偈"此本名为贤良卷"。卷末题"光绪三十二年十月廿九日立 / 王浩德抄录"。

检索号码：XJW211-19-1-5

2. 民国十五年（1926）陈栽之抄本，一册。封面题"九十二号 / 陈栽之记 / 贤良卷"，钤"杨王仁记"朱记。卷首题"贤良卷 / 陈栽之藏"。无开卷偈。结卷偈"此本名为贤良卷"。卷末题"民国十五年岁次丙寅芙蓉月望日 / 陈栽之抄录"。

检索号码：XJW211-19-1-1

3. 民国十七年（1928）顾毓秀抄本，一册。封面题"卅三 / 顾毓秀抄本 / 杀狗劝夫"。卷首无题。无开卷偈。无结卷偈。卷末题"民国拾柒年菊月　日立抄"。

检索号码：XJW114-19-1-1

4. 民国二十一年（1932）顾根福①抄本，一册。封面题"十五 / 顾毓秀抄本 / 同心宝卷"。卷首无题。无开卷偈。结卷偈"此本名为同心卷""忠义宝卷宣完满"。卷末题"民国廿一年正月　日立 / 顾根福书"。

检索号码：XJW122-19-1-1

5. 庚寅邵忠斌抄本，一册。封面题"柳桂林 / 醒世回头"，卷首无题。开卷偈"杀狗劝夫始展开"。结卷偈"劝夫宝卷宣完成"。卷末题"岁次庚寅年六月二十日 / 邵忠斌沐手抄录"。

检索号码：XJW114-19-1-2

6. 吴庭蓉抄本，一册。封面后装，封面题"十二号 / 浦大根 / 贤良卷"。卷

---

① 顾根福即顾毓秀，据卷末署名信息照录。

首题"贤良卷"，钤"杨廷章印"朱印。无开卷偈。内书口记"贤良卷／吴庭蓉记"。结卷偈"此本名为贤良卷"。卷末无题。

检索号码：XJW211-19-1-2

7. 抄本，一册。封面后装，封面题"张号／四十七号／朱士泳揣／贤良卷"。卷首无题。无开卷偈。结卷偈"此本名为贤良卷"。卷末无题。

检索号码：XJW211-19-1-3

124 《杀子报宝卷》，又名《杀子报古典》《伸冤宝卷》《伸冤记》

通州天齐庙巷王世成，经商为业，三十二岁尚未娶妻。后娶妻徐氏，生子官保，生女金定，又请来先生钱正林教授诗书。不料王世成患疾，徐氏请天齐庙和尚纳云前来祷告。王世成不治而亡，徐氏与纳云勾搭成奸。官保窥破奸情，用门闩打跑纳云，徐氏竟设计要杀自己儿子。官保忙躲到钱先生家中躲避，钱先生被徐氏蒙蔽，将官保送回家里。当夜，徐氏杀官保并将官保分尸藏于油瓮中。过了几日，钱先生见官保总不上门，心中疑惑，去找徐氏，徐氏说儿子到娘舅家拜寿。钱先生又找到娘舅家，娘舅家说未见到官保，钱先生知道凶多吉少，赶到衙门状告徐氏。衙门老爷不信亲母杀子，判钱先生诬告。官保阴魂不散，给太守托梦，太守醒来，派人捉拿徐氏和纳云，在王家找出官保尸首，真相大白。

版本共 3 种：

1. 民国二年（1913）霍耕山抄本，一册。封面题"四十二号／霍嘉会堂耕记／渊记／杀子报古典"。卷首题"杀子报宝卷／霍耕山抄"。无开卷偈。结卷偈"杀子报卷宣完成"。卷末题"中华民国贰年太岁癸丑杏月抄录农人之笔"。

检索号码：XJW115-19-1-1

2. 民国十八年（1929）抄本，一册。封面题"四十二号／吴水根揣／伸冤卷即杀子报"。卷首题"伸冤记／华"。无开卷偈。结卷偈"伸冤宝卷宣完成"。卷末题"民国己巳巧月　日立／拙手抄写宝卷"。

检索号码：XJW115-19-1-3

3. 壬戌邹森淼抄本，一册。封面题"念壹号／仁寿堂邹晓初记／伸冤宝卷"。卷首题"伸冤记"。无开卷偈。结卷偈"伸冤宝卷又宣完"。卷末题"壬戌年春

王月 / 邹森淼抄本"。

检索号码：XJW115-19-1-2

125 《山阳县宝卷》，又名《诬告婶母》《山阳公案》《申冤古典》《谋族宝卷》《图产不遂宝卷》《节义宝卷》

清道光年间，江南淮安府山阳县方家庄，有方玉春，为县内第一豪富。妻陈氏，子宝林，母亲周氏。方玉春病死，幸有账房先生张锦文帮助操持。方玉春有一侄金生，贪恋方家财产，屡屡欺辱方家母子。一日，方金生诬告陈氏私通他人害死亲夫，县官收受贿赂，将陈氏屈打成招。方家人听闻苏州巡抚为官清正，乃去申冤。在巡抚的帮助下，沉冤得雪。

版本共 13 种：

1. 清光绪二年（1876）王涌泉抄本，一册。封面题"丙子 / 王涌泉藏 / 图产不遂 / 山阳县"。内书口题"上天王 / 天生 / 山阳县"。卷首无题。开卷偈"贞节宝卷在当台"。结卷偈"节义卷宣圆满"。卷末题"光绪二年丙子清和月下浣 / 槐荫王涌泉录书"。

检索号码：XJW20-19-1-1

2. 清光绪六年（1880）峻山抄本，一册。封面封底后装，封面题"三十八号 / 汤寿春置 / 山阳县"。卷首题"山阳县卷"。无开卷偈。结卷偈"山阳县卷以宣完"。卷末题"大清光绪六年巧月　日立 / 峻山沐手抄录"。

检索号码：XJW20-19-2-6

3. 民国九年（1920）凌水廷抄本，存下册一册。封面题"角湾达忠宣诵"。卷首无题。无开卷偈。结卷偈"山阳宝卷宣完成"。卷末题"民国九年岁次庚申桂月上旬 / 凌水廷①手录"。

检索号码：XJW20-19-2-5

4. 民国十三年（1924）徐肇鹤抄本，一册。封面题"节义卷"。卷首题"山阳县宝卷"。开卷偈"节义宝卷始展开"。结卷偈"节义宝卷宣完成"。卷末题"中

---

① "凌水廷"三字后被"徐达忠"三字遮盖。

华民国十三年岁次甲子腊月上弦日立／徐肇鹤抄／共四十九页"。

检索号码：XJW20-19-1-2

5.民国十四年（1925）朱梅山抄本，存上集一册。封面题"民国拾四年拾一月拾一日抄整／朱梅山书屋／节义宝卷上集"。内书口题"朱梅山"。卷首无题。开卷偈"节义宝卷始展开"。无结卷偈。卷末题"民国十四年十一月 日立抄本／不可借出"。

检索号码：XJW20-19-1-3

6.民国二十二年（1933）镛炳抄本，一册。封面无题。卷首无题。无开卷偈。结卷偈"山阳县卷宣完成"。卷末题"民国癸酉年孟夏月中旬／镛炳抄录"。

检索号码：XJW20-19-2-7

7.民国三十六年（1947）胡文忠抄本，一册。封面题"胡文忠藏／诬告姊母"。卷首无题。无开卷偈。结卷偈"山阳县来已宣完"。卷末题"民国丁亥年杏月中旬／胡文忠涂毕"。

检索号码：XJW20-19-2-3

8.1952年惠卿记抄本，一册。封面题"惠卿记抄诵／谋族宝卷"。卷首无题。开卷偈"山阳宝卷初展开"。卷末题"壬辰三月八日抄"。

检索号码：XJW20-19-1-5

9.20世纪60年代苏州市戏曲研究室整理本，抄本，一册。无封面封底。卷首题"山阳县宝卷"。无开卷偈。无结卷偈。卷末无题。

检索号码：XJW20-19-1-7

10.丁亥姚锦元抄本，一册。封面题"五号／姚根福记／山阳县"。内书口题"山阳县卷／荣大堂／共念七页／姚锦元用"。卷首无题。无开卷偈。结卷偈"此本名为谋旌（族）卷"。卷末题"岁在丁亥清和月初八日／锦元敬录"。

检索号码：XJW20-19-2-4

11.天水云记抄本，一册。封面题"天水云记／山阳公案"。卷首题"伸冤古典"。无开卷偈。结卷偈"伸冤妙典宣完成"。卷末无题。书脊题"山阳"。

检索号码：XJW20-19-1-6

12.抄本，一册，微残。封面题"周士初／三阳县全集藏"。卷首无题。无开卷偈。结卷偈"山阳宝卷宣完备"。卷末无题。

检索号码：XJW20-19-2-8

13. 抄本，一册，残。封面封底已缺，无题。卷首无题。无开卷偈。结卷偈"弗信但看谋害事"。卷末无题。

检索号码：XJW20-19-1-4

126 《珊瑚宝卷》，又名《三和宝卷》

宋仁宗时，山东登州府文登县望海门外，秀才梁大仁、弟二仁与寡母李氏相依为命。大仁娶妻珊瑚，恭敬婆婆，人皆赞美。李氏偏爱次子，任凭其终日游荡，不刻苦读书。大仁用家法教训弟，其母帮弟，大仁便不敢再讲。李氏粗恶势利，视长子与媳妇犹如眼中钉，日日骂媳，嫌东嫌西，而珊瑚毫不怨恨。有人给二仁说媒藏玉姑，那藏玉姑自小娇养，性情凶暴，大仁不允，但李氏执意要配亲，大仁无法，只得任凭母亲。大仁因费心太过，竟身染疾病。李氏见机要大仁休掉珊瑚，大仁不敢违母，只得答应。珊瑚被赶出婆家后，寄居在姨母处。藏玉姑自嫁给二仁，对婆婆日日虐待，一言不合就对丈夫拳打脚踢，李氏不堪其辱。大仁请姨母到家中陪伴母亲，姨母来到大仁家并送去吃食，李氏感激不尽，夸妹妹福气好，娶得好媳妇，自己错怪珊瑚了。姨母说出食物都是珊瑚准备，叫姐姐亲自去接珊瑚回家。婆媳和好，大仁夫妻团聚。

版本共 5 种：

1. 清光绪四年（1878）锦华抄本，一册。封面题"余庆堂戴氏敬藏／珊瑚宝卷"。卷首无题。书口记"三和宝卷／余庆堂记"，无开卷偈。无结卷偈。卷末题"光绪四年小春月／书屋锦华抄"。

检索号码：XJW274-19-1-5

2. 清光绪二十八年（1902）王森逵抄本，一册。封面题"王森逵藏／珊瑚卷"。卷首题"珊瑚宝卷"。无开卷偈。结卷偈"珊瑚宝卷宣完成"。卷末题"光绪贰拾捌年太岁壬寅一阳月上浣／森逵抄"。

检索号码：XJW274-19-1-3

3. 民国六年（1917）韩近良抄本，一册。封面题"韩近良肄／珊瑚宝卷"。

S

卷首题"珊瑚宝卷"。无开卷偈。结卷偈"此本名为珊瑚卷"。卷末题"中华民国六年岁次丁巳小菊月　日立在涌莲庵"。

　　检索号码：XJW274-19-1-4

　　4. 民国十五年（1926）顾根福抄本，一册。封面残，题"顾毓秀抄本"。卷首无题。开卷偈"珊瑚宝卷始展开"。结卷偈"此本名为珊瑚卷"。卷末题"民国十五年菊月　日立抄／顾根福抄本"。

　　检索号码：XJW274-19-1-1

　　5. 癸亥杨廷章抄本，一册。封面题"四十号／浦大根／珊瑚卷"。卷首无题。书口记"三和卷／杨廷章氏"。开卷偈"珊瑚卷始展开"。结卷偈"珊瑚卷宣完成"。卷末题"天运太岁癸亥年桂月下浣／嫽溪杨廷章自抄终置"。

　　检索号码：XJW274-19-1-2

127 《善度宝卷》

　　徽州城外东门洛阳村李家，丈夫亡故，妻朱氏与儿文荣及女凤珍三人生活。文荣十七岁与西园村一女秀琴配婚。过门三月，却与小姑凤珍不合。凤珍冤枉嫂嫂有私情，文荣怒将妻杀害后离家。第二天回家后，知晓妻子幸得观音相救，并知妻冤枉。朱氏得病，奄奄一息，秀琴日夜求拜无果，挖取心肝以救治婆婆性命，她的一片孝心感动观音前来相救，婆婆服用心肝汤后得以痊愈。后凤珍又得病，梦中观音告知幸得嫂嫂求告，才保得性命。凤珍终悔过，姑嫂和睦。

　　版本共 1 种：

　　抄本，一册。封面、封底缺。卷首无题，印"王浩德藏"。开卷偈"善度宝卷始展开"。无结卷偈。卷末无题。

　　检索号码：XJW299-19-1-1

128 《烧菜粥宝卷》，又名《贤孝宝卷》

　　襄阳城外余道村农户何永兴夫妇老来得子，名元观，长大后娶妻林氏。后家道中落，贫困交加。幸林氏十分孝顺，虽家贫亦能勉强度日。公婆当了棉袄救急，大冬天衣衫单薄，只能硬撑。林氏说服丈夫，小夫妻脱了自己的棉衣给二老穿上。

一日家中无米下炊，林氏用菜和黄豆烧了无米粥，巧言哄得二老开心。开春后，林氏回娘家，不料，余道村里瘟疫蔓延，林氏说服拜别父母，行夜路赶回夫家服侍有病的公婆。她的孝行感动了佛祖，佛祖派善财护送。瘟神见了速避，公婆竟痊愈了，全村也瘟疫全无。朝廷立节孝牌坊予以表彰，其事迹得到传扬。

版本共 1 种：

民国十九年（1930）抄本，一册。封面题"庚午年日立 / 伍拾号 / 葛士良揣 / 烧菜粥"。卷首无题。无开卷偈。结卷偈"贤孝宝卷已宣完"。卷末题"大中华民国十九年九月 日立谷旦"。

检索号码：XJW251-19-1-1

129 《审凉床》又名《凉床宝卷》

北宋年间，登徒子怀友仁灌醉书生陈玉生，并调戏王家千金王玉珍，王不从，大喊捉贼。怀友仁逃出后门，碰到王父，竟将王父杀死。王玉珍胞兄文则，为谋夺家产，陷害陈玉生与妹子王玉珍私通杀父，状告官府。祥符县知县糊涂，竟将二人屈打成招，收监押往开封府。开封府包大人夜间做一梦，梦见一老者说陈、王冤屈。是日，包大人见人犯果是陈、王，遂心生一计，叫张龙、赵虎拿来王小姐所睡凉床到堂审问。并贴出告示，军民人等尽可到衙门看审，怀友仁亦在其中，被当堂捉住。包大人又设计，使怀友仁招认罪名。陈玉生、王玉珍当庭脱罪，并由包大人作伐，成就姻缘，当堂成亲。怀友仁、王文则判死罪，知县充军。

版本共 1 种：

民国三十六年（1947）仁明抄本，存下集一册。封面题"下集 / 仁明珍藏 / 审凉床"。卷首无题。无开卷偈。结卷偈"凉床宝卷宣完满"。卷末题"民国三十六年杏月 日具 / 仁明手抄"。

检索号码：XJW209-19-1-1

130 《失巾帕宝卷》，又名《四亲宝卷》《节义宝卷》《落巾帕》《情海冤沉》《失罗帕》《花粉杀卷》《花粉宝卷》《花杀宝卷》《花神宝卷》

宋朝，湖广荆州人郁兰与妻子梅氏到庙里还愿。梅氏在庙中失落了巾帕，

S

被丞相蔡京之子拾到，诬称为梅氏所赠，到郁家要人。郁兰不察，将妻子休回娘家。蔡衙内到梅家强抢，梅氏之妹姣珍替姐出嫁，半路于轿中自尽。梅氏逃到白云庵，生下一子，名上林。后此子为翰林学士叶公收养，梅氏出家为尼。郁兰知妻自尽，后悔不已，外出漂泊，被叶公收留。七年后，郁兰在叶府教叶公养子上林读书。上林与叶公之外甥女成婚，后与郁兰一同赶考。中途姣珍托梦，父子相认。后叶上林中状元，郁兰中榜眼，上奏朝廷，蔡门一家则发配边疆。父子二人到白云庵认亲，合家团圆。

版本共 3 种：

1. 民国十二年（1923）廖庭桂抄本，一册。封面题"廖庭桂藏／节义宝卷全集"。书口记"落巾帕"。卷首无题。开卷偈"肆亲宝卷才展开"。结卷偈"四亲宝卷宣完满"。卷末题"大中华民国十二年桃月抄终／廖庭桂藏"。

检索号码：XJW294-19-1-1

2. 民国二十四年（1935）王森逮抄本，一册。封面题"乙亥／王森逮藏／情海冤沉／失罗帕"。卷首题"失罗帕"。书口记"花粉杀"。无开卷偈。结卷偈"花粉宝卷宣完成"。卷末题"民国二十四年太岁乙亥清河月中　日立／王森逮自抄"。

检索号码：XJW260-19-1-2

3. 上海惜阴书局石印本，上、下两册。上册封面题"安定胡豌峰办／失巾帕"。上册卷首题"荆州府永庆县修行花杀宝卷上集"。上册开卷偈"花杀宝卷初展开"。上册无结卷偈。上册卷末无题。下册卷首题"荆州府永庆县修行花杀宝卷下集"。下册无开卷偈。下册结卷偈"大众听完花神卷"。下册卷末无题。

检索号码：XJW97-19-1-1、XJW97-19-1-2

131 《狮吼宝卷》，又名《怕家婆宝卷》《惧内宝卷》《安乐卷》《河东狮吼》《怕妻宝卷》《安家卷》

清朝，无锡南门外张大官，娶妻冯氏。冯氏能干，只是不敬丈夫，一不如意，对丈夫非打即骂。一日，冯氏叫张大官去集市卖布，张大官看戏又赌钱，布银全输掉了。张大官怕妻子责骂，不敢回家。戏班中人给他出了个主意，教他扮作王灵官，回家呵斥冯氏，说她不敬丈夫，将来受苦。冯氏大惊，赌咒发誓，见夫君回来以后，一改原先的脾气，对张大官再无怨言。从此，夫妇和睦。

版本共 6 种：

1. 民国二年（1913）霍耕山抄本，一册。封面题"七十号 / 霍嘉会堂耕渊记 / 狮吼宝卷"。卷首题"狮吼宝卷 / 霍根山重抄"，钤"韩氏琴梁"朱印。开卷偈"狮吼宝卷始展开"。结卷偈"怕妻宝卷宣完成"。卷末题"中华民国贰年岁次癸丑桃月　日立 / 霍耕山重抄"。

检索号码：XJW220-19-1-3

2. 民国六年（1917）抄本，一册。封面题"宿号 / 朱士泳揣 / 安乐卷"。卷首题"狮吼宝卷"。无开卷偈。结卷偈"怕妻宝卷宣完成"。卷末题"民国六年岁次丁巳桃月　日立"。

检索号码：XJW220-19-1-2

3. 民国七年（1918）周国安抄本，一册。封面题"四十七号 / 卅十号 / 周国安记 / 怕家婆宝卷"。卷首题"怕家婆卷 / 周三全记"。无开卷偈。结卷偈"怕妻宝卷宣完成"。卷末题"民国七年岁次戊午桃月初　日立"。

检索号码：XJW180-19-1-3

4. 壬子徐渭亭抄本，一册。封面题"十贰号 / 高顺卿志 / 怕家婆"。书口记"惧内卷"。卷首题"狮吼宝卷"。开卷偈"狮吼卷始展开"。结卷偈"狮吼卷宣完成 / 此偈名为安乐卷"。卷末题"壬子年小春月 / 在秧田书屋徐渭亭抄录"。

检索号码：XJW180-19-1-1

5. 邵金牛抄本，一册。封面题"肆拾号 / 顾金虎记 / 河东狮吼"。卷首题"狮吼记宝卷全集"。开卷偈"狮吼宝卷始展开"。无结卷偈。卷末无题。书前作"民国三十一年三月十八日邵金牛卖于顾金虎，计洋一元整"。又注"此书概不外借，免开尊口。"

检索号码：XJW180-19-1-2

6. 甲寅戴午卿抄本，一册。封面题"狮吼卷"。卷首无题。无开卷偈。结卷偈"此本名为安家卷 / 狮吼宝卷宣完成"。卷末题"岁次甲寅立秋后五日涂 / 戴午卿抄"。

检索号码：XJW220-19-1-1

132 《十王宝卷》，又名《慈悲十王宝卷》

周朝临清州有一儒学生李清得病身亡，至阴间见到阎王，问及李清曾做何善事。李说，四月初八释迦牟尼生日时持斋一日。阎王叹息，无人为自己持斋。阎王命李清广游十殿，再到清州府钟离寺内观看刻有十王生日的碑石。李清一一记下，阎王让他还魂之后告诉人间的善男信女，要求在每位阎王诞辰时持斋吃素。

版本共 1 种：

民国十三年（1924）丁财宝抄本，一册。封面题"丁财宝抄／十王宝卷"。卷首题"慈悲十王宝卷"。无开卷偈。无结卷偈。卷末题"民国十三年三月／丁财宝抄"。

检索号码：XJW12-19-1-1

133 《十五贯宝卷》，又名《双冤宝卷》《双鼠奇冤》《昆仲受屈》《双奇冤宝卷》《奇冤宝卷》《双冤古典》《双冤赛宝卷》《老山阳宝卷》《奇缘宝卷》《冤枉宝卷》

明代淮安府山阳县熊家庄有兄弟二人，名熊友兰、熊友惠。友惠隔壁冯家有子甚丑，妻子侯氏。冯家闹鼠，老鼠盗去金耳环被友惠拾到。侯氏买药药鼠，被冯家子误食身亡。冯家告官，说友惠与侯氏通奸，官府判处死罪。友兰急取十五贯铜钱回乡救人。无锡屠户尤葫芦，从亲戚家借得十五贯铜钱回家，哄其继女苏戌娟说是卖她的身价。戌娟不愿为婢，深夜私逃投亲。赌棍娄阿鼠闯入尤家，偷钱杀尤灭口。次日，邻人发现尤被害、钱被盗，其女无下落，就报官追凶。熊友兰途遇戌娟问路，二人因此顺路同行。邻人与差役追至，见苏、熊男女同行，又见熊所带之钱恰好为十五贯，疑为凶手。娄阿鼠乘机诬陷，于是二人被押送无锡县衙门，以通奸谋杀罪判成死刑。苏州知府况钟监斩时，发现苏、熊罪证不实，亲至无锡现场查勘，明察暗访后，将真凶娄阿鼠捉住，终于案情大白。

版本共 11 种：

1. 清光绪元年（1875）鹅湖六亭抄本，一册。封面封底后装，封面题"廖庭桂藏／双寄（奇）冤全集"。卷首无题。无开卷偈。结卷偈"奇缘宝卷已宣完"。卷末题"光绪元年孟秋月灯下抄写笔意／鹅湖六亭抄／廖际棠藏"。

检索号码：XJW20-19-2-1

2. 清光绪十二年（1886）李树春抄本，一册。封面残，封面题"拾一号／青莲居王记"。卷首无题，钤"王浩德藏"朱印。无开卷偈。结卷偈"奇冤宝卷宣完成"。卷末题"天运光绪丙戌十二年榴月中浣　日抄录于草庐山房／李树春书"。书前有《访鼠》插画一幅。

检索号码：XJW13-19-2-3

3. 清光绪二十年（1894）抄本，一册。封面、封底缺。卷首题"双奇冤宝卷"。无开卷偈。结卷偈"此本名为双冤卷"。卷末题"岁次光绪二十年清□□□□（残）录"、"以前抄过一本，今被无耻之徒偷去，现今仍抄一本，非是惜钱买纸，实因恳求抄写艰难，故而告知"。

检索号码：XJW13-19-2-1

4. 民国十四年（1925）徐肇鹤抄本，一册。封面题"徐氏兆岳藏／双奇冤卷"。卷首题"双冤赛宝卷"。无开卷偈。结卷偈"双冤宝卷宣完成"。卷末题"民国十四年岁次乙丑荷月下旬　日立／徐肇鹤抄录"。

检索号码：XJW13-19-2-4

5. 民国二十五年（1936）顾根生抄本，一册。封面、封底后装。封面题"顾父庠藏／奇冤宝卷"。卷首题"奇冤宝卷"。无开卷偈。结卷偈"冤枉宝卷已宣成"。卷末无题。卷后页书口记"中华民国二十五年杏月初四抄全／顾根生沐手"。

检索号码：XJW13-19-2-2

6. 民国三十五年（1946）朱豢抄本，一册。封面题"昆仲受屈／朱豢"，钤"朱豢""祖寿"朱印。卷首无题。无开卷偈。结卷偈"双冤卷宗已宣完"。卷末题"民国丙戌年榴月上旬／在孟氏馆中宣教弟子朱豢学书"。

检索号码：XJW13-19-1-4

7. 民国三十七年（1948）周三全抄本，一册。封面题"念六号／周三全记／双冤宝卷"。卷首无题。无开卷偈。结卷偈"双冤宝卷宣完成"。卷末题"民国三十七年岁次戊子菊月吉日敬抄也"。

S

检索号码：XJW13-19-1-1

8.抄本，一册。封面残。卷首无题。无开卷偈。无结卷偈。卷末无题。

检索号码：XJW13-19-1-3

9.抄本，一册。封面，封底后装。封面题"戊寅补面／王森逸识／双奇冤全集"。卷首无题。开卷偈"奇冤宝卷始展开"。结卷偈"双奇宝卷宣完功"。卷末题"诸亲好友，决勿借出"。

检索号码：XJW13-19-2-5

10.抄本，一册。封面题"二十七／双鼠奇冤"。卷首题"双冤古典"。无开卷偈。结卷偈"双冤古典宣完成"。卷末题"共页三十八抄一日半完"。

检索号码：XJW13-19-1-2

11.抄本，一册，微残。封面题"老三阳／戴廷玉藏／三阳县卷"。卷首无题。无开卷偈。结卷偈残缺。卷末无题。

检索号码：XJW20-19-2-2

134 《时运宝卷》，又名《财帛司卷》《财帛宝卷》《妻财子禄》《时来运转》《时运古典》

浙江仙居县安乐村村民时壬官，自小父母双亡，由叔父抚养成人。十三岁给邻舍做伙计，甚是勤奋。十七岁时，在田里劳作，掘到一坛银子，分文未取，悉数归还主人。主人敬他为人诚实，心性平正，毫无贪念，竟叫他"时运"。不久，各村各巷男女老幼都叫他时运了。又过了两年，十九岁上，因过度思念亡故的父母，竟辞了生计，结了工钱，祭过先灵，拜别叔父，要去西天拜见活佛。时运一路向西，走了四个多月，先后来到壩桥倪家、桃村钱家，都受到主人殷勤款待，并请时运问活佛两个问题。时运应允，又走了三月多，来到一条大河边，一条老龙现身，驮时运过河，并请时运问活佛问题。时运带着三个问题及自己的疑问上岸走了半年有余，来到极乐世界，见到活佛，得到了三个问题的答案。回程途中，到河边对老龙说"嘴里的两粒夜明珠，只要吐掉一粒，就能上天了"。老龙听罢，吐了一粒珠子赠予时运，依旧渡他过河，随即得道上天。时运来到桃村，对钱老太太说"小姐只要拜堂成亲，就可以开口"。老太太便把女儿许配给时运，择吉日完婚，果然，小姐顿时开口说话。新婚满月后，时运辞别岳母，来到壩桥倪家，说"木椑树下有三缸金子、两缸银子，金克木，所以不开花"倪老汉果然掘出金银，就与时运对半均分。时运回岳母家住了数天，想要回归故里。岳母便将家产交与族长管理，收拾金银细软与女儿女婿一同回家。

版本共 13 种：

1. 清同治十三年（1874）吴维淞抄本，一册。封面题"五十七号／吴维淞藏／财帛司卷"。卷首无题。无开卷偈。结卷偈"财帛宝卷已宣完"。卷末题"维记抄录／同治十三年吴记"。

检索号码：XJW164-19-1-1

2. 清光绪二十三年（1897）咏霓坛抄本，一册。封面题"诸亲好友，概不出借／十五号／仁寿邹晓初记／时运古典"。卷首题"时运宝卷／延陵吴云如课"，钤"吴云记"朱记。开卷偈"时运宝卷始展开"。结卷偈"时运宝卷宣完成"。卷末题"光绪岁次丁酉年仲春月　日／咏霓坛录课"。

检索号码：XJW134-19-1-13

3. 清宣统三年（1911）霍耕山抄本，一册。封面后装，题"韩近良／时运卷"。卷首题"时运宝卷／霍耕山"，印"韩氏琴梁"。无开卷偈。结卷偈"时运宝卷宣完成"。卷末题"宣统三年春王月　日立／霍耕山抄"，印"韩琴梁印"。

检索号码：XJW134-19-1-7

4. 民国十年（1921）陈栽之抄本，一册。封面题"丁丑岁腊月　日立／陈栽之藏／时运卷"，印"杨王仁记"朱记，钤"杨满发章"朱印。卷首无题。开卷偈"时运宝卷初展开"。结卷偈"时运宝卷已宣完"。卷末题"民国十年岁次辛酉三月十五日完／陈栽之抄"，印"杨王仁记"。

检索号码：XJW134-19-1-8

5. 民国二十四年（1935）毛怀岵抄本，一册。封面后装，题"乙亥岁／邵念屺藏／时运宝卷"。原封面题"毛怀岵／乙亥／毛怀岵涂抄／时运宝卷"。书口记"时运卷／邵记三十三本"卷首无题。无开卷偈。结卷偈"时运宝卷宣完成"。卷末题"天运民国念四年菊月　日立毛怀岵置沐手抄／民国二十四年菊月　日立／毛怀岵自手抄"。书后衬纸为《一根藤卷》部分章节。

6. 民国三十年（1941）高文镰抄本，一册。封面题"民国辛巳年八月抄整／朱梅山书记／时运卷"。卷首题"时运卷"。开卷偈"时运宝卷始展开"。结卷偈"时运宝卷已宣完"。卷末题"民国辛巳年蔷薇月上旬抄沐手高文镰自抄／朱茂山先生写字，十分正直"。书后记"辛巳年笔代朱鼎高"。

检索号码: XJW134-19-1-9

7. 民国三十一年（1942）胡文忠抄本，一册。封面后装，无题。无开卷偈。结卷偈"时运宝卷宣完成"。卷末题"民国壬午年薇月弟子胡尘敬录"，印"胡文忠"。

检索号码: XJW134-19-1-12

8. 民国三十五年（1946）孙奇宾抄本，一册。封面题"壹零拾号／孙奇宾／妻财子禄"。卷首题"时运宝卷"。无开卷偈。结卷偈"时运宝卷宣完成"。卷末题"民国卅五年岁次丙戌十一月终／孙奇宾沐手敬抄"。后附《代皇进瓜》片段。

检索号码: XJW134-19-1-1

9. 丙辰严柏云抄本，一册。封面题"武陵书斋／时来运转"。卷首题"时运卷"。无开卷偈。结卷偈"时运卷宣完成"。卷末题"太岁丙辰年阳春月下日终／严柏云抄"。

检索号码: XJW134-19-1-3

10. 丙辰方霞城抄本，一册。封面后装，题"盈号／卅号／朱士泳藏／时运卷"。书口记"时运卷／方记"。卷首题"时运卷"。开卷偈"时运宝卷始展开"。结卷偈"时运宝卷宣完成"。卷末题"丙辰年一阳月中浣／方霞城抄录"。

检索号码: XJW134-19-1-4

11. 壬戌周记抄本，一册。封面缺。卷首无题。开卷偈"时运宝卷始展开"。结卷偈"时运宝卷宣完成"。卷末题"岁次壬戌年瑞月　日立／周记抄"。

检索号码: XJW134-19-1-6

12. 灵尘山人抄本，一册。封面题"时运宝卷"。卷首题"时运卷"。开卷偈"时运宝卷始展开"。结卷偈"时运宝卷宣完成"。卷末题"敬祝生意升昌前途进步，欲求一切发展我心自足。吴门灵尘山人敬题"。

检索号码：XJW134-19-1-11

13. 抄本，一册。封面后装，题"张桂堂记/时运卷"。卷首无题。开卷偈"时运宝卷始展开"。结卷偈"时运宝卷宣完成"。卷末无题。

检索号码：XJW134-19-1-5

135 《手巾记宝卷》

明崇祯年间，南京苏州府阊门内朱主事生男文进，生女金莲小姐。朱主事死在任上，徐进士家三公子与金莲小姐定了亲。一日金莲身体不适，乃许下心愿赴茅山上香。路遇文士姜楚秀，二人同时上香，金莲见楚秀无手巾净手，乃叫使女将自己的手巾递给他。楚秀心中暗生情愫，便暗中追随小姐来到苏州城，至苏，求使女为他传递消息。金莲小姐得知此事，赠银给楚秀要他回去。谁料楚秀以为金莲小姐有心于己，便约请朱家书童探问消息。楚秀趁朱家做法事之际混入朱家，见到小姐，苦苦相求，倾诉衷肠，感动了金莲成就了好事。后来，此事被兄长知道，文进用李代桃僵之计造一失火的假象放走他们。一日朱文进上街与卖油郎陈同相撞，文进不仅不怪陈同弄脏自己衣服，还赠银给他。不料七日后陈同意外病死，无赖吴成祖诬告文进伤人致死。县官受了贿赂，将文进屈打成招。姜楚秀与金莲小姐逃到宁都县，生子姜大用。大用天资聪慧，长大后，得中进士，到南京任官，乃去苏州寻访舅舅。大用查明冤情，使奸人伏法，一家人幸福安康。

版本共 1 种：

民国三十六年（1947）沈彤声抄本，一册。封面残，题"兰陵缪子泉修/手巾记宝卷全部"。卷首无题。无开卷偈。结卷偈"手巾记宝卷宣完成"。卷末题"民国三十六年荷月廿三日完编/共廿八页底稿洋板/字音尚未正确/沈彤声盥手编录"。

检索号码：XJW71-19-1-1

136 《双钉记宝卷》，又名《金龟宝卷》《张义宝卷》

宋仁宗年间，安徽合肥张家村秀才张学来，妻康氏。长子张仁，娶妻王氏，王氏不贤，长居娘家。次子张义，钓鱼奉母，甚是贤孝。张学来因媳妇不贤被

159

气死。张仁进京赴考，得中探花。差人送信给母亲，嘱来京同住。母命张义往嫂子处告知，凑银同往京城。王氏羞辱张义，义气愤而回，王氏一人独往。到了京城，骗夫言说母亲与弟弟不愿跋涉。一日，张义打得金龟一只，能屙金屎。得金后张义进京见了兄嫂。刚欲开口，忽闻来报河堤决口，紧急万分，张仁受命治理决口，只得匆忙而去。后王氏得知张义有金龟，乃用酒灌醉张义，用双钉害死张义。张仁归来只得为之成殓。张母见儿子久久不归，寻到京中。见张义已死，乃告到开封府包大人处，开棺验尸，查出双钉，沉冤得雪。

版本共 1 种：

惜阴书局石印本，两册合订一册。封面题"绘图双钉记宝卷"。卷首题"绘图张义双钉记宝卷 / 又名金龟宝卷"。开卷偈"张义宝卷初展开"。结卷偈"金龟宝卷宣完成"。卷末无题。书中记述惜阴书局所出其他宝卷二十四种，抄录明细如下：蝴蝶杯、妙英、吊金龟、杀子报、兰英、何仙姑、珍珠塔、抢生死、龙图、麒麟豹、何文秀、花杀间、玉连环、刘香女、晚娘、落金扇、琵琶记、黄糠、玉带记、香山、黄氏、李三娘、黄慧如、玉蜻蜓。

检索号码：XJW37-19-1-1

137 《双富宝卷》，又名《双富贵妙典》《双龙富贵宝卷》《双富贵宝卷》

明永乐年间，江南省相州府兴化县富户陶荣，有三子一女。儿子皆已成婚，小女美玉未嫁。陶荣六十寿辰，家人拜寿，子媳齐赞陶公之福，唯有美玉却说命不由人，各人有各福。陶公大怒，将美玉嫁给叫花子。小夫妻二人走到青田地界，见一大屋有妖物害人。美玉低价购得此屋，夜半有五路财神造访。美玉夫妇得宝大富。后来，相州遭水灾，陶家买米赈灾，因听闻青田某户米麦山积，故来青田买米。美玉令使女做鸡脑馄饨与父充饥，陶公甚为感伤。原来这是美玉当年常做之物。美玉见父忆旧，出门相见，并送十八船粮米赈灾，一家团聚。

版本共 2 种：

1. 清光绪三十二年（1906）马家抄本，一册。封面题"双龙富贵"。卷首题"双富贵妙典"。开卷偈"双富初启宝卷开"。结卷偈"双富贵卷宣完成"。卷末题"光绪三十二年太岁丙午三月　日 / 马家二人抄 / 计五十九页"。

检索号码：XJW42-19-2-5

2. 殷桂福抄本，一册。封面缺。卷首无题。开卷偈"双富宝卷始开扬"。结卷偈"双富宝卷宣完成"。卷末无题。封底题"合福社殷桂福记宣"。书后题句曰：莫道江风卷中妙，莫道宣卷是下流，全凭文才劝世贤，世上多少呆蠢愚，不识佛偈妙流言。

检索号码：XJW42-19-2-7

138 《双蝴蝶宝卷》，又名《徐子建宝卷》《奇冤宝卷》《香蝴蝶卷》《吞产霸妻卷》《徐子见卷》《蝴蝶宝卷》《闻哥访奸》

宋仁宗时，开封府祥符县良符村有一富户徐子见（或作子建、子鉴），娶妻苏氏，偏房李氏。李氏有孕在身，子见准备进京赶考，将家人托付于结拜兄弟白罗三。临别时，对李氏讲，所生无论男女都叫金宝。李氏拿出雌雄一对香蝴蝶，丈夫拿雌，她拿雄，以为表记。后徐子见考中状元，封为七省巡察御史。家中李氏生下一子，不料大娘苏氏与白罗三私通，恐李氏窥破，三番五次刁难李氏。李氏被逼住到东庄，白、苏二人遂霸占了徐家的财产。十八年后，子见告假祭祖，偶遇船老大夫妻行令，所唱酒令皆是徐家故事。徐子见乃化装乞丐前去查访，先到东庄求乞，托安童将香蝴蝶转交李氏。随后，子见又到白家求乞，遭恶奴毒打，幸得丫鬟云香救助。苏氏认出徐子见，便要白罗三害其性命。白罗三起歹心，将徐子见和云香一并杀死。李氏知道原委之后，告诉儿子金宝，母子二人上开封府包大人处申冤。包龙图明察秋毫，徐家人沉冤得雪。包公以法宝将徐子见与云香救活。

版本共 18 种：

1. 清光绪十七年（1891）佶侍氏抄本，一册。封面题"九十号／顾念萱本／香蝴蝶卷"。卷首无题。无开卷偈。结卷偈"蝴蝶宝卷宣完成"。卷末题"光绪辛卯桂秋／邓尉寄人佶侍氏续涂于光福山畔山陋室居"。此卷由二人合抄，故前后字迹不同。

检索号码：XJW222-19-1-2

2. 清光绪二十一年（1895）顾彦抄本，一册。封面题"光绪乙未年季秋月

中旬日立 / 敬业堂顾乐记 / 蝴蝶宝卷"。书口记"双蝴蝶卷全集 / 顾乐之记"。卷首题"蝴蝶宝卷"。开卷偈"且将蝴蝶宝卷宣"。结卷偈"蝴蝶宝卷宣圆全"。卷末题"光绪二十一年菊月中旬　日立 / 蕭章顾彦敬写"。

检索号码：XJW307-19-1-2

3. 清光绪三十四年（1908）王森逮抄本，一册。封面后装，题"丙戌年重修 / 王炳坤藏 / 双蝴蝶"。卷首无题。无开卷偈。结卷偈"奇冤宝卷宣圆满"。卷末题"光绪三十四年太岁戊申九月神仙日 / 森逮抄藏"。

检索号码：XJW42-19-1-3

4. 1912年戴云祥抄本，一册。封面残，题"戴谯国藏 / 双蝴蝶卷"。卷首题"双蝴蝶卷"。书口记"戴亦斋记"。无开卷偈。结卷偈"蝴蝶宝卷以（已）宣完"。卷末题"黄帝壬子年杏月上浣 / 戴云祥自抄"。封底缺。

检索号码：XJW42-19-1-1

5. 民国五年（1916）方霞城抄本，一册。封面题"律号 / 朱士泳藏 / 双蝴蝶"。卷首题"双蝴蝶宝卷"。无开卷偈。结卷偈"蝴蝶宝卷宣完成"。卷末题"时在丙辰年菊秋下浣 / 方霞城抄"，印"霞城"。书口题"香蝴蝶""华惠如记"。

检索号码：XJW42-19-2-2

6. 民国十三年（1924）姚重德抄本，一册。封面题"韶乐堂姚藏 / 吞产僭妻"，钤"姚重德书"朱印。卷首题"双蝴蝶"。无开卷偈。无结卷偈。卷末题"时维中华民国十三年岁次甲子小春月　日立 / 三天涂毕 / 愚晚生姚重德书"。

检索号码：XJW42-19-2-3

7. 民国十四年（1925）殷兰卿抄本，一册。封面题"三拾号 / 赵凤鸣志 / 双蝴蝶宝卷"。卷首无题。无开卷偈。结卷偈"双蝴蝶宝卷宣完成"。卷末题"民国乙丑年十二月十七日 / 殷兰卿共抄四下半天四黄昏抄录"。书口题"双蝴蝶 / 殷兰卿记 / 乙丑年十二月"。

检索号码：XJW42-19-2-6

8. 民国十七年（1928）根福抄本，一册。封面题"周柏祥记 / 香蝴蝶"。卷首题"双蝴蝶 / 汝南周记"。无开卷偈。结卷偈"双蝴蝶卷宣完成"。卷末题"民国十七年闰二月　日立 / 根福抄"。

检索号码：XJW222-19-1-1

9.民国十九年（1930）郭子明抄本，一册。封面题"民国十九年国历十一月廿一日废历十月初二日抄全／郭子明本／蝴蝶宝卷"。卷首无题。开卷偈"蝴蝶宝卷初展开"。结卷偈"蝴蝶宝卷宣完成"。卷末题"中华民国十九年国历十一月廿一日、废历十月初二日抄完／郭子明本"。书前记：抄完蝴蝶卷，眼睛抄得酸，有人要借去，速即还回来。

检索号码：XJW400-19-1-7

10.民国二十二年（1933）谢景绥抄本，一册。封面残，题"月号／汤永楚／双蝴蝶卷"。卷首题"汤氏永初"。无开卷偈。无结卷偈。卷末题"中华民国念二年桂月下旬／景绥谢抄涂"。

检索号码：XJW42-19-2-1

11.民国二十二年（1933）汤浩良抄本，一册。封面题"六号／汤省斋氏藏／双蝴蝶"。卷首题"双蝴蝶"。无开卷偈。结卷偈"双蝴蝶卷宣完成"。卷末题"民国二十二年十二月　旬立／浩良沐手完"。

检索号码：XJW42-19-2-8

12.民国三十二年（1943）谢子清补抄本，一册。封面题"谢子清／民国三十二年补抄／蝴蝶宝卷"。卷首无题。开卷偈"蝴蝶宝卷初展开"。结卷偈"蝴蝶宝卷宣元成"。卷末无题。

检索号码：XJW400-19-1-6

13.民国三十六年（1947）吴家琛抄本，一册。封面题"岁在国民（民国）丙戌／吴家琛志／双蝴蝶卷／即徐子见"。卷首无题。开卷偈"蝴蝶宝卷始展开"。无结卷偈。卷末题"岁在民国丁亥孟夏中／旷野居士吴书"。

检索号码：XJW42-19-1-2

14.民国三十六年（1947）徐仁青抄本，一册。封面题"丁亥年／徐仁青录／蝴蝶宝卷"。卷首题"蝴蝶宝卷"。开卷偈"蝴蝶宝卷始展开"。结卷偈"蝴蝶宝卷宣完成"。卷末题"中华民国三十六年太岁丁亥十一月上旬　日立／徐仁青录"。

检索号码：XJW307-19-1-3

15.惜阴书局石印本，两册合订一册。封面题"绘图双蝴蝶宝卷"。卷首题

"新编徐子建双蝴蝶宝卷"。无开卷偈。无结卷偈。卷末后题"同里和合堂金记朱家浜"。

检索号码：XJW42-19-2-4

16. 丙辰沈少梅抄本，一册。封面后装，题"沈少梅 / 徐子见"。卷首题"双蝴蝶卷"。开卷偈"蝴蝶宝卷始展开"。结卷偈"蝴蝶宝卷宣完成"。卷末题"丙辰年桃月立 / 沈少梅敬抄"。

检索号码：XJW42-19-1-4

17. 戊子胡文忠抄本，一册。封面题"修德轩忠 / 闻哥访奸"。卷首无题。钤"胡文忠印"朱印。无开卷偈。结卷偈"吞产僭妻已宣完"。卷末题"戊子年夏 / 胡文忠抄毕"。

检索号码：XJW293-19-1-1

18. 抄本，一册。封面题"承良 / 双蝴蝶宝卷"。卷首无题。开卷偈"蝴蝶宝卷初转开"。结卷偈"蝴蝶宝卷宣完成"。卷末无题。

检索号码：XJW400-19-1-5

S

139 《双花宝卷》，又名《双花奇冤》《访兄遭祸》《双金花宝卷》

宋仁宗年间，福建泉州府太平村，乡宦王鼎，有二子文龙、文虎，文龙娶蔡通判女，文虎尚未成婚，订下马家之女。后王鼎身故，家道中落，王家竟流落坟堂。文龙向岳父告贷不成，乃典当妻子金钗，上京赶考，得中状元。雷太师欲将次女许配文龙，文龙力拒。雷太师便设计命文龙远征番邦。文龙无奈，乃差人将银千两送回家中。不料，途中差役被盗贼所杀。文虎与蔡氏等候文龙不至，上京寻找，沿途只得以唱莲花落乞讨。行至相州，遇到谈氏小姐。小姐见怜，赠银十两，又嘱文虎半夜再来，多赠纹银供其读书。嫂子劝叔勿去，不听。文虎去时却看到丫鬟被杀，纹银不见，被相州太守当场抓住。官府屈打成招。原来是府中养马人曹良偷听了消息，杀人劫财，然后远逃至文龙军中从军。嫂嫂欲为叔叔鸣冤，得城隍相助，遇到得胜回朝的文龙。嫂嫂拦路告状，案情大白，合家团圆。

版本共 15 种：

1. 清光绪二年（1876）尚志堂抄本，一册。封面、封底残。封面题"尚志堂 / 双花宝卷"。卷首题"双花宝卷"。开卷偈"双花宝卷始展开"。无结卷偈。卷末题"光绪二年桃月　日 / 尚志堂抄录"。

检索号码：XJW35-19-1-1

2. 清光绪三十二年（1906）王瑞良抄本，一册。封面题"丙午岁 / 姚梅亭 / 双花宝卷"。卷首有一插画。卷首题"双花宝卷"。无开卷偈。结卷偈"双花宝卷宣完成"。卷末题"光绪三十二年　日立谷旦"。封底题"双金花宝卷 / 醉墨书屋 / 王瑞良抄"。

检索号码：XJW35-19-1-8

3. 清光绪三十二年（1906）周玉庭抄本，一册。封面题"丙午 / 花秀堂周玉抄 / 双花宝卷"。卷首题"双花宝卷"。开卷偈"双花宝卷初展开"。结卷偈"双花宝卷宣完成"。卷末题"光绪叁拾贰年岁次丙午蔷月　日立 / 花秀堂周玉庭抄录 / 俞云阶"。

检索号码：XJW35-19-1-6

4. 清光绪三十三年（1907）王森遽抄本，一册。封面后装，封底缺。卷首题"双花宝卷"，钤"王森遽章"朱印。无开卷偈。结卷偈"双花宝卷已宣完"。卷末题"光绪三十三年太岁丁未九月下浣 / 森记修葺"。

检索号码：XJW35-19-1-7

5. 民国五年（1916）方霞城抄本，一册。封面后装。封面题"冬号 / 朱士泳藏 / 双花卷"。卷首题"双花宝卷"。无开卷偈。结卷偈"双花宝卷宣完成"。卷末题"民国五年岁次丙辰葭月下浣 / 方霞城抄录"。封底题"丙辰年得办 / 张世元"。

检索号码：XJW35-19-2-8

6. 民国十一年（1922）金伯良抄本，一册。封面、封底残。封面题"金芝田记"。卷首题"双花卷 / 金伯良记"。开卷偈"双花宝卷始展开"。结卷偈"双花宝卷宣完成"。卷末题"时在民国十一年岁次壬戌巧月　日立 / 金伯良抄记"。

检索号码：XJW35-19-1-4

7. 民国十三年（1924）丁财宝抄本，一册。封面题"民国丙戌年巧月吉日 /

丁侃如记 / 双花宝卷"。卷首题"双花宝卷 / 丁财宝目录",印"丁谊亭书"。开卷偈"双花宝卷初起开"。无结卷偈。卷末题"民国十三年菊月 / 丁财宝重抄"。

检索号码: XJW35-19-1-3

8.民国十八年（1929）抄本,上、下两册。上册封面题"己巳 / 储瑞兴诵 / 双花卷上部"。上册卷首有一插画"红衣刽子杀强盗"。上册卷首无题。上册无开卷偈。上册无结卷偈。上册卷末题"天运民国己巳年清和月　日立谷旦"。下册封面题"己巳 / 储瑞兴诵 / 双花卷下部"。下册无开卷偈。下册结卷偈"此本名为双花卷"。下册卷末题"天运民国己巳年"。

检索号码: XJW35-19-1-2.XJW35-19-1-5

9.民国三十四年（1945）汤鸿抄本,一册。封面、封底后装。卷首无题。开卷偈"双花宝卷始展开"。结卷偈"双花宝卷宣完成"。卷末题"民国三十四年古历桃月吉日 / 汤鸿录"。

检索号码: XJW35-19-2-5

10.民国三十七年（1948）朱豢抄本,一册。封面题"朱豢 / 访兄遭祸",钤"朱豢 / 祖寿"朱印两枚。卷首无题。无开卷偈。结卷偈"双花卷来已宣完"。卷末题"民国戊子年蓍月下旬在孟氏馆中 / 宣教弟子朱豢学书"。

检索号码: XJW35-19-2-2

11.壬子薛荣甫抄本,一册。封面、封底残。封面题"壬子重修 / 薛荣甫记 / 双花卷"。卷首无题。无开卷偈。无结卷偈。卷末无题。

检索号码: XJW35-19-2-4

12. 抄本,一册。封面题"四拾二号 / 赵凤鸣志 / 双花宝卷"。卷首无题。开卷偈"双花宝卷始展开"。结卷偈"双花宝卷宣完成"。卷末题"此卷共结三十六页,与邵子泉掉（调）换苏关福一本,小烟筒全 / 庚申十一月十二日吉立日"。卷末后题"邵子泉门学生柳桂林鞠躬拜 / 此卷在丁卯年四月初四日与邵子泉掉（调）换苏关福一本,小烟筒全一只记"。

检索号码: XJW35-19-2-9

13.抄本,一册。封面、封底缺。卷首无题。无开卷偈。无结卷偈。卷末无题。

检索号码: XJW35-19-2-7

14. 抄本，存上册一册。封面、封底缺。卷首题"双花奇冤/闵培善宣"。无开卷偈。无结卷偈。卷末无题。

检索号码：XJW35-19-2-1

15. 抄本，上、下两册。上册封面无题。上册卷首题"双花宝卷上集"。上册开卷偈"双花宝卷初展开"。上册无结卷偈。上册卷末无题。下册卷首题"双花宝卷下集"。下册无开卷偈。下册结卷偈"双花宝卷宣完成"。下册卷末无题。书后有补记：借看此卷不可轻，工夫团团写一程，纸头笔墨虽小事，遗失此书无处寻。不可长在他人手，看完即速就还成。日久恐其无查处，并非无价之宝珍。

检索号码：XJW35-19-2-6、XJW35-19-2-3

140 《双孝宝卷》，又名《螟蛉宝卷》《孝子宝卷》《阁老访儿》《蒲扇记》《访嗣螟蛉》《芭蕉扇宝卷》《张待诏》《芭蕉宝卷》《亲富于家》《贤孝经》

明嘉靖年间，宰相王义，娶妻赵氏，另有十七房妾室，但膝下无子。王义告老，回到原籍苏州常熟太平街上，赵氏劝其寻个义子。王义乃扮作穷汉，出门亲自寻访贤儿，临行前留下半把芭蕉扇，以为日后相认的凭证。且说王义辞别了妻妾，头插草标，欲将自己卖于他人为父。贤孝村有一人姓张，平人与人剃发为生，人称张待诏（旧时称理发师为待诏）。一日，张待诏路见王义在村口卖身，一时感伤，便发善念，将王义买回家中奉养。王义对张待诏提出很多苛刻的要求，张待诏一一应允，其妻朱氏也十分贤德，孝敬王义。过了许久，张待诏一家典当首饰奉养义父。次年三月，春苗刚出，王义却要张待诏将青苗割下，以试其诚心。张待诏遵令，割下青苗，孝心感动上天，玉帝赐下福禄。正逢军营马瘟流行，兽医要用青苗入药，张待诏因而大获其利。王义又要雇戏班演戏漫天花钱，将张待诏卖苗所得钱财挥霍一空。张待诏正发愁，王义见其孝义，乃取出芭蕉扇让他去王宅典当千两纹银。赵氏夫人看到扇子，知是夫君的主意，乃接回王义与张待诏一家，全家团聚。

版本共 13 种：

1. 清光绪二十六年（1900）顾彦抄本，一册。封面题"庚子岁菊月上旬吉日立/敬业堂顾乐记/孝心宝卷"。卷首题"孝心宝卷"。无开卷偈。结卷偈"孝心宝卷宣完成"。卷末题"光绪念六年菊月中旬吉日重校 / 黼章顾彦抄录"。

检索号码: XJW235-19-1-2

2. 清光绪二十八年（1902）王森逵抄本，一册。封面题"壬寅 / 王森逵藏 / 亲富于家 / 张待诏"。书口记"芭蕉扇"。卷首无题。无开卷偈。结卷偈"芭蕉扇卷宣完成"。卷末题"光绪二十八年太岁壬寅春王月上浣 / 森逵自抄"。

检索号码: XJW229-19-1-1

3. 清光绪三十二年（1906）苹章抄本，一册。封面题"民国岁次丙寅十六年巧月吉日上浣日录 / 吕洪章肄 / 阁老访儿"。书口记"吕洪章记"。卷首无题。无开卷偈。结卷偈"此卷名为贤孝经"。卷末题"光绪三十二年岁次丙午腊月中旬 / 苹章沐手敬录"。

检索号码: XJW235-19-1-1

4. 清光绪三十四年（1908）顾锦之抄本，一册。封面题"辰号 / 朱士泳藏 / 孝子卷"。卷首无题。开卷偈"孝子宝卷今开宣"。结卷偈"双孝宝卷宣完成"。卷末题"光绪三十四年三月十四日 / 信士顾锦之抄录 / 敬惜字纸"。

检索号码: XJW159-19-1-1

5. 清宣统元年（1909）吴维淞抄本，一册。封面题"四拾五号 / 吴维淞藏 / 双孝卷"。卷首无题。无开卷偈。结卷偈"双孝宝卷已宣完"。卷末题"宣统元年桃月中旬 / 弟子吴维淞抄录完"。

检索号码: XJW62-19-1-4

6. 民国十八年（1929）沈元祥抄本，一册。封面题"拾号 / 沈元祥藏 / 双孝宝卷"。卷首题"双孝宝卷"。无开卷偈。结卷偈"双孝宝卷宣完成"。卷末题"民国拾捌年岁次己巳巧月下浣 / 沈元庠（祥）沐手 / 共计十六板"。

检索号码: XJW62-19-1-3

7. 民国十八年（1929）顾文庠抄本，一册。封面题"肆号 / 顾文庠藏 / 双孝宝卷"。卷首题"双孝宝卷"。书中作"顾文庠抄"。无开卷偈。结卷偈"修成一本双孝眷（卷）"。卷末题"民国十八年八月立 / 二十二页"。

检索号码: XJW62-19-1-2

8. 民国十九年（1930）韩近良抄本，一册。封面题"韩近良藏 / 双孝宝卷"。

卷首题"双孝宝卷"，印"韩氏琴梁"。无开卷偈。结卷偈"修成一本双孝卷"。卷末题"民国十九年桃月日立岁次庚午中旬之日／良抄"。书口作"韩近良揣"。

检索号码：XJW62-19-1-5

9. 民国二十四年（1935）顾毓秀抄本，一册。封面题"十八／顾毓秀记／双孝卷"。卷首无题。无开卷偈。结卷偈"集成一本双孝卷"。卷末题"民国廿四年二月　日立抄"。

检索号码：XJW62-19-1-6

10. 丙辰徐燧卿抄本，一册。封面无题。卷首题"芭蕉扇／东海徐达忠"。开卷偈"芭蕉宝卷始展开"。结卷偈"芭蕉宝卷宣完成"。卷末题"岁次丙辰年端阳月中旬日／徐燧卿抄／徐达忠宣芭蕉宝卷"。

检索号码：XJW139-19-1-1

11. 癸酉丁涌良抄本，一册。封面题"拾号／丁涌良氏珍／双孝卷"，钤"丁永良①章"朱印。卷首题"双孝宝卷／又曰螈蛉"。开卷偈"孝子宝卷始展开"。结卷偈"双孝宝卷宣完成"。卷末残，题"岁次癸酉年二月初旬／涌良氏珍抄成"。

检索号码：XJW62-19-1-1

12. 胡永成抄本，一册。封面残，题"三十二号／胡永成记／蒲扇记"。卷首无题。无开卷偈。无结卷偈。卷末无题。封底缺。

检索号码：XJW62-19-1-7

13. 抄本，一册。封面题"幹／访嗣螈蛉"。卷首无题。开卷偈"螈蛉宝卷始展开"。结卷偈"此本名为螈蛉卷"。卷末无题。

检索号码：XJW129-19-1-1

141 《双修宝卷》（都喜观本），又名《姑嫂双修》《伯姆修行宝卷》《相骂宝卷》《劝和宝卷》《相骂本》

山西大同县城外一人名叫都喜观（或姓赌、堵、屠等），有妻曾氏，生子阿大，娶妻胡氏。胡氏甚贤，但都喜观之女二姐喜欢搬弄是非，总说阿嫂不好。

---

① 原文如此，丁涌良、丁永良应为同一人。

曾氏死后，阿大将妹妹出嫁，陪嫁之物只有一小箱，箱中有本相骂本，记录了二姐在娘家与人相骂之事。婆婆看到非常气恼，想叫儿子休妻。一日，二姐娘回家，婆家便买酒肉请媒人上门，准备休妻。不料酒肉被隔壁三嫂家的老猫偷走。婆婆失手打死老猫，三嫂借机敲诈，母子无奈，请回媳妇与三嫂相骂。三嫂不敌，落荒而逃。之后二姐在梦中被仙人点化，不再相骂，婆媳姑嫂夫妇重归于好。此卷二姐与三嫂相骂一段颇为诙谐。

版本共 12 种：

1. 清同治十三年（1874）戴逸斋抄本，一册。封面题"谯国逸记 / 姑嫂双修"。卷首题"双修宝卷"。开卷偈"双修宝卷说分明"。无结卷偈。卷末题"同治十三年太岁甲戌荷月逸斋记抄录 / 光绪丙申岁葭月中裱好云祥"。

检索号码：XJW44-19-1-12

2. 清光绪十六年（1890）吴维淞抄本，一册。封面题"第十六号 / 吴春翘藏 / 公案 / 姑嫂双修"。卷首无题。无开卷偈。无结卷偈。卷末题"光绪拾陆年吴维淞置"。

检索号码：XJW44-19-1-10

3. 清光绪三十年（1904）徐瑚抄本，一册。封面后装，题"五号 / 高顺卿志 / 双修卷"。卷首题"双修宝卷"。开卷偈"双修宝卷始展开"。结卷偈"双修宝卷修完全"。卷末题"天运光绪三十年岁次甲辰葭月中旬冬至前五日 / 渭亭徐瑚沐手抄用"。

检索号码：XJW44-19-1-7

4. 民国九年（1920）抄本，一册。封面题"四十三号 / 汤省斋揣 / 相骂卷"。卷首题"相骂宝卷"。无开卷偈。结卷偈"姑嫂双修已完成"。卷末题"中华民国九年腊月中旬　日抄写 / 义耕堂赵 / 中华民国贰拾贰年汤金宝办"。卷后又题"在保源处取赎洋二十四元"。

检索号码：XJW44-19-1-5

5. 民国十五年（1926）吴庭蓉抄本，一册。封面后装，题"三十六号 / 浦大根 / 双修卷"。卷首无题。开卷偈"双修宝卷始展开"。结卷偈"双修宝卷已宣完"。卷末题"民国十五年太岁丙寅清和月　日立 / 延陵吴庭蓉抄"。书中钤盖"杨廷章印"朱印。

6. 民国十七年（1928）抄本，一册。封面后装，题"廿五／顾毓秀记／相骂宝卷"，原封面题"相骂宝卷／顾鹤泉藏本"。卷首题"相骂宝卷"。无开卷偈。结卷偈"姑嫂双修宣完成"。卷末题"民国十七年三月　日立抄"。

检索号码：XJW44-19-1-6

7. 民国十七年（1928）金玉堃抄本，一册。封面题"金玉堃藏／双修宝卷"。卷首题"双修宝卷"。开卷偈"劝和宝卷宣分明"。结卷偈"双修宝卷已宣完"。卷末题"民国十七年中秋月上浣／弟子金玉堃录"。

检索号码：XJW44-19-1-11

8. 民国二十年（1931）徐早元抄本，一册。封面题"廿七号／徐凤翔藏／相骂卷"。卷首题"相骂卷"。无开卷偈。结卷偈"相骂卷宣完成"。卷末题"民国二十年六月中旬／徐早元敬书"。

检索号码：XJW44-19-1-13

9. 民国三十六年（1947）朱萼文抄本，一册。封面题"朱萼文抄／双修宝卷"。卷首题"双修宝卷"。开卷偈"双修宝卷初展开"。结卷偈"集成一本双修卷"。卷末题"民国三十六岁次丁亥年桃月习抄"。书后有题句曰：愿以此功德，普及于一切，消灾增福寿，宣卷保安宁。

检索号码：XJW44-19-1-1

10. 金培春抄本，一册。封面题"三十七／金培春记"。卷首题"姑嫂双修"。无开卷偈。结卷偈"姑娘双修宣完满"。卷末无题。

检索号码：XJW44-19-1-8

11. 顾锦源抄本，一册。封面无题，印"韩氏琴梁／韩琴梁印"。卷首题"双修宝卷"，印"韩氏琴梁"。开卷偈"双修妙典始展开。"结卷偈"双修宝卷宣完满"。卷末无题。书口题"东金村／顾锦源／万五侯／三十六板"。

检索号码：XJW44-19-1-2

12. 抄本，一册。封面、封底缺。卷首无题。无开卷偈。结卷偈"伯姆修行宝卷已宣完"。卷末无题。

检索号码: XJW44-19-1-4

142 《双修宝卷》(金二生本),又名《双修妙典》《妙典全集》

清康熙年间,昆山县居民金二生,父亲早亡,与母亲张氏、妹妹玉音生活。张氏为金二生娶妻林家秀音,秀音甚是贤惠。一日秀音回娘家,被玉音误会,在张氏面前搬弄是非,张氏不加细查,恶语相向。张氏又厌恶秀音在家修行,诸多责难。幸得灶王爷显圣,上报玉帝,罚张氏瞎眼,玉音烂舌根。秀音姑娘不计前嫌,为婆婆与小姑祈福。婆婆与小姑因秀音祈福而康复,却不知感恩,变本加厉地虐待秀音,终于遭到报应。秀音劝家人行善修行,婆婆和小姑这才醒悟,一家人修行得道。

版本共 1 种:

清光绪三十年(1904)邵汉清抄本,一册。封面、封底后装。封面残,题"五十三号 / 赵□□ / 双修卷"。卷首题"妙典全集"。无开卷偈。结卷偈"双修妙典宣完成"。卷末题"大清光绪三十年二月份 / 邵汉清叶记抄录"。后装封底题"中华民国十四年桂月　日立 / 周桂林记"。此书虽名双修卷,但内容与诸本不同。

检索号码: XJW44-19-1-9

143 《双印宝卷》,又名《朱砂记》《朝中认子》《认子宝卷》

松江府上海县高桥镇霍天官(一作霍通),生女凤姣,配夫谈碧辉。霍天官昨晚又得一子,因手有双印,故取名双印。谈欲霸占霍家家财,趁天官出门,在中秋将双印偷出,丢在高桥河内。昔日霍天官对小偷支恩、毕豹二人有恩。支恩巧遇谈碧辉害双印,欲救双印,不料双印先被苏州林家救起。于是支恩自卖己身至林家为奴,服侍双印。谈与使女私通害死妻子,诬告岳母,幸得上海知县汪士魁破了此案,谈碧辉在牢中饱受牢头毕豹的私刑,秋后问斩,一命呜呼。林家无子,培养双印。双印考中解元,路过霍府,见到霍天官。霍天官滴血认子,林家以女许配双印,一门团圆。

版本共 4 种:

1.清光绪二十二年(1896)戴逸斋抄本,一册。封面题"戴逸斋记 / 双印宝卷"。卷首无题。开卷偈"双印宝卷世罕闻"。结卷偈"双印宝卷已宣完"。卷末题"大清光绪丙申岁孟冬月上浣日立／戴逸斋记"。

检索号码：XJW38-19-1-4

2. 清光绪二十六年（1900）墨卿抄本，一册。封面题"庚子岁／王森逵藏／朝中认子／双印卷"。卷首无题。开卷偈"认子宝卷初展开"。无结卷偈。卷末题"光绪二十六年太岁庚子一阳月下浣／墨卿代写"。

检索号码：XJW38-19-1-2

3. 清宣统元年（1909）吴维淞抄本，一册。封面题"五拾五号／吴维淞藏／朱砂记即双印"。卷首无题。无开卷偈。结卷偈"双印宝卷已宣完"。卷末题"宣统元年闰二月　日中旬／维记抄录"。本书用第一人称表述，霍天官作霍通。

检索号码：XJW38-19-1-1

4. 抄本，一册。封面、封底缺。卷首无题。无开卷偈。无结卷偈。卷末无题。

检索号码：XJW38-19-1-3

144 《双玉燕宝卷》，又名《玉燕宝卷》《妻审夫冤》《御赐玉燕》《白玉燕宝卷》

明嘉靖年间，浙江杭州府钱塘县寒儒李文祥，父母早亡，家道中落。因无屋可栖，只得身居坟堂，与老家人李忠相依为命。此前，李家曾联姻山东沂水县内阁大学士冯安之女月娟，以一对白玉燕为表记。绿林大盗潘龙独霸一方，去扬州城打劫赵通政家，得金银和玉燕一只。赵通政告到官府。山东冯安告老在家，一子冯章，娶妻刘氏，一女月娟待字闺中。一日，冯安想到亲家李家家道中落，有意退婚，写信邀李文祥前来商议。文祥来到冯家，受到侮辱与毒打，被逼退婚。月娟同情文祥，觉得父亲做得不妥。文祥从冯家出来，盘缠用尽，又因身藏的玉燕被衙役当作大盗捉拿，受官府拷逼不过，屈打成招。冯家逼女改配他人，月娟不从，幸有嫂嫂刘氏帮助，化妆为男儿逃到刘氏娘家躲避。次年月娟赶考，高中状元，封为七省御史巡按。路过扬州，遇到李忠拦路告状。冯月娟审清文祥冤案，使奸人伏法，收潘龙为游击将军，月娟和文祥成婚。

版本共 5 种：

1. 民国十八年（1929）杨廷章抄本，一册。封面后装，题"十七号／浦大

根 / 白玉燕"。卷首题"白玉燕"。无开卷偈。结卷偈"玉燕卷宣完成"。卷末题"民国十八年桃月　日立 / 杨廷章抄自书"。书口题"白玉燕杨氏"。

检索号码：XJW74-19-1-1

2. 民国二十八年（1939）徐梦熊抄本，一册。封面题"己卯岁 / 徐梦熊录 / 白玉燕宝卷"。卷首题"双玉燕宝卷"。开卷偈"玉燕宝卷始展开"。结卷偈"双玉燕宝卷宣完成"。卷末题"中华民国贰拾捌年太岁己卯麦秋月初五日 / 徐梦熊抄录"。

检索号码：XJW74-19-1-2

3. 民国三十五年（1946）孙奇宾抄本，一册。封面题"壹零捌号 / 孙奇宾 / 妻审夫冤"。封面内页有衬纸一页，书"孙奇宾先生"。卷首题"御赐玉燕 / 于十九日起抄"。无开卷偈。结卷偈"玉燕宝卷宣完成"。卷末题"民国三十五年墙（蔷）月下浣 / 乐安奇宾沐手敬抄 / 孙奇宾沐手敬抄，乐安孙镐台宣"。卷后有诗，作"墙月养蚕忙杀快，奴家无事卷出摆，共抄一月零五日，明口看戏能乐脉"。

检索号码：XJW48-19-1-3

4. 怀敬抄本，一册。封面题"怀敬课双玉燕"。卷首无题。开卷偈"玉燕宝卷始展开"。结卷偈"玉燕宝卷宣完满"。卷末无题。封底略残。

检索号码：XJW48-19-1-1

5. 抄本，一册。封面略残，题"伍拾玖号 / 王浩德藏 / 玉燕"。卷首题"玉燕 / 王浩德藏"。无开卷偈。结卷偈"双玉燕以宣完"。

检索号码：XJW48-19-1-2

145 《双珠凤宝卷》，又名《珠凤宝卷》

明正德年间，开封府洛阳县才子闻必正奉母命到南阳计文生府上借银。不巧计老爷上京赴任而未遇。必正到莲花庵偶遇霍天官之女定金。定金急避，遗下金珠凤一支，被必正拾到。必正心生爱慕，卖身霍府为奴。一日霍家至冯府拜寿，小姐未去，夫人差必正送花回府。必正将珠凤放入花篮，向小姐表明心迹。小姐以珠凤为聘，嘱必正回洛阳。必正回到洛阳，不料母亲已死，家财被叔叔霸占。叔叔恐其夺产，下药欲毒杀必正，不料却毒死儿子连官，遂诬告必正杀人，并欲杀之灭口。幸得狱卒搭救。必正路遇富户李员外，收养为子。后必正思念定金，却被李员外之女误会，必正留诗表明心迹，李员外仍以女儿妻之。霍家欲为小姐定亲，定金女扮男装逃出，路遇刘兵部，收养为子。后闻、霍二人分别考中状元、探花，禀明天子，奉旨成婚。

版本共 7 种：

1. 清光绪二十六年（1900）朱后抄本，一册。封面、封底后装。封面无题。卷首题"双珠凤宝卷"。无开卷偈。结卷偈"珠凤宝卷已周全"。卷末题"大清光绪庚子岁榴月中浣抄录 / 戴逸斋记 / 初学道东子朱后敬抄"。

检索号码：XJW40-19-1-2

2. 民国十四年（1925）抄本，一册。封面后装、封底残。封面题"洛阳"。卷首无题，印"胡文忠"。开卷偈"宣扬一本双珠凤"。无结卷偈。卷末题"民国十四年腊月中旬　日立敬抄"。

检索号码：XJW40-19-1-3

3. 民国十九年（1930）马凤卿抄本，一册。封面题"庚午置 / 四十二号 / 马凤卿记 / 珠凤宝卷"。卷首题"珠凤宝卷"。无开卷偈。结卷偈"珠凤宝卷已周全"。卷末题"中华民国十九年岁次庚午腊月　日 / 马凤卿立"。

检索号码：XJW40-19-1-6

4. 民国二十一年（1932）徐肇鹤抄本，上、下两册。上册封面题"珠凤宝卷上"。上册卷首题"双珠凤宝卷上集"，钤"肇鹤"朱印。上册开卷偈"珠凤宝卷始展开"。上册卷末题"民国二十年太岁辛未腊月　日立 / 弟子徐肇鹤谨摹"，印"肇鹤"。下册封面题"珠凤宝卷下"，下册卷首题"双珠凤宝卷下集"，印"肇鹤"。下册开卷偈"珠凤下卷再宣明"。下册结卷偈"珠凤宝卷宣完成"。下册卷末题"民国二十一年太岁壬申桃月中旬四日立 / 徐肇鹤谨摹"，印"肇鹤"。

检索号码：XJW40-19-1-7、XJW40-19-1-8

5. 民国三十六年（1947）蔡松茂抄本，一册。封面题"蔡松茂记 / 珠凤宝卷"。卷首无题。无开卷偈。结卷偈"珠凤宝卷宣完成"。卷末题"民国卅六年十一月众（中）旬 / 蔡松茂自己抄录"。

6. 辛未徐文元抄本，一册。封面、封底残。封面题"辛未年十二月十五日立吉 / 东海徐文元抄"。卷首题"双珠凤宝卷"。无开卷偈。结卷偈"双珠凤宝卷宣完成"。卷末无题。

检索号码：XJW40-19-1-4

7. 抄本，一册。封面后装，封底残。原封面题"双珠凤宝卷全集"。卷首无题。无开卷偈。无结卷偈。卷末无题。

检索号码：XJW40-19-1-1

146 《舜哥宝卷》

冀州姚公娶妻郁氏，一门良善，感动上天，生下一子舜哥，一女华首。郁氏早死，姚公另娶寡妇张氏。张氏有子象儿。张氏歹毒，处处设计陷害舜哥，舜哥每次都逢凶化吉，且仍然孝敬长辈。后来，天子尧年老，见舜哥孝顺，传位于他。张氏和象儿因心肠歹毒，不得善终。

版本共 1 种：

民国元年（1912）张昌记抄本，一册。封面无题。卷首无题。无开卷偈。结卷偈"舜哥宝卷宣完成"。卷末题"民国元年桃月下旬五日 / 行素堂张昌记抄"。

检索号码：XJW400-19-1-9

147 《丝罗宝卷》，又名《丝罗带宝卷》

清乾隆帝游苏州，野外遇雨，在村舍躲避。樵妇陈玉英殷勤款待，皇帝大喜，认为义女，赠丝罗带为凭。后，陈玉英丈夫周天保在城中打死欺民的黄进士，被打入大牢。陈玉英欲上京求救，半路寄宿周知府家，周夫人见丝罗带起歹意，欲谋害陈玉英，陈玉英被仙人救下送至京城。陈玉英见到乾隆皇帝，说明冤情。皇帝下旨释放周天保并将周知府满门抄斩。

版本共 2 种：

1. 民国三十二年（1943）胡汉培抄本，一册。封面无题。卷首无题。开卷偈"丝罗宝卷初展开"。结卷偈"今日当里丝罗宝卷宣团圆"。卷末题"民国癸未年三月廿一日写完终／胡汉培重手"。

检索号码：XJW87-19-1-2

2.抄本，一册。封面、封底残，题"□□十四年仲冬月上浣谷旦抄录／东海氏徐银桥敬宣／丝罗带宝卷"。卷首题"丝罗带宝卷全集"。开卷偈"丝罗宝卷初展开"。无结卷偈。卷末无题。

检索号码：XJW87-19-1-1

148 《丝绦宝卷》，又名《忠义集》《忠义丝绦》《义结金兰宝卷》《救急宝卷》《丝绦古典》《丝绦摘要》《忠义简集》《王卿相宝卷》《三百六十行丝绦宝卷》《忠义宝卷》《忠义图宝卷》

元朝，扬州府江都县叙宝村有一书生姚文俊，是翰林官家子弟，因父母双亡，家道中落，与书童姚福住在坟堂，仅靠书童肩挑步担勉强度日。本城王卿相，其父为布政王嘉平，母亲韩氏封诰命夫人，有妻陆氏。王卿相文武双全，广交天下人士，结为"丝绦党"。倘有人来投奔的，赠他金银五百两、丝绦一条为表记，人称"孟尝君"。一日王卿相和书童王恩，在大街上看到崔三官为殡葬母亲，要卖妻子，王卿相出银子帮忙，使夫妻团圆，夫妻拜谢大恩人，王卿相见崔三官为人侠义，也结为丝绦党内人。后王卿相因事闭了丝绦门，崔三官也搬到淮安去做生意了。再说姚文俊主仆两人因穷困潦倒，欲投丝绦门，去王卿相府拜访，虽丝绦门闭了，王卿相还是拿了白银五百两，解下自己束的丝绦一条送与姚文俊。作别了王卿相，姚文俊即去南京赴考，得中解元，丝绦党内的人多来庆贺。丝绦党乔歹子将表妹罗照容小姐配与文俊，并报告扬州的恩公王卿相。再说扬州城内有一个刁奴叫尤奇险，与张翰林有私交，故将罗季握侄女罗照容小姐配与张翰林做偏房，请王卿相去帮助抢亲。王卿相把此事告诉丝绦门南京的刘丁山，让他们阻止抢亲，结果抢亲未果，张翰林就把王卿相丝绦党告到淮安衙门苏文显处。王卿相被抓进官府大牢，崔三官此时正在淮安做生意，知道恩人有难，天天至牢房送饭。另有一少年孔目章，住在淮安城，是抚院刑书办，得知丝绦党义兄王卿相被人陷害要斩，孔目章广发传单给丝绦党众兄弟，来劫法场，传齐各路英雄到孔府中，商议救王卿相之事，众人推荐丝绦党人法引禅师去京城告御状。皇上赦王卿相无罪，法引禅师一路往回赶。却说淮安衙门昏官苏文显要斩王卿相。众英雄纷纷赶赴淮安城，救得王卿相。幸又得姚文俊得中状元，查明真相，王卿相得以平反，奸人伏法。此卷主要内容多在上部，下部则大段铺陈各路英雄乔装各行各业之人前往营救王卿相，其中介绍行当的唱词，有的多达数十段。

版本共 22 种：

1. 清同治七年（1868）浦鸿儒抄本，存中卷一册。封面后装，题"浦鸿儒抄 / 忠义丝缘"。卷首无题。无开卷偈。结卷偈"丝缘法宝听一听"。卷末题"同治七年岁次戊辰桂月　日虔抄"。

检索号码：XJW85-19-2-3

2. 清光绪十七年（1891）姚濬泉抄本，存元、亨两集。元集封面题"姚濬泉沐阅 / 结义 / 元"。卷首题"丝缘宝卷元部 / 吴兴斋梓"。开卷偈"丝缘叙成卷来宣"。无结卷偈。卷末题"光绪十七年仲秋菊月吉立 / 姚濬泉遍书"。亨集封面题"姚濬泉沐阅 / 结义 / 亨"。卷首题"丝缘宝卷亨部 / 吴兴斋梓"。无开卷偈。无结卷偈。卷末题"光绪岁次辛卯年阳月吉旦 / 姚濬泉遍修"。

检索号码：XJW231-19-1-1、XJW231-19-1-2

3. 清光绪十八年（1892）单晋卿抄本，一册。封面无题。卷首无题。开卷偈"救急宝卷始展开"。结卷偈"丝缘宝卷宣完成"。卷末题"光绪十八年五月 / 单晋卿沐手抄"。

检索号码：XJW23-19-1-5

4. 清光绪三十二年（1906）高杏卿抄本，一册。封面、封底缺。卷首题"丝缘宝卷 / 森玉堂高"。无开卷偈。结卷偈"丝缘古典宣完成"。卷末题"光绪三十二年太岁丙午杏月中旬 / 高杏卿敬抄"。

检索号码：XJW85-19-2-1

5. 清宣统元年（1909）吴维淞抄本，一册。封面题"贰拾号 / 吴维淞置 / 忠义卷"。卷首无题。开卷偈"但听大丝缘"。无结卷偈。卷末题"天运宣统元年小春月中旬　日 / 维淞抄置"。

检索号码：XJW199-19-1-1

6. 清宣统元年（1909）抄本，一册。封面题"宣统元年清和月　日抄／大丝绦"。卷首题"大丝绦"。无开卷偈。无结卷偈。卷末无题。

检索号码：XJW23-19-1-3

7. 民国七年（1918）陆氏抄本，存上卷一册。封面题"河南陆氏识／义结金兰上"。卷首无题。无开卷偈。无结卷偈。卷末题"时在民国七年太岁戊午三秋月上浣／南桥陆藏"。

检索号码：XJW19-19-1-1

8. 民国十年（1921）周宪章抄本，仅存上部一册。封面已失。内书口题"大丝绦宝卷／花秀堂周宪章记／十七册"。卷首无题。无开卷偈。无结卷偈。卷末题"民国十年岁次庚申杏月／花秀堂周宪章抄"。书后记"学馆在自本西厢房靠东窗手抄"，另有"周宪章印两枚""丽生字号牌记"一枚。

检索号码：XJW23-19-1-1

9. 民国十六年（1927）徐肇鹤抄本，上、下两册。上册封面后装。上册卷首无题。上册开卷偈"丝绦宝卷始尽开"。上册无结卷偈。上册卷末题"民国十六年岁次丁卯杏月初旬　日立／徐肇鹤抄"。下册封面后装。下册卷首无题。下册无开卷偈。下册无结卷偈。下册卷末题"中华民国十六年岁次丁卯杏月中旬日立／徐肇鹤抄录谷旦"。

检索号码：XJW85-19-2-7、XJW85-19-2-9

10. 民国二十一年（1932）顾根生抄本，上、下两册。上册封面题"顾文祥藏／丝绦前本"。上册卷首题"中华民国廿一年壬申三月十九日／顾根生抄／丝绦宝卷全本"。上册无开卷偈。上册无结卷偈。上册卷末题"中华民国念一年太岁壬申八月十七日抄完"。下册封面题"顾文祥藏／丝绦后本"。下册卷首题"中华民国廿一年壬申三月十九日／顾根生抄／丝绦宝卷后本"。下册无开卷偈。下册无结卷偈。下册卷末题"中华民国念一年太岁壬申八月十七日抄完"。

检索号码：XJW85-19-2-5、XJW85-19-2-6

11. 民国二十五年（1936）杨春方抄本，一册。封面题"丙子年抄／戴廷玉藏／忠义集"。内书口题"大丝绦卷／戴记"。卷首无题。无开卷偈。结卷偈"大丝绦卷已宣完"。卷末题"民国丙子年孟夏月望日完／弟子杨春方抄终"。

12. 民国二十五年（1936）抄本，一册。封面缺，封底残。卷首无题。无开卷偈。无结卷偈。卷末题"天运民国丙子年荷月上旬抄录"。

13. 民国二十七年（1938）浦鸿儒抄本，一册。封面题"丝绦摘要／浦鸿儒"。扉页题"戊寅年／顾大昌置／浦鸿儒合记／丝绦摘要"。卷首题"唱春"。无开卷偈。无结卷偈。卷末题"民国戊寅／浦鸿儒谨书"。此卷名为"丝绦摘要"，但实为宣卷艺人的小唱段，其中有谈及听宣卷的诸多好处及时事故事。

14. 民国二十九年（1940）陈镇锟抄本，一册。封面题"庚辰岁／颖川书屋／丝绦宝卷全集"，钤"陈富昌印"朱印。卷首题"三百六十行丝绦"。无开卷偈。结卷偈"丝绦宝卷宣完满"。卷末题"民国二十九年巧月朔日抄终／晚生陈镇锟记"。

15. 丁卯汪际昌抄本，一册。封面题"念号／汤寿春揣／丝绦卷"。卷首题"丝绦宝卷"。开卷偈"但听大丝绦"。结卷偈"丝绦忠义宣完满"。卷末题"太岁丁卯九月上浣／汪际昌沐手敬抄"。

16. 戊午殷兰卿抄本，一册。封面、封底后装，封面题"廿三号／赵凤鸣志／大丝绦宝卷"。内书口题"大丝绦／殷兰卿抄"。卷首无题。无开卷偈。无结卷偈。卷末题"戊午芙蓉月上浣　日立／木谭殷兰卿抄"。

17. 抄本，一册。封面题"忠义丝绦　贞"。卷首无题。无开卷偈。结卷偈"忠义宝卷宣完成"。卷末无题。

18. 抄本，一册。封面、封底缺。卷首题"丝绦宝卷"。开卷偈"但听大丝绦"。结卷偈"丝绦宝卷已宣完"。

19. 抄本，一册。封面、封底缺。卷首题"丝绦宝卷"。开卷偈"丝绦宝卷再宣明"。结卷偈"丝绦宝卷宣完成"。卷末无题。

检索号码：XJW85-19-1-2

20. 抄本，一册。封面后装，无题。卷首题"忠义简集"。开卷偈"但听大丝绦"。结卷偈"忠义宝卷宣完成"。卷末无题。书前有小诗云：铜钿生来两面黄，外头圆来里处方，走尽天边铜钿好……（模糊难辨，省略21字）道友为业学舍里，铜钿则赚四五百。今夜小卷大丝绦，弄得一夜分眠着……（模糊难辨，省略14字）

检索号码：XJW85-19-2-10

21. 抄本，一册。封面题"结号／朱士泳揣／丝绦卷"。卷首题"丝绦宝卷"。无开卷偈。结卷偈"丝绦宝卷宣完成"。卷末无题。

检索号码：XJW85-19-1-5

22. 抄本，一册。封面题"陆汉良藏／金兰义结"。卷首无题。无开卷偈。无结卷偈。卷末无题。

检索号码：XJW19-19-1-2

T

149 《太阳宝卷》，又名《凌辱金乌》

扶桑国火焰县丙丁村有一员外，生子金乌。金乌九岁时母亲病故，父亲续弦，后母生女玉兔。继母借故吊打金乌，玉兔以死相威胁才救下金乌。兄妹欲寻死路，幸得西天佛祖显圣。后阴司查看继母罪恶多端，索取其性命，罚她堕入十殿受苦。金乌玉兔阴阳相合，得成天眼、地眼，在天为日月，在地为地煞，与天地同寿。

版本共2种：

1. 清光绪十七年（1891）石锦文抄本，一册。封面题"凌辱金乌"。卷首题"太阳宝卷"。无开卷偈。结卷偈"太阳宝卷宣完成"。卷末题"光绪十七年岁在辛卯桃月中旬于半舫轩之北牖／石锦文抄用"。

检索号码：XJW41-19-1-2

2. 民国十五年（1926）杨春芳抄本，一册。封面题"九号／浦大根／太阳卷"。书口记"太阳卷／杨四知堂"。卷首无题。无开卷偈。结卷偈"太阳卷已宣完"。卷末题"民国十五年仲冬月／杨春芳自书"。

检索号码：XJW41-19-1-1

150 《太阴宝卷》，又名《太阴月华宝卷》《杨贵妃宝卷》

唐明皇有妃杨玉环，对其十分宠爱。一日，召安禄山进内宫，教习妃子词曲。谁知安禄山欲篡皇位，勾结江洋大盗。一日，安禄山游街过酒楼，被楼上郭子仪听见，询问酒保，得知权奸误国之情，非常气愤。安禄山离京后，起兵造反。唐明皇无奈逃往蜀地。半路军马哗变，斩杨国忠，逼死杨贵妃。郭子仪奉旨抗敌。后唐明皇传位太子，自己做太上皇。唐明皇思念贵妃，受一道人之邀巡游广寒宫，得见贵妃，并同游月宫。

版本共 3 种：

1. 清光绪三十四年（1908）尤桔芝抄本，一册。封面题"尤桔芝抄／太阴宝卷"。卷首无题。开卷偈"太阴宝卷始展开"。结卷偈"太阴宝卷宣完成"。卷末题"光绪三十四年桂月中秋后一日抄毕"。

检索号码：XJW47-19-1-2

2. 抄本，一册。封面题"礼耕书院大二藏／太阴月华宝卷"。卷首题"太阴月华宝卷"。开卷偈"月华宝卷始展开"。结卷偈"太阴宝卷宣完成"。卷末无题。

检索号码：XJW47-19-1-1

3. 抄本，残本一册。封面、封底已缺。封面无题。卷首无题。无开卷偈。结卷偈"太阴宝卷宣完成"。卷末无题。

检索号码：XJW150-19-1-1

151 《螳螂宝卷》

公冶长到虎丘三塘游玩，在一槐树下乘凉，偶尔听到两只螳螂对话，公冶长遂撮合螳螂娶妻，众多昆虫一起道贺。

版本共 1 种：

民国三十二年（1943）陈宗荫抄本，与《穷富宝卷》合一册。封面题"癸未／陈宗荫阅／螳螂、穷富宝卷"。卷首题"螳螂卷"。无开卷偈。结卷偈"宣完一本螳螂卷"。卷末题"民国三十二年五月下浣"。

检索号码：XJW313-19-1-1

152 《桃花女宝卷》，又名《桃花宝卷》《顺星宝卷》《长寿宝卷》《桃花斗法》《桃花女斗法》《百寿图宝卷》《顺星延寿》

陕西有一卜者，姓周名易，能参透八卦，在十字街头开一课馆，十分热闹。一日何家婆媳来问卜，问儿子何日归来，周公算出其不能归家，在外身亡，婆媳哭归。途遇范员外家的桃花（系九天玄女三弟子下凡投胎），愿救其子，嘱何母夜中唤子名字。桃花在家作法，其子果然次日即回，说及昨夜至破窑夜宿，闻母喊声，出窑观看，回头发现破窑已塌。婆媳谢桃花救命之恩。有一人叫彭祖，其年九十八岁，也让周易占卜，周易说他八月十五命该归阴。彭祖到范员外家与他作别，谈话十分伤心。桃花小姐得知后，问明原因，施法请来七位星君，帮彭祖延寿，七位星君在账簿上各加一百，文曲星多加五岁，故而彭祖寿禄八百零三岁。周公见彭祖，问是何人救你，称是桃花小姐。周恨桃花，叫彭祖做媒，聘桃花为儿媳。周故意挑了七煞日为子成婚，欲害死桃花。桃花用法回避。至周府后，知周属鼠，做粉猫一只放在厅上，致周跌倒吐血昏去，婆婆求桃花救周还阳。此事使周更恨桃花。年值旱荒，桃花求雨救灾，君王封其为护国真人。后玉帝命九天玄女下凡度众人得道飞升。

《桃花斗法》宝卷中另有如下情节：周易想儿媳妇这般能耐，自己不能卜课了，心生怨恨。就算至儿媳妇临盆之日，坐在门槛上，欲置儿媳于死地。桃花腹痛如绞，知翁害她，叫丈夫去向公公假报已产一儿。周见已产，只好立起，周一立起，桃花即产一儿。周又假说小儿有关煞，叫揭去一瓦以解，其子不知，遵父令去做。阳光透至桃花床上，桃花知己必死，嘱夫抬棺木出门，定要在门槛上跺一跺脚，不然将一世守孤。夫顺其嘱，周易满身疼痛，自害其身，三日后亡故。小儿长成后诚心修道，桃花度夫，白日飞升。

版本共 9 种：

1. 清光绪十九年（1893）芝田氏抄本，一册。封面题"芝田氏／百寿图"。卷首题"百寿图"。开卷偈"百寿图宝卷始展开"。书中记"东巨蒋焕章借看"。结卷偈"百寿宝卷宣完成"。卷末题"光绪癸巳十九年清和月辛酉初九日抄录"。卷后记"此本卷连面底共计念八页／河滨主人"。

检索号码：XJW125-19-1-2

2. 清宣统元年（1909）徐康保抄本，一册。封面题"五十五号／顾荣卿记／顺星卷"。卷首无题。开卷偈"顺星卷言初展开"。结卷偈"长寿卷言已宣完"。卷末题"宣统元年桃月　日立／弟子徐康保抄录／姚云高"。

检索号码：XJW226-19-1-3

3. 民国十六年（1927）朱文学抄本，一册。封面题"黄忆椿诵／百寿图"。卷首无题。开卷偈"百寿图宝卷始展开"。结卷偈"此卷名为百寿图／百寿图已宣完"。卷末题"民国丁卯年荔月　日立／朱文学草题"。书后记"民国十九年辛未日立杏月"。

检索号码：XJW125-19-1-6

4. 民国十八年（1929）周三全抄本，一册。封面题"五号／周三全记／桃花斗法"。卷首无题。无开卷偈。结卷偈"桃花斗法宣完成"。卷末题"中华民国十八岁次己巳小春月　日立／周三全抄录全本"。本卷有周公桃花斗法，两败俱伤的情节。

检索号码：XJW254-19-1-1

5. 民国三十年（1941）金志祥抄本，一册。封面题"和合社／金志祥／顺星宝卷"。卷首无题。开卷偈"顺星宝卷始展开"。结卷偈"顺星宝卷已宣完"。卷末题"民国三十年岁次辛巳仲冬月"。

检索号码：XJW226-19-1-1

6. 民国三十三年（1944）宋宝麟抄本，一册。封面题"民国甲申年蔷月上旬　日立／鄂殷堂宋宝麟抄录／顺星宝卷"。扉页题"甲申年蔷月／鄂殷堂抄录／顺星宝卷"。卷首无题。开卷偈"顺星宝卷初展开"。结卷偈"顺星宝卷宣完成"。卷末无题。

检索号码：XJW226-19-1-2

7. 民国三十八年（1949）周三全抄本，一册。封面题"三号／周三全记／百寿图卷"。卷首题"百寿图宝卷／周三全记"。无开卷偈。结卷偈"百寿宝卷宣完成"。卷末题"中华民国三十八年岁次己丑　月立"。书后题"一年换一本，来岁最换新，仁寿堂顾记"。

检索号码：XJW125-19-1-3

8. 霍耕山抄本，一册。封面已缺。卷首题"百寿图宝卷／耕记抄本"。开卷偈"百寿宝卷始展开"。结卷偈"桃花宝卷已宣完"。卷末无题。

检索号码：XJW125-19-1-7

9. 抄本，一册。封面题"地号／朱士泳记／百寿图"。卷首无题。开卷偈"百寿宝卷始展开"。结卷偈"桃花宝卷已宣完"。卷末无题。

检索号码：XJW125-19-1-1

153 《天仙宝卷》，又名《斗法宝卷》《路结成亲》《天仙女卷》《大仙宝卷》

此宝卷有两种版本，内容区别不大，只是主人公一为崔文瑞，一为颜世宝，后者比前者多出颜父作恶的一段内容，从抄录时间上看似乎为同时期并存的两种版本。

崔文瑞本：大宋仁宗时期，东京城木家巷穷秀才崔文瑞，父亲早丧，家中又遭火灾，母子无处安身，只得在破庙居住。仙女张四姐为王母之女，与文瑞有三载姻缘。一日，见凡间怨气冲天，四姐知是文瑞受苦，便下凡与之成亲。成亲日，四姐先作法恢复了崔家宅邸，又变出无数金银，于是崔家大富。不料，城中员外王半城贪图崔家财富，得知崔家有宝，便设计陷害崔文瑞，买通官府将崔文瑞打入大牢，四姐仗法术，冲进县衙，救下文瑞。知县向开封府包公报告城中有妖人作乱。包公亲率兵丁前去捉拿，两下斗法，包公大败。仁宗乃派杨文广、呼延庆前去抵敌，又大败。文广、延庆二人妻子前来与四姐斗法，亦败。包公上天入地，寻访四姐的来历，终于得知四姐身份。玉帝派下天兵天将前来捉拿四姐，也奈何四姐不得。最后由王母下凡说情，四姐与婆婆、丈夫一起上天得道。

颜世宝本：宋仁宗时期，东京富户颜诚生子世宝。颜员外贪财好利，刻薄穷人，妻子侯氏却心地善良，常常接济僧尼穷人。家中灶君闻得颜诚作恶多端，禀明玉帝。玉帝下令火烧颜家。颜诚身死，侯氏母子得菩萨搭救。因财产烧尽，二人只得到城外破窑居住。天宫四仙女下凡，遇到颜世宝当街行乞。四姐欲嫁于世宝，乃作法变出金银家用，与世宝做了夫妻。东京另一富户王半城路过颜家，贪图颜家的仙宝，设计诬陷世宝抢劫。县令贪赃，把世宝屈打成招。衙役去捉四姐，被四姐用仙法化解，并冲上县衙救下世宝。县令到开封府包公处告东京妖人作乱，包公命杨文广、呼延庆带兵去捉拿四姐。四姐作法，将二人收入宝瓶中。包公又着杨文广之妻李三娘子和呼延庆之妻哪吒公主、兰玉小姐等人前去捉拿，众女将与四姐斗法，惊动天庭。玉帝差各路仙将前来捉拿，然不分胜负。玉帝无奈，派王母叫众仙女下凡劝四姐上天，四姐许下三桩愿：一要丈夫成仙，二要婆婆成佛，三要家中祖先上天享福。愿望得到满足后，四姐众人一并上天修行。

版本共 17 种：

1. 清同治十二年（1873）紫阳山人抄本，一册。封面后装，题"安庆堂胡忠达／天仙宝卷"，钤盖"胡文忠印"朱印。书口记"崔文瑞"。卷首题"天仙宝卷"。无开卷偈。无结卷偈。卷末题"同治十二年岁次癸酉清和月上浣三日紫阳山人代抄录／姚心高虔诵"。

检索号码：XJW46-19-1-5

2. 清光绪十五年（1889）顾彦抄本，一册。封面残，题"口堂顾乐记"。卷首题"天仙卷"。开卷偈"天仙宝卷始展开"。结卷偈"天仙宝卷已宣成"。卷末题"光绪拾五年菊月　日立／黼章顾彦抄"。本书以第一人称表述。

检索号码：XJW39-19-1-1

3. 清光绪二十九年（1903）高杏卿抄本，一册。封面、封底缺。卷首题"天仙宝卷／延陵高杏卿抄"。无开卷偈。结卷偈"天仙宝卷口口口"。卷末题"光绪二十九年岁次癸卯桃月中旬／高杏卿抄"。

检索号码：XJW46-19-1-3

4. 清光绪三十二年（1906）汤永楚抄本，一册。封面题"金号／汤永楚记／斗法卷"。卷首无题。开卷偈"天仙宝卷始展开"。结卷偈"天仙宝卷宣完满"。

卷末题"光绪三十二年清和月上浣　日立"。书口题"天仙宝卷 / 丙午"。

检索号码：XJW46-19-2-5

5. 民国六年（1917）汤根泉抄本，一册。封面题"汤根泉记 / 天仙宝卷"。卷首题"天仙宝卷"。开卷偈"天仙宝卷初展开"。结卷偈"天仙宝卷宣完成"。卷末题"民国六年桂月中浣日立沐录"。

检索号码：XJW46-19-2-1

6. 民国十四年（1925）殷菊卿抄本，一册。封面后装，封面题"四十号 / 赵凤鸣志 / 天仙宝卷"。卷首无题。无开卷偈。结卷偈"天仙宝卷宣完成"。卷末题"民国乙丑年十二月中浣末第三日殷菊卿置 / 钱四伯文正 / 敬惜字纸五谷"。

检索号码：XJW39-19-1-3

7. 民国二十一年（1932）杨凤玉抄本，一册。封面题"杨凤玉录 / 天仙女"。卷首无题。无开卷偈。结卷偈"天仙女卷已宣完"。卷末题"民国壬申年桃月吉日修录"，印"镛炳"。书口题"钱洪贵"。

检索号码：XJW46-19-1-6

8. 民国二十五年（1936）邵念屺抄本，一册。封面题"丙子岁 / 邵念屺藏 / 天仙宝卷"。扉页有墨笔手绘"余庆堂邵"墨记。卷首题"天仙宝卷"。无开卷偈。结卷偈"天仙宝卷已宣完"。卷末题"民国二十五年太岁丙子菊月　日立 / 邵念屺抄录"。书后记"借书容易抄书难，好比托石上下山。倘有君子来借去，逢山过海送得来"。

检索号码：XJW46-19-1-4

9. 民国三十五年（1946）孙奇宾抄本，一册。封面题"壹零柒号 / 孙奇宾 / 路结成亲"。卷首题"天仙宝卷 / 榴月初拾日起抄"。无开卷偈。结卷偈"天仙宝卷宣完成"。卷末题"中华民国三十五年和月中浣 / 乐安奇宾沐手敬抄"。

检索号码：XJW46-19-2-3

10. 乙丑陈明廉抄本，一册。封面题"乙丑年谷旦 / 陈达寿堂修建 / 天仙卷"，印"陈明廉印"。卷首题"天仙卷 / 陈明廉抄"，印"陈明廉印"。开卷偈"天仙宝卷始展开"。结卷偈"天仙宝卷宣完满"。卷末无题。封底缺。

检索号码：XJW46-19-1-7

11. 丁未吴维淞抄本，一册。封面题"三十一号／吴维淞藏／天仙宝卷"。卷首无题。无开卷偈。结卷偈"天仙宝卷已宣完"。卷末题"本丁未年十二月／吴记抄"。

检索号码：XJW39-19-1-2

12. 癸亥抄本，一册。封面题"周文斌藏／天仙宝卷"。卷首题"天仙宝卷"。开卷偈"天仙宝卷始展开"。结卷偈"天仙宝卷已宣完"。卷末题"岁在癸亥年时值荷月上旬／窗下习字抄终／无药可医卿相寿，有钱难买子孙贤"。书口题"天仙卷"。

检索号码：XJW46-19-1-2

13. 抄本，一册。封面、封底缺。卷首无题。无开卷偈。无结卷偈。卷末无题。

检索号码：XJW46-19-2-2

14. 抄本，一册。封面、封底缺。卷首无题。无开卷偈。无结卷偈。卷末无题。

检索号码：XJW46-19-2-4

15. 抄本，一册。封面残，题"大仙卷"。卷首无题。无开卷偈。结卷偈"天仙宝卷已完成"。卷末无题。

检索号码：XJW26-19-1-1

16. 抄本，一册。封面、封底已缺。卷首无题。无开卷偈。无结卷偈。卷末无题。

检索号码：XJW202-19-1-1

17. 一册。封面、封底缺。卷首无题。无开卷偈。无结卷偈。卷末无题。

检索号码：XJW46-19-1-1

154 《天诛宝卷》，又名《天诛潘二》

镇江府丹阳县长者杨富足，妻顾氏，子进达，娶南门外张有余之女。订婚后，杨家遭荒致贫，欲成婚，张家要四十两礼金，杨富足抵押自己给人做雇工，儿子方得成婚。张小姐贤惠，东村潘二心怀不轨。一日，小姐问丈夫为何不见公公，才知公公代他典在别家做工。小姐取银四十两欲赎回公公，不料借契说明，要加银六两。小姐让进达回娘家借银，岳母可怜小两口，借银并挽留进达明日再回。

潘二知道进达出门，便假装进达调戏张小姐，并盗银而逃。次日，小姐知道上当，自尽被救。不久，天雷打死潘二，潘双手捧银子而死，众人方知是潘二无良，天道诛杀。小两口赎回父亲，合家团圆。

版本共 1 种：

民国三十四年（1945）宋福生抄本，一册。封面、封底后装。封面题"和合社 / 金志祥 / 天诛潘二"。卷首题"天诛宝卷"，钤有"宋福生"墨印。开卷偈"天诛宝卷初展开"。结卷偈"天诛宝卷宣完成"。卷末题"天运民国三十四年梅月　日立 / 宋福生抄诵 / 八圻合福社借过一次抄编"。书后注："镇南乡乡政府 / 乡长蒋洪生 / 村长梅黎生 / 大组长邹根福 / 和合社同里朱家浜 / 公元一九五一年 / 金志祥 / 改良宣卷 / 天诛宝卷"。

检索号码：XJW45-19-1-1

155 《偷粮宝卷》

昔日常州府青阳镇戚永昌妻康氏贤惠，戚租种得六七亩田地，苦苦度日。康熙十六年秋，大旱。戚无银借水车踏水灌田，心中焦急。康氏听后，说三年多来，每次淘米，都拿一撮放在缸中，已存了两氅放在床底下。戚听后，心中甚喜，天一亮，就出去寻工人了。康氏起床后，准备淘米，谁知米不见了。见墙脚有洞，想必隔壁赌徒崔阿金听见，偷去了。康氏无计可施，只得悬梁自尽。戚带工人回家，看见康氏已死，也要寻短见。忽然，大雨倾盆，雷轰电鸣，康氏从梁上跌下苏醒，戚连忙把她扶起，细问原因。半个时辰后，雨停日出，有路人看见一人跪在街沿上，双手捧了一只氅套在头上，被雷电劈死了。戚出来一看，果然是崔阿金，就对众人讲出昨夜之事。

版本共 3 种：

1. 民国七年（1918）陈培初抄本，一册。封面题"陈培初氏藏 / 偷粮卷"。卷首题"偷粮卷"。无开卷偈。结卷偈"偷粮宝卷宣完成"。卷末题"民国七年九月吉日 / 陈培初涂录"。

检索号码：XJW268-19-1-3

2. 民国二十一年（1932）顾钦剑抄本，一册。封面题"十五号 / 顾府仁寿堂 /

偷粮宝卷"。卷首题"偷粮宝卷"。无开卷偈。结卷偈"偷粮宝卷宣完成"。卷末题"民国二十一年桃月　日立／顾钦剑办用／姜太公在此"。

检索号码：XJW268-19-1-1

3.抄本，一册。封面题"吴水根揣／偷粮卷"。卷首题"偷粮宝卷"。无开卷偈。无结卷偈。卷末无题。

检索号码：XJW268-19-1-2

156 《投渊宝卷》

苏州吴县阊门外筻村富户王节，娶妻郭氏，生子九龄。王家广行善事，一日王节与妻看灯，过贺九岭村，约张有德一同前去。途遇恶人克成，克成爱郭氏美貌，与张有德设计陷害王节。乡邻到藩台告状。藩台与知县徇私，判王节发配山西。郭氏无奈，以售儿钱给丈夫做盘缠。此后，张有德说媒不成，半夜来强抢。郭氏投渊而死，被仙人所救，送到山西，全家团聚。后父子赶考得中，沉冤得雪。

版本共 1 种：

清光绪二十一年（1895）姚濬泉抄本，一册。封面题"姚濬泉重录／投渊宝卷"。卷首无题。开卷偈"投渊宝卷始展开"。结卷偈"投渊宝卷宣完成"。卷末题"大清光绪二十一年岁次乙未闰蒲月　日立／濬泉姚希遍书"。

检索号码：XJW155-19-1-1

W

157 《王御哭魁宝卷》，又名《魁星宝卷》《哭魁宝卷》《还金镯》《金镯记》《还镯宝卷》

昆山秀士王御命途多舛，父母早亡，家遭火灾，衰败贫苦，原与高道宗之女有婚约，曾以金镯为聘。高道宗见王御家败欲赖婚，幸高夫人暗中资助，方允其入赘。王御之友汪桐欲窃财劫色，盗高夫人赠王之银两。高道宗逼女再婚配，小姐不从，将金镯还给王御，欲削发为尼，为王御劝阻。王御与汪桐一同上京赴试，汪贿赂考官，得中功名，王文才虽好，却落榜。高家母女资助银两再次失窃，王御因家贫不能参加吏部补缺，被一僧人赶出大悲阁。他万念俱灰，至大山门，见神佛心怀怨愤，向魁星哭诉，欲寻短见。所幸魁星托梦显神通，内阁学士李东阳奉旨养亲在奎星阁，闻得哭声，救下王御，试其文才，托吏部周大人让王御补缺。王御从此平步青云，后金榜题名得中状元，与高小姐完婚团圆。汪桐歹毒害人，遭雷劈死（一说被革职充军）。

版本共 9 种：

1. 清光绪三十年（1904）华秋亭抄本，上、下卷二册。上卷封面、封底后装，封面题"四四号／吴水根揣／哭魁上卷"，原封面题"三十四号／华秋亭记／哭魁宝卷上本"。扉页又记"三十四号／华秋亭记／华凤如／哭魁宝卷"。卷首题"哭魁宝卷上／华秋亭记"。无开卷偈。上卷末题"光绪三十年菊月　日立抄录／华秋亭记"。下卷封面、封底后装，封面题"四四号／吴水根揣／哭魁下卷"。原封面题"三十五号／华秋亭／哭魁宝卷下本"。结卷偈"王御哭魁已宣完"。卷末题"光绪三十年菊月　日立抄录／华秋亭记"。原封底题"哭魁宝卷／华秋亭藏本"。

检索号码：XJW49-19-1-2，XJW49-19-1-4

2. 清光绪三十四年（1908）周玉亭抄本，一册。封面题"戊申／花秀堂周玉记／还镯宝卷"。内书口记"哭魁宝卷／二十一号／花秀堂周"。卷首题"还镯宝卷"。无开卷偈。结卷偈"还镯宝卷宣完满"。卷末题"光绪三十四年岁在戊申蕾月／周玉亭西窗录／梅园花秀堂藏／俞云阶"。

检索号码：XJW49-19-1-3

3. 清光绪三十四年（1908）王森逮抄本，一册。封面题"戊申／王森逮藏／还金镯"。卷首无题。无开卷偈。结卷偈"金镯宝卷已宣完"。卷末题"天运光绪三十四年太岁戊申桃月中浣自抄"。

检索号码：XJW135-19-1-3

4. 民国六年（1917）金国本抄本，一册。封面题"丁巳年果号／金芝田／金镯记卷"。卷首题"金镯记／金芝田珍"。无开卷偈。结卷偈"金镯记来宣完成"。卷末题"民国六年岁次丁巳桃月下瀚／金国本抄"。

检索号码：XJW178-19-1-1

5. 民国二十二年（1933）艾蒙钦抄本，一册。封面题"蒙钦录／魁星宝卷"。

卷首题"魁星宝卷"，钤有"艾梦钦记""蒙钦"印章两枚。开卷偈"魁星宝卷始展开"。结卷偈"魁星宝卷宣完成"。卷末题"中华民国念二年岁次癸酉仲春月 日立／艾蒙钦录"。卷末记"莫谈字丑，窗下存心"。

检索号码：XJW49-19-1-5

6. 金培春抄本，两册合订一册。封面题"金培春记／王御哭魁"。卷首题"魁星宝卷上"。开卷偈"魁星宝卷初展开"。结卷偈"魁星宝卷已宣完"。封底已缺。卷末无题。

检索号码：XJW49-19-1-1

7. 癸亥杨廷章抄本，一册。封面题"作拾二号／四十七号／浦大根／还金镯魁星卷"。书口记"还金镯卷／杨廷章氏"。卷首无题。开卷偈"魁星宝卷始展开"。结卷偈"奎星宝卷宣完成"。卷末题"天运太岁癸亥年桂月下浣嘐溪抄终"。

检索号码：XJW135-19-1-1

8. 石印本，一册。封面、封底缺。卷首题"新刻还金镯宝卷即魁星宝卷"。开卷偈"魁星宝卷始展开"。结卷偈"奎星宝卷宣完成"。卷末无题。

检索号码：XJW135-19-1-4

9. 抄本，一册。封面缺。卷首题"还金镯宝卷"。无开卷偈。结卷偈"魁星宝卷已宣完"。卷末无题。

检索号码：XJW135-19-1-2

158 《王忠宝卷》，又名《王公升天宝卷》《观世音救度王忠宝卷》

宋朝元丰六年，太守向忠良与夫人赵氏时常修行礼佛，但因为人贪利刻薄，故菩萨不予超度。忠良因治内盗贼多行，乃截断大路桥梁，却造成往来不便。城隍土地告到玉帝处，玉帝下旨取忠良性命。忠良下到地狱，被判转世为摆渡之人。忠良投胎江边王家，取名王忠，后娶妻柳氏，摆渡为业。王忠摆渡，少一文亦不放行，行下很多恶事。观音见状，下凡前来度他，王忠因观音无钱坐船，百般刁难，观音乃施行法术，予以教诲，王忠夫妇终于感化，得道升天。

版本共1种：

民国十六年（1927）储征德抄本，一册。封面题"丁卯岁／储征德藏／王忠

192

宝卷"。卷内扉页又作"丁卯桂月置 / 储征德藏志 / 王公升天宝卷"。卷首题"观世音救度王忠宝卷 / 储庆云征德志藏版"。开卷偈"王公宝卷才展开"。结卷偈"王公宝卷已宣完"。卷末题"天运民国岁次丁卯岁桂月下旬抄录 / 锦记传于 / 储瑞兴征德抄沐手敬书"。

检索号码：XJW52-19-1-1

159 《卫生宝卷》

清康熙年间，苏州娄门外蚬子山附近人家大多以打鱼为业。上天因渔民屠杀生灵大为震怒。有一余姓人家，前生行善积德，广结善缘，故托梦点化众人改行。众人不听，多生病，后听劝改行，日夜修行，终得正果。

版本共 1 种：

民国十二年（1923）丁财宝抄本，一册。封面题"民国拾贰年四月 / 丁财宝抄录 / 卫生宝卷"。卷首题"卫生宝卷 / 丁财宝抄"，钤盖"丁谊亭书"朱印。无开卷偈。结卷偈"卫生宝卷今宣完"。卷末题"民国十二年四月 / 丁财宝抄"。

检索号码：XJW28-19-1-1

160 《文武香球》，又名《武香球》《香球宝卷》

元朝仁宗皇帝时，山东济南府历城县龙三会告老还乡，夫人杨氏，儿子官保。官保与蒋翰林之女秀英订婚。官保十四岁中解元。一日见黄鹂衔箭而来，官保追赶，直到城西侯总兵后花园，小姐侯月英正在为失箭焦急，见官保，相互中意，即私订终身。官保返家，得了相思病。龙爷派媒婆到侯府说亲，侯爷不肯，反打媒婆。媒婆遂记恨龙家，挑唆龙府乳公，说其妻与龙爷有染。乳公买通强盗，咬定龙三会是同伙，是坐地分赃贼。龙爷被告，打入牢中，夫人也被捉入狱中，待秋后处决。龙爷写血书叫官保逃走。西京总兵张德龙，因私藏外国进贡之万岁瓶，曾被龙三会上本参奏私藏国宝，只得逃上青龙山做了强盗，女儿桂英武艺高强。官保山下路过，被劫上山来，张德龙欲斩之。桂英设计秋后再斩，并私下与官保结为夫妇。一日官保打碎万岁瓶，桂英一马双驮，救公子下山，后在土地庙失散，各自奔向京城。侯月英闻龙爷被捕，公子逃走，女扮男装寻访，到青龙山，收服强盗，住在山寨，闻听官府秋后要斩公婆，先叫喽啰到城中开饭店埋伏，然后分散混进城去，劫法场，救出公婆。官保途中被宋兵部所救，收入家中供读，并将小姐兰英许与公子官保，公子得中文状元，侯月英到京，得中武状元，父子、婆媳会面。他们奏请圣上招安青龙山，于是阖家团圆。

版本共 5 种：

1. 清宣统元年（1909）云祥抄本，一册。封面题"逸记戴氏 / 武香球"。卷首无题。无开卷偈。结卷偈"武香球已宣完"。卷末题"大清宣统元年菊月上浣 / 云祥抄录"。

检索号码：XJW223-19-1-1

2. 民国十五年（1926）石青甸抄本，上、下两册。上册封面题"丙寅岁 / 石清甸藏 / 香球上集"。上册卷首无题。上册开卷偈"香球宝卷始展开"。上册无结卷偈。上册卷末题"天运民国丙寅年杏月 / 石青甸沐手灯下抄录 / 遂传"。下册封面无题。下册卷首无题。下册开卷偈"香球下卷再宣明"。下册结卷偈"香球宝卷宣完成"。下册卷末题"天运民国十五年杏月灯下 / 石青甸沐手敬抄"。

检索号码：XJW223-19-1-2、XJW223-19-1-3

3. 民国三十二年（1943）周国良、周德兴抄本，上、下卷二册。上卷封面缺，且字迹不一，似有多人抄写。卷首无题。开卷偈"文武香球初展开"。结卷偈"上本文卷宣完满，下卷武球停停表"。卷末题"民国三拾贰年岁次癸未三月中旬 / 周国良补抄"。卷后记"小卷不肯借，借得就要赖，近近讨得快，补面尽扯坏"。下卷封面后装，封面题"周士初藏 / 文物香球下集"。卷首无题。无开卷偈。结卷偈"文武香卷宣圆满"。卷末题"民国三十二年岁次三月中旬 / 汝南周德兴抄补"。卷后记"汪家墩"。

检索号码：XJW51-19-1-2，XJW51-19-1-3

4. 抄本，存上卷一册。封面无题。卷首无题。无开卷偈。开卷有"恭闻武香球宝卷"，上卷无结卷偈。卷末无题。

检索号码：XJW51-19-1-1

5. 抄本，一册。封面、封底缺。卷首无题。开卷偈"文武香球初展开"。结卷偈"香球宝卷宣完成"。卷末无题。

检索号码：XJW400-19-1-8

161 《蚊训宝卷》，又名《笨女卷》

清雍正年间，镇江城外猪婆滩，有一人姓彭名翔春，生一子名二官。二官宁愿务农，不愿从事其他行业。父母替儿配亲东村孤女斜音。斜音天性较笨，家中事情做得七颠八倒，气死翔春夫妇。公婆死后，斜音更加懒惰，幸二官忠厚，夫妻勉强度日。一日二官请了几人在田中做活，嘱斜音在家烧肉，谁知回来连饭也未烧。一日二官要吃豆腐馄饨，斜音拿了豆腐到河中去洗，被水冲得一无所有。诸如此类，不一而足。二官气极，将她打一顿。她就将蚊帐一半放下，一半张开，将自己这边蚊子扇净。晚上睡觉，斜音感觉有蚊咬，便问二官可有蚊咬，二官气说没有，斜音说奇怪，她自己扇过倒有，二官处未扇倒无有。二官骗斜音说蚊子是观音差下专查作恶之人，恶人就咬，好人不叮。斜音心中惊惧，从此回心改作好人。夫妻和睦，生有一子，叫仙福。然仙福长大不愿读书，要做经商之人。二官给他十两纹银，贩了镇江红头绳到杭州去卖。恰巧杭州有瘟，天竺菩萨要人们用镇江红头绳束在腰间，可免瘟疫。仙福大获其利，满载而归。

版本共 2 种：

1. 清光绪二十六年（1900）王森逵抄本，一册。封面题"蚊训宝卷 / 王森逵藏"。卷首无题。开卷偈"蚊训宝卷始转开"。结卷偈"蚊训宝卷宣完成"。卷末题"天运光绪贰拾陆年太岁庚子小春月下浣 / 森逵抄"。

检索号码：XJW249-19-1-2

2. 民国三十年（1941）徐肇鹤抄本，一册。封面题"辛巳年南吕月上旬日立 / 蚊训宝卷"。卷首题"蚊训卷即笨女卷"。开卷偈"蚊训宝卷始展开"。结卷偈"蚊训宝卷宣完成"。卷末题"中华民国三十年重光大荒落中桃月六日立 / 徐肇鹤谨摹"。

检索号码：XJW249-19-1-1

162 《倭袍宝卷》

明朝正德年间，当朝一品丞相唐常集，夫人钱氏，所生七子一女聪颖有才。家有祖传御赐倭袍一件。朝中奸臣张德龙向其借用，遭拒绝后怀恨在心，伺机报复。正逢应考之期，唐家小儿云卿离家进京赶考。路遇刁南楼，又遇毛龙。云卿一见如故，结为兄弟。张德龙之子张保一向横行霸道，想强抢员外之女李飞龙，恰好被云卿、毛龙撞见，解救了李飞龙。飞龙对云卿一见钟情，二人结为夫妇。张保怀恨在心，买通了三阳知县，陷害云卿，云卿被屈打成招，关入大牢。在家的云卿父亲又被张德龙设计陷害，杀害唐氏满门，只有赛金、七位儿媳及两侄儿幸免，又抢走倭袍。唐赛金等人逃难途中经凤凰山时遇山中盗贼，唐赛金杀死山中首领，被众人拥戴为大王。李飞龙得知丈夫即将被斩及唐家遭遇，伤心欲绝，与丫鬟偷偷逃离住所，辗转来到凤凰山与唐家姑嫂团聚。李飞龙假扮道姑混进城中，劫法场救出云卿。毛龙此时已任职吏部，其子子佩一日误入内宫张妃处，张妃因受过云卿、毛龙恩惠，故得知唐家受冤后，设法劝正德帝赦免唐家兄弟，让他们出兵征讨叛军，将功赎罪。皇帝允奏。唐家兄弟不负众望，得胜而归。云卿向皇上奏明唐家遇害缘由。皇上下旨将张德龙父子处斩，重得倭袍，并得到皇上封赐，屈死者也被追封。

版本共 1 种：

抄本，一册。封面题"矮（倭）袍宝卷"。卷首题"倭袍宝卷"。无开卷偈。无结卷偈。卷末无题。

检索号码：XJW295-19-1-1

163 《五圣宝卷》

万历年间，徽州平沙县萧家庄有富户萧百万，弃恶从善。玉帝赐予仙桃，夫人吃后产下肉球，化为五个公子。五位公子随仙人修行。本州王百万，官居总兵，家财豪富，有五位小姐，修行好佛，不料上香途中被妖人抓去。萧家五位公子打退妖人，救下小姐，皇帝赐婚，合家修行登仙。

版本共 1 种：

抄本，一册。封面、封底后装，无题。卷首无题。开卷偈"五圣宝卷初起开"，钤有"丁谊亭书"朱印。无结卷偈。卷末无题。

检索号码：XJW55-19-1-1

164 《五鼠大闹东京宝卷》

宋仁宗时，清河县东关秀士施琴，妻子胡氏。施琴进京赶考，妻子赠以香球。路遇成精的五鼠刁难，被吕纯阳所救。鼠精尾随施琴回家，在清河县大闹县衙，后又闹上京城。鼠精变化多端，幸有包公出面求得玉帝玉猫，才收服了五鼠。

版本共 1 种：

清光绪二十五年（1899）王森遽抄本，一册。封面题"己亥 / 王森遽藏 / 五鼠大闹东京"。卷首无题。开卷偈"要宣五鼠闹东京"。无结卷偈。卷末题"大清光绪二十五年太岁己亥清和月上浣自抄""大清光绪二十五年岁次己亥孟夏月上浣日 / 王森遽录"。卷末又题"此卷虽小，心思最大，亲友借者，只宜看重""此本小卷是吾抄，听宣散闷也算好，有人借去客气还，倘然吃灭犯天条"。

检索号码：XJW53-19-1-1

165 《忤逆宝卷》，又名《忤逆果报》

昔日杭州府钱塘县桑溪村有一穷户姚才昌，与其妻吕氏二人种田度日，夫妻四十余岁，并无子息。夫妻俩到大茅山烧香许愿，来年产下一子，取名茅观。茅观虽生得玲珑，奈何因家贫，无钱读书。到十一岁，父母将他与前村赵家女儿配成婚姻。那赵家富裕，赵女自小生性刁蛮，自嫁入姚家后，不曾叫一声公婆，不曾烧茶煮饭，经常对丈夫粗口相向，对公婆冷言冷语，拳棒相加。姚家夫妻哪受得了这般凌辱，竟然一病不起。赵女愈加变本加厉，终于激怒观音菩萨下凡，让赵女变成人首驴身而亡，以警示天下忤逆媳妇。后姚家一门三口五荤不吃，诚心修行。又过了一段时间，由舅父作伐，茅观与后村钱氏烈女成婚，产下一子，夫妻和睦，孝顺公婆，一家和乐。

版本共 1 种：

壬子徐瑚抄本，一册。封面后装，题"六号 / 高顺卿志 / 忤逆卷"。卷首题"忤逆宝卷"。开卷偈"忤逆宝卷始初开"。结卷偈"忤逆宝卷宣完成"。卷末题"岁次壬子年巧月中浣敬立／渭亭徐瑚沐手抄录／秧田巷书屋"。

检索号码：XJW134-19-1-2

X

166 《西瓜宝卷》，又名《黑心宝卷》《观世音宝卷》《斋僧宝卷》

宋朝松江府江宁县东门城外恶心村住着一个财主，名叫李能，家中有十三库金银，十分豪富，只是为人刻薄，心肠狠毒，人称"李黑心"。天上玉帝听闻此事，派观音菩萨下凡巡查。观音化作一年轻寡妇，到李家求讨棺木葬夫。李黑心得知此事，心想家中虽有妻妾十三人，膝下却无子女，便有意娶寡妇为妾。观音称只要按她的要求做成棺木安葬丈夫，她就可以嫁给李黑心。李黑心一心想娶寡妇为妾，花费大量金银，打造好棺木，又斋僧做道场，又造好坟墓，最终十三库金银全花光，也未能如愿。

一日，观音又化作一个道人来到李家，种下一颗西瓜子，结下一个大西瓜，并说西瓜内有十三库的金银。李黑心贪图金银，拿刀切开西瓜，西瓜内飞出一对火老鸦，将李家一把火烧光，恶人得到了惩罚。

版本共 18 种：

1. 清光绪二十七年（1901）抄本，一册。封面后装，题"西瓜卷"。卷首题"西瓜卷"。无开卷偈。结卷偈"西瓜宝卷宣完成"。卷末题"光绪二十七年太岁辛丑九月日立自抄之录"。

检索号码：XJW133-19-1-5

2. 清宣统元年（1909）周玉庭抄本，一册。封面题"己酉／花秀堂周玉记／西瓜宝卷"。卷首题"西瓜宝卷"。开卷偈"西瓜宝卷初展开"。结卷偈"西瓜宝卷宣完成"。卷末题"大清宣统元年岁在己酉榴月／周玉庭西窗下抄录／梅沙里花秀堂周玉记抄版／俞云阶"。

检索号码：XJW133-19-1-6

3. 清宣统元年（1909）吴维淞抄，抄本，一册。封面题"四十二号／吴维淞藏／西瓜卷"。卷首无题。无开卷偈。结卷偈"西瓜宝卷已宣完"。卷末题"大清宣统元年岁己酉端月上浣／弟子吴维淞抄录"。

检索号码：XJW133-19-2-2

4.民国八年（1919）顾怀椿抄本，一册。封面残，题"民国己未清和月初旬抄落"。卷首无题。开卷偈"西瓜宝卷初宣明"。结卷偈"西瓜宝卷宣已成"。卷末题"民国八年太岁己未清和月吉日／弟子顾怀椿灯下抄录"。

检索号码：XJW133-19-2-1

5.民国十七年（1928）顾鹤泉抄本，一册。封面题"十二／顾鹤泉抄本／西瓜宝卷"。卷首题"新顶西瓜宝卷"。开卷偈"西瓜宝卷始展开"。结卷偈"今日宣完黑心卷"。卷末题"民国十七年十二月 日立抄"。

检索号码：XJW133-19-1-1

6.民国十九年（1930）周三全抄本，一册。封面无题。卷首题"西瓜宝卷／周三全记"。无开卷偈。结卷偈"西瓜宝卷宣完成"。卷末题"中华民国十九年岁次庚午十二月日立备／周三全抄录"。

检索号码：XJW133-19-2-8

7.民国二十六年（1937）顾念护抄本，一册。封面题"第七号／顾念护／斋僧卷"。卷首无题。无开卷偈。结卷偈"斋僧宝卷宣完成"。卷末题"民国念六年六月　旬　日／顾念户自抄"。

检索号码：XJW133-19-2-9

8.民国二十七年（1938）抄本，一册。封面题"五十二号／徐凤翔氏珍揣／黑心卷"。卷首无题。开卷偈"西瓜卷始展开"。结卷偈"黑心卷宣完成"。卷末题"中华民国二十七年太岁戊寅闰七月初八日九二维吾抄"。

检索号码：XJW133-19-1-3

9.民国三十年（1941）蒋洪生抄本，一册。封面后装，题"金志祥／西瓜宝卷"。卷首题"新刻西瓜宝卷全集"。开卷偈"西瓜宝卷始展开"。结卷偈"斋主听得西瓜卷"。卷末题"岁在民国辛巳三十年仲夏荷月望日／蒋洪生抄录"。

检索号码：XJW133-19-1-8

10.民国三十一年（1942）陈富昌抄本，一册。封面题"颖川书屋／西瓜宝卷全集"。书口作"观世音／陈富昌"。卷首题"新刻西瓜宝卷全集"。无开卷偈。

结卷偈"斋主宣了西瓜卷"。卷末题"民国三十一年仲秋月懒生陈富昌沐抄"。

检索号码：XJW133-19-1-2

11. 甲戌浦鸿儒抄本，一册。封面题"甲戌／浦鸿儒抄／西瓜宝卷"。卷首无题。无开卷偈。无结卷偈。卷末无题。

检索号码：XJW133-19-1-7

12. 丙寅陈栽之抄本，一册。封面题"陈栽之记／西瓜卷"，钤"杨王仁记"朱记。卷首题"西瓜卷／陈栽之藏"。无开卷偈。结卷偈"西瓜卷宣完成"。卷末题"天运丙寅岁清和月上浣／陈栽之抄录"。

检索号码：XJW133-19-2-5

13. 丁卯抄本，一册。封面题"二十八号／姚云高记／西瓜宝卷"。卷首题"西瓜宝卷"。开卷偈"西瓜宝卷始展开"。结卷偈"西瓜宝卷宣完成"。卷末题"丁卯年十一月 日立／姚云记抄录"。

检索号码：XJW133-19-2-6

14. 庚申田云祥抄本，一册。封面题"爱花伤身"。卷首无题。开卷偈"西瓜宝卷始展开"，钤"胡文忠"朱印。书口记"田云祥抄"。结卷偈"西瓜卷宣完成"。卷末题"太岁庚申仲夏浣／弟子云祥涂书"。

检索号码：XJW133-19-2-10

15. 癸亥杨春芳抄本，一册。封面题"十四号／浦大根／西瓜卷"。卷首无题。开卷偈"西瓜卷始展开"。结卷偈"西瓜卷宣完成"。卷末题"天运太岁癸亥年菊月下浣抄终／杨春芳自书"。

检索号码：XJW133-19-2-3

16. 殷兰卿抄本，一册。封面后装，题"十四号／赵凤鸣志／西瓜宝卷"。卷首无题。无开卷偈。结卷偈"西瓜宝卷宣完成"。卷末题"时在乙丑年十二月初一日立／殷兰卿二下半日抄录记"。

检索号码：XJW133-19-1-4

17. 抄本，一册。封面题"十九号／高顺卿志／西瓜卷"。卷首题"西瓜宝卷"。开卷偈"西瓜宝卷始展开"。结卷偈"西瓜宝卷宣完成"。卷末无题。

检索号码：XJW133-19-2-7

18. 抄本，一册。封面题"西瓜卷"，钤"胡文忠"朱印。卷首题"西瓜卷"。开卷偈"西瓜宝卷始展开"。结卷偈"西瓜卷宣完成"。卷末无题。

检索号码：XJW133-19-2-4

167 《西藏宝卷》，又名《唐僧卷》《取经宝卷》

唐僧奉旨取经，得孙行者，收八戒及沙和尚。经狮蛮国，与三妖斗法。过玉鞍山，灭老鼠精。经过八十一难，终于取得真经，得成正果。

版本共 1 种：

民国十一年（1922）丁财宝抄本，一册。封面题"壬戌年清河月　日立／丁财宝目录／西藏宝卷"。卷首无题。开卷偈"再宣唐僧一卷经"。结卷偈"取经宝卷宣圆满"。卷末题"民国拾壹年壬戌岁清河月／丁财宝抄"。

检索号码：XJW117-19-1-1

168 《仙桃宝卷》

黄梅县岭南乡抱渡村老汉张怀，家财巨万。一日，有二僧人前来说教，张怀心动，乃将家财分与八个妻子，自己前去黄梅山寺修行。当时四祖正在寺中，看出张怀即五祖，乃命他栽松舂米六年，然后赐蓑衣、斗笠、仙桃三宝，又赠他禅语"逢庄即止"。一日到排庄，张向祝家庄二女借屋。姑姑借房与他住。谁料张怀将蓑衣斗笠挂在树上，投水而亡，二女大惊，后见水上漂来一只桃子，嫂子取来给姑娘吃。姑娘不日便成孕。祝员外见女未婚有孕，命儿子杀之。儿子不忍，放走妹妹。姑娘只得乞讨为生，生下一子。富户王百万因见母子头上红光紫雾，当即将此母子收养于家。七年后，五祖开口对母亲说，不能无功受禄，速离王家。母子二人离开王家，五祖取回蓑衣斗笠，入寺修行。后来，祝员外得疮，活佛指点要未出门的闺女用乳水治疗，只得命儿子寻女儿。姑娘前来医好父亲之疮，一家人和睦如初。

版本共 2 种：

1. 吴锦椿抄本，一册。封面题"三让堂锦椿抄／仙桃卷"。封底缺。卷首无题。开卷偈"仙桃宝卷初展开"。无结卷偈。卷末无题。

检索号码：XJW75-19-1-1

2.抄本，一册。封面题"汤寿春置／仙桃卷"。卷首题"仙桃宝卷"。开卷偈"仙桃宝卷初展开"。结卷偈"仙桃宝卷宣完成"。卷末无题。

检索号码：XJW75-19-1-2

169 《贤良宝卷》

宋徽宗年间，东京河南府天官李成仁与妻子一心行善求子。河南知府冯顺卿家中虽万贯家财，但并无后代。后来两家感动玉帝，命金童玉女下凡投胎。不久天官夫人产下一子，取名李兆廷，冯夫人产下一女，取名冯素珍。冯顺卿因贪污库银被抓，幸李天官搭救，免于一死，于是两家结为秦晋之好。后来李天官病故，不久夫人也随之而去。家童李兴算计家产不成，一把火把李家烧得精光。李兆廷无奈，只得投奔岳父家，冯家嫌贫爱富，竟逼李兆廷退婚。冯素珍知道后，约李兆廷夜晚花园相会，赠银两作为赴京盘缠。谁知被家仆冯安看到，诬陷李兆廷做贼，拿到知府衙门，被贪官屈打成招。（《贤良宝卷》仅存上卷）

版本共 1 种：

宋宝荣抄本，存上卷一册。封面、封底缺。卷首题"贤良宝卷上集／京兆宋宝荣抄"。开卷偈"贤良宝卷初展开"。结卷偈"贤良上卷宣完成"。卷末题"贤良宝卷上集终／京兆宋宝荣抄录志"。

检索号码：XJW211-19-1-4

170 《贤妻宝卷》，又名《败子回头》

宋朝山西富户沈子庆，娶妻钱氏，四十岁得子士良。沈士良与神仙庄何百万之女月英定亲，十五岁时成亲。成亲后，何月英十分贤惠，但士良却只顾闲游浪荡，且不听人劝。何月英见他如此顽劣，十分担心，乃设计规劝丈夫。月英让仆人到卖婆家买来貌美女子王秀英回来，并以王家名义买下东村方家空屋，要求王秀英女扮男装以王公子之名出现。士良浪荡不羁，不到三年卖尽家产，迫不得已将妻子月英卖给王公子。士良穷困潦倒，走投无路，卖身王家为奴，尝尽人间酸辛，悔悟后改掉了赌钱好色的毛病，从此埋头苦读，得中状元，衣锦还乡。最后才知道王公子是王小姐，是妻子何月英设下妙计规劝自己。

版本共 3 种：

1. 清光绪四年（1878）樊俊卿抄本，一册。封面题"周懋卿抄录／败子回头"。卷首题"贤妻卷"。无开卷偈。结卷偈"贤妻宝卷以宣成"。卷末题"光绪四年桂月　日立／经德堂樊俊卿抄录"。

检索号码：XJW183-19-1-2

2. 清光绪三十一年（1905）陶昌乾抄本，一册。封面题"三十九／顾银生藏／贤妻宝卷"。卷首题"贤妻宝卷"。开卷偈"贤妻宝卷始展开"。结卷偈"贤妻宝卷宣完成"。卷末题"光绪岁次乙巳年仲春三月朔日抄录钉置／陶昌乾藏"。

检索号码：XJW183-19-1-1

3. 民国十八年（1929）吴水根抄本，一册。封面题"四十九号／吴水根揣／贤妻卷"。卷首无题。无开卷偈。结卷偈"贤妻宝卷宣完成"。卷末题"民国岁次己巳巧月　日抄／　代写"。

检索号码：XJW183-19-1-3

171 《献暎桥宝卷》，又名《显暎古迹》《献暎卷》《显暎桥》《献映桥》《开桥宝卷》

乾隆年间，江南常州府无锡县前桥支唐村一富户支凤，妻秦氏。两人育三男一女，经营一家磨房面店。乾隆二十六年，大旱，幸得支凤出资开献暎桥通水路，才保百姓收成，人人感谢，个个称赞，但也得罪了众乡绅。嘉庆四年时，又遇大旱灾荒，村民前去支凤家请其再次出头开献暎桥纾解百姓之难，支凤拒绝。妻秦氏劝丈夫救人苦难，又可保皇粮国库。支凤听妻言便拟状词，投告苏州府，得到府台批准后即刻开桥，却遭到众乡绅反对，处处为难。后支凤被奸人迫害，受尽酷刑，关入大牢。幸得支凤女儿婆家相助，牢中又遇贵人，才救了一命，后府台得知此事，彻查并严惩了贪官与劣绅，支凤沉冤得雪，善人终得善报。

版本共 9 种：

1. 清同治八年（1869）王泳泉抄本，一册。封面题"己巳／王泳泉藏／显暎古迹"。卷首无题。开卷偈"开桥宝卷大众听"。结卷偈"显映宝卷宣完成"。卷末题"同治八年己巳岁腊月中／槐荫王泳泉抄"。

检索号码：XJW291-19-1-2

2. 清同治十年（1871）郐锦昌抄本，一册。封面题"第五号／吴维松／显映桥"。卷首无题。无开卷偈。结卷偈"献映桥卷已宣完"。卷末题"大清同治辛未年春王月抄录郐锦昌藏／弟子吴维松置"。书前记录了郐锦昌藏三十九种宝卷目录：（1）延寿卷；（2）家堂卷；（3）灶界卷、财神卷；（4）双花卷；（5）双冤卷；（6）双蝴蝶；（7）龙灯传；（8）鹤亭卷；（9）珊瑚卷；（10）痴梦卷；（11）金开卷；（12）白蛇卷；（13）穷富卷；（14）余粮卷；（15）献龙袍；（16）六神卷；（17）显映桥；（18）斗科；（19）星书；（20）观音经；（21）观音忏；（22）观音忏；（23）散偈；（24）卖花卷；（25）受生卷；（26）红罗卷；（27）丝绦卷；（28）双修卷；（29）灯科；（30）盗金牌；（31）女延寿；（32）天仙卷；（33）三阳卷；（34）一餐饭；（35）百花台；（36）回郎卷；（37）双玉燕；（38）雕花扇；（39）沉香卷。

检索号码：XJW291-19-1-4

3. 清光绪五年（1879）抄本，一册。封面题"路不行"。卷首题"献映桥卷"。无开卷偈。结卷偈"献英桥卷已宣完"。卷末题"光绪五年己卯岁桂月上旬抄，共计四十四板"。

检索号码：XJW291-19-1-7

4. 清光绪十三年（1887）金瑞记抄本，一册。封面题"冈号／金瑞记／显映桥"。卷首无题。无开卷偈。结卷偈"显映桥卷宣完满"。卷末题"光绪十三年十二月下旬八日立／金瑞记沐手抄录敬书"。书前有插画一幅。

检索号码：XJW291-19-1-6

5. 清光绪十三年（1887）顾怀椿抄本，一册。封面、封底缺。书口记"开桥／二十一"。卷首无题，钤"顾怀椿"朱印。开卷偈"开桥宝卷大众听"。结卷偈"启桥宝卷先已成"。卷末题"大清光绪十三年季冬月下浣日／弟子顾怀椿抄录／武陵郡具"。

检索号码：XJW276-19-1-1

6. 清光绪十八年（1892）王浩德抄本，一册。封面题"肆拾壹／第拾号／王浩德藏"。卷首题"献映桥宝卷"。开卷偈"净心听宣献映桥"。结卷偈"献映桥宝宣完成"。卷末题"大清光绪壬辰岁荷月　日立抄"，钤有"王浩德藏"朱印。

检索号码：XJW291-19-1-3

7.民国十一年（1922）陈栽之抄本，一册。封面题"四十八/陈栽之记/献映桥"。卷首题"献映桥"。无开卷偈。结卷偈"献映桥卷宣完成"。卷末题"民国十一年岁次壬戌十一月初六日完/陈栽之谨抄"，钤有"杨王仁记"朱记。

检索号码：XJW291-19-1-1

8.民国二十四年（1935）徐凤翠抄本，一册。封面题"伍拾号/徐凤翠揣/显映桥"。卷首题"显映桥宝卷"。无开卷偈。结卷偈"显映桥卷宣完成"。卷末题"民国二十四年乙亥四月吉日抄"。

检索号码：XJW291-19-1-5

9. 1950 年吴伯鸿抄本，一册。封面题"吴伯鸿/开桥宝卷"。卷首无题。开卷偈"开桥宝卷初展起"。结卷偈"开桥宝卷宣完成"。卷末题"桂月至庚寅年菊月　日立/借去速回/吴伯鸿记沐手抄"。卷后又记"此卷成立在嘉庆十九年公元一八一四年起到公元十九五零年抄在此本卷上也，共离别年数约有一百三十六年"。

检索号码：XJW276-19-1-2

172 《香山宝卷》，又名《佛门弟子香山宝卷》《改编佛学醒世观音得道大香宝卷》《改编佛学醒世宝卷大香山》《妙庄皇》

须弥山之西有一兴林国，国王号妙庄，皇后号宝德，二位公主名妙书、妙音。一日，皇后梦中被玉皇大帝召至天宫见佛听经，天人送一仙女予她，梦醒后见闻仙兆祥象，生一公主，相貌无人可比，如菩萨出世一般。国王为其取名妙善，大赦天下。妙善公主自小聪明沉稳且以慈悲为怀。岁月如梭，妙善公主长到十九岁时，看破红尘，参透生死，一心向佛。国王因无男嗣，欲为三位公主招亲，思量日后传位与驸马。大公主喜文，二公主爱武，唯三公主妙善慈悲通透，意在修行，矢志不从。国王大怒，将妙善定罪，禁锁后花园。妙善排除万难，出家汝州龙树县白雀寺，皈依佛门，矢志不移，修道精进，竟感动天神助其种菜挑水。国王下令火烧白雀寺，妙善拔钗刺口，祷告上苍，诸佛施法保住了白雀寺众僧尼。国王龙颜大怒，将妙善绞刑处死。阴间派来的善部童子迎接妙善的魂魄游地府。地藏王菩萨见善恶生死册上写着妙善乃仙女下凡，十九岁合游地府，日后成佛，理当送其还阳。妙善还阳后，遇一青年书生奉上天所差，特来指引其至惠州澄心县香山修道。香山乃古今隐仙之所，似天界一般，四季长春，万物和谐，妙善欢喜无量，在此修行九年，得成正果。

又作：妙庄王生女三人妙书、妙音、妙善，妙善最得父亲宠爱。后妙善因劝父向佛，惹怒妙庄王。王生恶念，杀女、焚寺、灭尼，恶行累累，触怒神明，招致恶疾，全国名医妙药施尽，毫无功效。妙善心痛父皇，遂化为一老僧前往皇宫救治父王。见到父王称须用香山一不嗔人的手眼入药，方可治好其病。国王遂差人前往，割一仙人的手眼入药，果然痊愈。国王携家眷、宫人前往香山答谢仙人，谁知仙人非他人，竟是昔日的妙善公主。国王大为感动，祈告上天，愿妙善重生手眼，苍天遂愿，妙善恢复原貌。国王虔心忏悔，遂放弃王位，誓愿出家修行，后得道升入净土。妙善公主因舍手眼救父，感动天地，被报以千手千眼，世称千手观音。

版本共 9 种：

1. 清同治七年（1868）木刻本，两册合订一册。封面、封底缺。卷首题"香山宝卷"。无开卷偈。无结卷偈。卷末无题。

检索号码：XJW213-19-1-3

2. 清同治七年（1868）杭州翁云亭善书局木刻本，两册合订一册。封面后装，题"华省三藏／香山宝卷"。卷首题"香山宝卷"。无开卷偈。无结卷偈。卷末题"杭州翁云亭善书局印造"。

检索号码：XJW213-19-1-4

3. 清光绪七年（1881 年）漱人抄本，一册。封面题"辛巳仲春／漱人抄录／香山摘要"。卷首无题。无开卷偈。无结卷偈。卷末题"光绪辛巳年仲春月　日立／漱人书／共四十六板"。

检索号码：XJW213-19-2-1

4. 清光绪十二年（1886）无锡万松经房木刻本，朱萼文抄补，上、下两册。上册封面后装，题"朱萼文诵／香山宝卷卷上"。上册卷首题"香山宝卷卷上"。

上册开卷偈"香山宝卷初展开"。上册无结卷偈。上册卷末无题。上册封底缺。下册封面后装，题"朱萼文诵／香山宝卷卷下"。下册卷首题"观世音菩萨本行经简集卷下"。下册无开卷偈。下册无结卷偈。下册卷末无题。

检索号码：XJW213-19-1-1、XJW213-19-1-2

5. 民国二十年（1931）木刻本，两册合订一册。封面题"癸酉年／吴维松藏置／香山宝卷"。上册卷首题"重刻观世音菩萨本行经简集"。上册无开卷偈。下册无开卷偈，无结卷偈。封底残。下册卷末无题。

检索号码：XJW213-19-3-2

6. 民国二十八年（1939）西湖昭庆慧空经房木刻本（重刻本），一册。封面后装，题"丙子年／顾子云记／徐子良、顾子云藏置重修／香山宝卷"。卷首题"香山宝卷"。无开卷偈。无结卷偈。卷末无题。

检索号码：XJW213-19-2-3

7. 民国三十七年（1948），陈富昌抄本，上、下两册。上册封面题"民国戊子年／颖川书屋／佛门弟子香山宝卷上集"。书口记"妙庄皇陈富昌"。卷首题"改编佛学醒世观音得道大香宝卷"。无开卷偈。无结卷偈。上卷卷末题"民国三十七年古历姑洗月上旬／陈富昌抄"。下册封面题"民国戊子年／颖川书屋／佛门弟子香山宝卷下集"。卷首题"改编佛学醒世宝卷大香山"。下卷无开卷偈。结卷偈"此卷名曰大香山"。卷末无题。

检索号码：XJW167-19-1-1、XJW167-19-1-2

8. 木刻本，一册。封面后装，题"朱士泳／香山卷"。卷首无题。无开卷偈。无结卷偈。卷末无题。

检索号码：XJW213-19-2-2

9. 木刻本，存上册一册。封面缺。卷首无题。无开卷偈。无结卷偈。卷末无题。

检索号码：XJW213-19-2-2

173 《杏花宝卷》

陈州巨富陈百万，家中有粗使丫头杏花。杏花做义袋，逢有谷子便剥出米来，念一声佛，三年六个月积得三斗三升。杏花托邻居周家兄弟带去杭州斋僧，并请一尊观音回来。不想，周家兄弟将米换成酒肉吃掉，只带回来一块肉骨头，谎称是观音。正巧陈百万要杏花烧鱼，杏花拜观音耽误烧鱼，陈百万毒打杏花，并说杏花咒主，把骨头丢到地上。霎时狂风大作，当空现出一座莲花，杏花端坐莲花之上。陈百万吓得魂飞魄散，杏花要他改恶从善。陈百万从此多行善事。

版本共3种：

1. 清光绪二十九年（1903）周裕芝抄本，一册。封面后装，题"地／拾壹号／东海凤良藏／杏花宝卷"。原封面题"六十一号／仁德堂藏裕香记／杏花宝卷"。扉页记"周裕芝记／杏花卷"。卷首题"杏花宝卷／周裕香记院书"。无开卷偈。结卷偈"杏花卷来宣完成"。卷末题"光绪贰拾玖年菊月抄录／周氏藏"。

检索号码：XJW146-19-1-1

2. 民国十五年（1926）杨廷章抄本，与金泉宝卷合订一册。封面后装，题"二十一号／浦大根／杏花卷"。书口记"杏花金泉卷／四知堂杨记"。卷首题"杏花宝卷"。无开卷偈。结卷偈"杏花卷宣完满"。卷末题"民国拾伍年太岁丙寅宫季夏月　日立／杨廷章自书"。

检索号码：XJW146-19-1-2

3. 石印本，一册。封面后装，题"安定胡畹峰办／杏花卷"。原封面缺。卷首题"杏花宝卷"。开卷偈"杏花宝卷始展开"。无结卷偈。卷末无题。

检索号码：XJW146-19-1-3

174 《修行宝卷》

松江府杨家村有一善人杨廷富，生有二子，长子杨奎，娶张氏为妻，次子杨文娶李氏为妻。大房媳妇从小吃斋念佛，看经修行；二房媳妇勤俭，样样活都干，见大房媳妇事情不做，倒要费钱焚香供佛，就叫公婆分家。二房夫妻两人勤俭，小日子过得不错。大房媳妇没得吃，借米烧饭吃也要去修行。大房媳妇一直好脾气，有一日，二房媳妇偷大房媳妇两只锅子，想看她骂不骂，哪知大房媳妇回到家里，发现锅没了，还替送锅回来的人说好话。后来大房一家发了财。二房媳妇后来却生病，一直不好，梦里祖宗叫她吃素念经。二房媳妇后来拜大房媳妇为师，一起修行，两家仍旧合灶过活。大房媳妇张氏活到九十九,二房媳妇李氏也活到九十三。

版本共 3 种：

1.民国二十四年（1935）韩琴良抄本，一册。封面题"修行宝卷"。卷首题"修行宝卷 / 韩琴良抄录原本"。无开卷偈。结卷偈"修行宝卷宣完成"。卷末题"中华民国念四年太岁乙亥八月　日朔抄毕谷旦 / 吴郡弟子韩琴良农人之笔"，钤有"韩氏琴梁"朱印。

检索号码：XJW240-19-1-3

2.民国二十九年（1940）冯昇卿抄本，一册。封面题"修行宝卷 / 顾顺显章"。卷首无题。无开卷偈。结卷偈"修行宝卷宣完成"。卷末题"天运中华民国二十九仲冬腊月间修立 / 善山人冯昇卿沐手抄录"。

检索号码：XJW240-19-1-2

3. 戊寅抄本，一册。封面后装，封面题"五十六号 / 吴水根揣 / 修行卷"。原封面题"沈顺生藏 / 修行卷"卷首题"修行"。无开卷偈。结卷偈"修行宝卷宣完成"。卷末题"岁次戊寅年七月吉日抄"。

检索号码：XJW240-19-1-1

175 《薛穷抛球》，又名《苦切宝卷》

唐朝太宗皇帝登基时，有一宰相名王忠，育有三女。大女儿配与文状元，二女儿配与武状元，唯有三女儿玉英年方十七尚未婚嫁。王忠六十有余，向皇上辞官回乡，并奏请皇上钦赐在十字街头高搭彩楼，抛球选婿。结果绣球误中乞丐薛穷，王忠让薛穷交出绣球，薛穷拒绝。无法，玉英只得与薛穷成婚。薛穷后来降妖有功，封为后军督府，玉英被封为一品夫人。

版本共 1 种：

清光绪十一年（1885）顾钰亭抄本，一册。封面题"周士初 / 薛穷抛球"。卷首无题。无开卷偈。结卷偈"此本就是苦切卷"。卷末题"光绪拾壹年八月日 / 顾钰亭敬抄"。

检索号码：XJW310-19-1-1

176 《寻亲宝卷》，又名《后金山宝卷》

宋太祖时，黄河决口，河南开封府封丘县地界官府派人修筑河堤，各地保差趁机索诈乡民。秀才周瑜，娘子郭氏，生活困苦。土豪张敏危害一方。一日，官府派差到周家，周瑜不肯，被关进大牢，郭氏乃向张敏求借银子以赎丈夫。张敏见色起意，移尸嫁祸周瑜，周瑜被判了死罪。郭氏得土地公托梦，乃知前因后果。恰逢新太守上任，郭氏拦轿告状，太守不明真相，断周瑜移尸，改判发配江南。张敏买通狱卒要害周瑜。郭氏自丈夫发配后，欲寻死路，得慈悲庵尼姑救下。狱卒欲害周瑜，幸得天官示警，周瑜逃得一命。其后，郭氏生下一子，取名瑞龙，多年以后瑞龙高中状元。此时，钦差范仲淹到开封明察暗访，查明张敏为害一方的诸种罪恶，判了绞刑。瑞龙回到家中，得知冤案已雪，起身寻访父亲，终于一家团聚。

版本共 1 种：

民国十一年（1922）沈南鼎抄本，上、下两册。上册封面已缺。卷首题"后金山宝卷上集"。开卷偈"宣出金山寻亲卷"。下册封面题"壬戌清和日立／寻亲宝卷下集"，有"翰宾周记""沈南鼎记"印信数枚。下卷卷首题"后金山宝卷下集"。开卷偈"金山寻亲再宣明"。结卷偈"后金山卷今宣毕"。卷末题"民国壬戌年岁次清和月　日立抄摹"。

检索号码：XJW119-19-1-1、XJW119-19-1-2

Y

177 《延寿宝卷》，又名《南极星辉宝卷》《延年益寿宝卷》《长寿卷》《男延寿卷》《延寿妙仪》《寿延卷》《长生宝卷》

唐中宗时期，湖广襄阳府富户金良（又作金善良），一心向善（一本作一向作恶，命该绝子，后幡然醒悟转而向善），育有一子本中。金良四十九岁患病，本中四处求神拜佛，不惜割心救亲。玉帝怜其至孝，各增寿命十年。本中与刘员外之女兰英订婚。一日饿鬼化身饿马到刘家麦田内抢食，本中问知是张寡妇之田，忙叫人牵到自家田里，以免穷者益穷。饿鬼见本中行善，上报天庭，再增十年寿命。后本中上京赶考，中得状元。父亲让其收账，他尽毁账本，免除旧帐又得十年之寿。本中婚后无子，父母为他娶妾西门李氏，李氏过门一直悲悲切切。一问乃知是因家中贫穷，不得已嫁人为妾。本中乃送回李氏，另赠金银令其改嫁，又得十年寿命。之后，本中多行善事，玉帝赐福，福寿绵延。

版本共 17 种：

1. 清光绪三年（1877）顾峻山抄本，一册。封面题"二号／汤寿春藏／延寿卷"。卷首无题。开卷偈"金日今时寿筵（延）卷"。结卷偈"寿延宝卷已宣完"。卷末题"光绪丁丑年菊月　日立／顾峻山敬录"。书后有一页记录六十种宝卷书目。

检索号码：XJW106-19-2-2

2. 清光绪二十八年（1902）顾彦抄本，一册。封面后装，题"丁丑重修／顾培源选／延寿卷"，原封面题"岁次癸酉年补写／顾培源藏／延寿卷"。卷首题"延寿宝卷"。开卷偈"寿延宝卷始展开"。结卷偈"延寿宝卷全部宣圆"。卷末题"光绪贰拾捌年岁次壬寅荷月中旬／虔诚重抄／齁章顾彦录"，钤有"顾彦""柏荣"朱印。

检索号码：XJW106-19-2-3

3. 清光绪三十一年（1905）霍耕山抄本，一册。封面题"延寿卷"。卷首题"延寿卷／全录原本"。开卷偈"延寿宝卷始展开"。结卷偈"延寿宝卷已宣明"。卷末题"岁次光绪叁拾壹年桂月　日立／霍耕山沐手"。书后注："此卷书产是霍渊的，现韩何记藏觅，算自己勿要面脸"。书后有"韩琴梁印"朱印。

检索号码：XJW106-19-2-4

4. 民国六年（1917）金玉堃抄本，一册。封面题"丁巳年／金玉堃摩／延寿宝卷"。卷首题"延寿宝卷"。无开卷偈。结卷偈"延寿宝卷已宣成"。卷末题"太岁民国丁巳年仲冬月终／自己玉堃记学手录整笔法"。

检索号码：XJW106--19-2-7

5. 民国十六年（1927）浦氏抄本，一册。封面题"丁卯年／浦氏抄／男延寿卷"。卷首钤"浦鉴"红印。卷首题"延寿宝卷"。开卷偈"寿生宝卷始展开"。结卷偈"延寿宝卷宣完成"。卷末题"天运民国拾六年丁卯岁次荷月　日谷旦／

沐手敬录"。

检索号码: XJW106-19-1-8

6. 民国二十三年（1934）盛克昌抄本，一册。封面题"贰号 / 甲戌年 / 盛克昌抄 / 延寿宝卷"。扉页题"盛介正 / 柏斌侯记办用"。卷首题"延寿宝卷"。开卷偈"延寿宝卷在佛前"。结卷偈"长生宝卷宣完全"。卷末题"民国甲戌年桃月终日 / 弟子盛克昌抄录"。

检索号码: XJW106-19-1-4

7. 民国二十四年（1935）徐桂根抄本，一册。封面题"第乙号 / 徐子良用 / 南极星辉"。卷首无题。开卷偈"今日今时寿筵开"。结卷偈"延寿宝卷已宣完"。卷末题"中华民国念肆年古历杏月下旬日 / 徐桂根抄"。

检索号码: XJW106-19-2-1

8. 民国二十五年（1936）朱士泳抄本，一册。封面题"朱士泳 / 延寿卷"。卷首题"延寿卷 / 朱士浩"。开卷偈"延寿宝卷始展开"。结卷偈"延寿卷完 / 朱士浩记"。卷末题"中华民国贰拾伍年正月　日立谷旦 / 院书文正抄 / 朱士容十清　写　记日立　揣"。

检索号码: XJW106-19-2-8

9. 民国三十四年（1945）柳文达抄本，一册。封面题"柳记 / 延年益寿"，印"柳文达"墨印。卷首无题。开卷偈"延寿宝卷初展开"。结卷偈"今日宣了长寿卷"。卷末题"民国卅四年正月初旬　日 / 文达抄"。

检索号码: XJW106-19-2-6

10. 民国三十七年（1948）龚俊甫抄本，一册。封面题"民国戊子甲寅仲春谷旦 / 武凌俊甫 / 延寿宝卷"。卷首题"延寿宝卷"。开卷偈"延寿宝卷在佛前"。结卷偈"延寿宝卷宣完成"。卷末题"龚俊甫记"。

检索号码: XJW106-19-1-3

11. 上海文益书局石印本，一册。封面题"民国叁拾叁年仙月初五日立 / 和合堂 / 金志祥 / 延寿"。卷首题"新出延寿宝卷"。无开卷偈。结卷偈"延寿宝卷宣完成"。卷末无题。

检索号码: XJW106-19-2-9

12. 吉义堂抄本，一册。封面后装，无题。卷首题"延寿宝卷"。无开卷偈。结卷偈"延寿妙仪已周全"。卷末题"吴邑弟子吉义堂沐手敬抄"。

检索号码：XJW106-19-1-5

13. 张桂堂抄本，一册。封面后装，封面题"张桂堂记／寿延卷"。原封面题"张万镒氏／延寿卷"。卷首无题。开卷偈"延寿宝卷初展开"。结卷偈"延寿宝卷已完成"。卷末无题，钤有"张天如图"朱印。

检索号码：XJW106-19-1-6

14. 抄本，一册。封面题"翁汉庭诵／延寿宝卷"。卷首无题。开卷偈"延寿宝卷始展开"。无结卷偈。卷末无题。

检索号码：XJW106-19-1-2

15. 抄本，一册。封面无题。卷首题"男延寿宝卷"。无开卷偈。结卷偈"延寿宝卷宣完满"。卷末无题。

检索号码：XJW106-19-1-1

16. 抄本，一册。封面残，题"邹□记／寿延卷"。卷首无题。开卷偈"延寿宝卷始传开"。无结卷偈。卷末无题。

检索号码：XJW106-19-1-7

17. 抄本，一册。封面题"四十三号／顾佳士藏／延寿卷"。卷首无题。开卷偈"延寿宝卷始展开"。无结卷偈。卷末无题。

检索号码：XJW106-19-2-5

178 《咬舌记宝卷》，又名《节孝宝卷》

清朝江西省九江府瑞昌县有一家姓田，夫人潘氏，儿子田光祖，儿媳韩氏。潘氏病死后，田公又娶了尤氏，尤氏见媳妇对田公十分孝顺，就认为他们之间有私情。正好儿子田光祖外出赴考。一日田公去看戏，尤氏就女扮男装，穿了田公的衣服，进入媳妇的房间吹灭灯火，调戏媳妇。当尤氏与媳妇亲嘴时，媳妇将尤氏舌头咬脱半个，尤氏逃回房间。韩氏连夜回父母家告之公公所作所为。韩氏父母随即去田家找田公论理，在田府没有找到田公，看见尤氏还穿着田公的衣服缩在床上，嘴里鲜血淋淋，明白了真相。韩氏父母回家后见女儿不在，即派人四处寻找无果。第二天清早，有人来河边挑水，看见了韩氏的鞋子。韩氏投河后被前去长沙任知府的王进士救上官船，后来做了王知府的义女。儿子田光祖后来进京赴考，得中会元，官至翰林。当朝萧丞相要将女儿许配给田光祖，田光祖不允，补贬长沙理刑厅，与王知府相遇，田光祖和韩氏终于夫妻重聚。王知府田翰林官满离任，去京述职，奏明皇上。皇上一一加封，赐韩氏为一品夫人，又在九江府起造节孝牌坊。全家同享荣华富贵，韩氏三年连生三子。

版本共 1 种：

民国三十五年（1946）王炳坤抄本，一册。封面题"丙戌／太原王炳坤藏／咬舌记"。卷首无题。开卷偈"节孝宝卷始展开"。结卷偈"节孝宝卷宣完成"。卷末题"民国三十五年岁次丙戌清和月中／王炳坤自抄录／石焕章传"，卷后钤有"王炳坤"朱印。

检索号码：XJW237-19-1-1

179 《药茶记宝卷》，又名《苏凤英药茶记》《药茶宝卷》

四川端阳县进士苏文尚，妻姜氏，生一男一女，名景龙和凤英，继子余昌。姜氏病亡，苏文尚另续吴氏为妻，吴氏带来一子张保。半年后，苏文尚奉命赴甘肃临阳上任，只带继子余昌，临走时嘱咐吴氏好好照顾儿女，并把宝库房钥匙交给女儿凤英保管。等苏文尚一走，吴氏起了坏心，逼凤英交出钥匙，凤英不从，被吊在廊下，哥哥救了妹妹，并向吴氏求情，兄妹竟被赶出家门，住在坟堂。张保为救弟妹，送馒头给弟妹吃，哪知吴氏在馒头里放了毒，结果张保误吃了毒馒头，幸亏仙人相救。景龙和凤英知道这次吴氏不会放过他们，就让哥哥景龙逃走去临阳寻父。张保让母亲保证不再毒打凤英，但趁张保不在，吴氏又将刀插女肋下，令其跪在瓦上，被余昌回家看见，大骂继母，吴氏却反咬余昌将继父害死而归，余昌大怒而走。吴氏又逼凤英做苦活，并在茶内放了毒，准备毒死凤英。正巧苏文尚托病辞官回家，苏文尚口渴喝了毒茶即死，吴氏陷害凤英放毒杀父，凤英入狱。玉皇大帝闻知大怒，让雷公下界打死了吴氏，救活了苏文尚。最后张保与凤英成亲，三兄弟赴京赶考，皆中金榜。

版本共 2 种：

1.民国三十四年（1945）黄绍良抄本，一册。封面题"乙酉年 / 黄绍良编录 / 药茶记"。卷首无题。开卷偈"药茶记卷初展开"。结卷偈"药茶宝卷宣完满"。卷末题"民国三十四年太岁乙酉旧历荷月上旬 / 绍良藤（滕）清 / 琴川江夏沐手编誊"。

检索号码：XJW224-19-1-5

Y

2.上海惜阴书局石印本，上、下两册合订一册。封面题"安定胡畹峰办 / 药茶计"。卷首题"绘图苏凤英药茶记宝卷"。开卷偈"药茶记卷初展开"。结卷偈"药茶宝卷宣完成"。卷末无题。

检索号码：XJW228-19-1-1

180 《一本万利》

宋朝时，战国万仙祖孙兆年之后裔耀宗，乐善好施，但因家贫如洗，欲觅死路。其祖即变化为相面先生，告知耀宗：有家传铜钱一枚，乃兆年当年与黄禅老祖斗法时所得，甚是神奇。耀宗依言，到海边摇动铜钱，索宝，果得巨富。后西番造反，又被耀宗靠铜钱法力平定，从此富贵。

版本共 1 种：

浦鸿儒抄本，一册。封面题"浦鸿儒抄 / 一本万利"。卷首题"一本万利宝卷"。开卷偈"一本万利卷始开"。结卷偈"一本万利宣完了"。卷末钤有"浦鸿儒"朱印。

检索号码：XJW1-19-1-1

181 《一聘双妻宝卷》，又名《双龙宝卷》

宋仁宗时，江南松江府上海县安乐村有一富户周益美，父亲做过广东知府，十分清正。其父在任时曾为益美配亲西门梁天虎之女金龙。后因其父亡故，家中连遭火灾，生活困窘，无奈到岳父家借银两。不想，梁家势利，意图赖婚，私造假契约，诬陷女婿为盗。上海县令收受贿赂，竟判斩首。幸遇其表兄仇金刚在潼关得胜，将此事奏明君王，才得免罪。后周益美发奋读书，得中状元，将梁天虎与上海县令斩首，并与金龙、银龙二女成亲。

版本共 2 种：

1. 民国十五年（1926）王森遴抄本，一册。封面题"丙寅 / 王森遴藏 / 一聘双妻"。书口题"一聘双妻"。卷首题"一聘双妻"，钤有"王森遴章"朱印。开卷偈"双龙宝卷始宣扬"。结卷偈"双龙宝卷已宣完"。卷末题"中华民国十五年太岁丙寅清和月 / 森遴自抄"。

检索号码：XJW3-19-1-1

2. 抄本，一册。封面题"淡 / 景福堂浦 / 双龙宝卷上"。卷首题"双龙宝卷上集"。开卷偈"双龙宝卷始展开"。无结卷偈。卷末无题。

检索号码：XJW36-19-1-1

182 《义妖宝卷》，又名《白蛇宝卷》《白娘宝卷》《白蛇传》《金山卷》《义妖传》《雷峰塔卷》《义妖古迹》《白氏宝卷》

宋朝时期，杭州陶凤美买到一条白蛇，心生善念将之放生。后来白蛇与青蛇得道，为报陶救命之情，乃化身白娘娘来找陶的转世人许仙（又作许宣）。二人在断桥相识，白娘娘盗来银两要助许仙开药店，不料被人识破金银出处，许仙被发配苏州。白娘娘找到许仙并嫁与他。婚后有道士对许仙讲白娘娘乃蛇妖，许仙将信将疑。后来，端午节日，白娘娘误饮雄黄酒显出原形，将许仙吓死。白娘娘上天庭盗取仙草灵芝将许仙救活。后许仙上金山寺，遇到法海，受其软禁，白娘娘便同小青一起与法海斗法，结界水漫金山寺，伤及其他生灵。白娘娘因此触犯天条，在生下孩子后被法海收入钵内，镇压于雷峰塔下。白娘娘的儿子长大后得中状元，到塔前祭母，将母亲救出，于是全家团聚。

版本共 14 种：

1. 清道光二十八年（1848）王荣棠抄本，一册。封面、封底后装。封面题"第念五号 / 荣棠王记 / 义妖卷"。原封底残。卷首题"义妖传卷"，钤有"王浩德藏""三让湘记"朱记。无开卷偈。结卷偈"义妖宝卷宣完成"。卷末题"道光二十八年仲冬月　日立抄录 / 三让堂荣堂戊辰岁重建"，钤有"三让湘记""紫记""德华"紫印。

检索号码：XJW34-19-2-2

2. 清光绪八年（1882）峻山抄本，一册。封面题"五十七号／汤寿春藏／白蛇传"。卷首题"白蛇宝卷"。无开卷偈。结卷偈"雷锋^①塔卷宣完成"。卷末题"光绪壬午岁菊月　日立／峻山敬录"。

检索号码：XJW84-19-1-2

3. 清光绪十三年（1887）朱洪凤抄本，一册。封面题"暑号／金芝田／义妖宝卷"。卷首题"义妖宝卷"。开卷偈"义妖古迹到今有"。结卷偈"义妖宝卷已宣完"。卷末题"光绪丁亥岁在季夏／朱洪凤浴录吉立"。卷后记"修行其果／来到南山落下边管十洲三岛"。

检索号码：XJW34-19-2-1

4. 清光绪十八年（1892）抄本，一册。封面题"第十七号／吴春翘置／白蛇宝卷"。卷首无题。无开卷偈。无结卷偈。卷末题"光绪十八年维记"。

检索号码：XJW84-19-1-1

5. 清光绪二十年（1894）顾彦抄本，一册。封面题"敬业堂顾培源记／白蛇传"。卷首题"白蛇传卷"。无开卷偈。无结卷偈。卷末题"光绪二十年菊月中旬立／翯章顾彦抄"。卷末有朱笔"大圣北斗天关星君……"字样。

检索号码：XJW84-19-1-6

6. 清光绪三十年（1904）周玉庭抄本，一册。封面题"甲辰／花秀堂周玉记／义妖宝卷"。卷首题"义妖宝卷"。开卷偈"义妖宝卷始展开"。结卷偈"义妖宝卷宣完满"。卷末题"光绪三十年岁次甲辰小春月　日立／花秀堂周玉庭抄录"。本书地脚记"六十四版"。卷末钤有"俞云阶"墨记。

检索号码：XJW34-19-1-5

7. 清光绪三十一年（1905）抄本，一册。封面题"谯国逸记／义妖卷"。卷首题"义妖传卷"。无开卷偈。结卷偈"义妖宝卷宣完成"。卷末题"光绪乙巳年杏月　日立"。

检索号码：XJW34-19-2-4

---

① 原文如此，应为"峰"。

8. 清光绪三十一年（1905）锦之抄本，一册。封面残，封面题"四十四号／□□□记／白蛇宝卷"。卷首无题。无开卷偈。结卷偈"白娘宝卷已宣完"。卷末题"光绪三十一年十一月　日立／浣旦锦之兑记抄"。封底残，卷后题"共有四十七页"。

检索号码：XJW34-19-1-4

9. 民国七年（1918）金玉堃抄本，上、下两册。上册封面题"金玉堃藏／义妖宝卷上本"，上册卷首无题。上册开卷偈"义妖宝卷始展开"。上册卷末题"民国七年岁次戊午时值桃月／蠡溪金玉堃录"。下册封面题"金玉堃藏／义妖宝卷下本"。下册卷首无题。开卷偈"白氏宝卷再提宣"。下册结卷偈"此本名为义妖卷"。下册卷末题"民国七年清和月初二日／玉堃录整"。封底题"民国柒年岁戊午清和月初旬／玉坤录"，朱笔题"金府积善堂藏版"。

检索号码：XJW34-19-1-1、XJW34-19-1-3

10. 民国十年（1921）抄本，一册。封面题"卅六号／吴水根揣／白蛇传"。卷首题"义妖宝卷"。开卷偈"义妖古迹到今有"。结卷偈"义妖宝卷已宣完"。卷末题"民国辛酉年清和月吉日书浣"。

检索号码：XJW84-19-1-3

11. 民国二十五年（1936）抄本，一册。封面题"张桂堂记／金山卷／即白蛇传"。卷首无题。开卷偈"金山宝卷始展开"。结卷偈"金山宝卷已宣完"。卷末题"民国丙子岁孟春月起手缓于上浣史竹溪藏"。

检索号码：XJW84-19-1-4

12. 杨廷章抄本，一册。封面题"二号／浦大根／义妖卷"。卷首题"义妖卷"。无开卷偈。结卷偈"白蛇卷宣完成"。卷末钤有"杨庭章记"朱印。书口题"白蛇卷／杨廷章氏"。

检索号码：XJW34-19-2-3

13. 上海惜阴书局石印本，上、下两册合订一册。上册封面题"安定胡畹峰办／白蛇传上部"。上册扉页题"绘图白蛇宝卷"。上册卷首题"浙江杭州府钱塘县白蛇宝卷上集"。上册开卷偈"白蛇宝卷初展开"。上册无结卷偈。下册封面题"安定胡畹峰办／白蛇传下部"。下册卷首题"浙江杭州府钱塘县白蛇宝卷下集"。下册无开卷偈。下册无结卷偈。下册卷末无题。

检索号码：XJW84-19-1-5

14. 顾银生抄本，一册。封面题"45/ 顾银生本 / 义妖宝卷"。卷首无题。开卷偈"开宣报恩白蛇传"。结卷偈"白蛇古积宣完成"。卷末题"陇西培藏"。

检索号码：XJW34-19-1-2

183 《阴审郭槐》，又名《郭槐宝卷》《龙图宝卷》《龙图案卷》

宋嘉祐年间，包公到陈州放粮，路过陈桥，怪风吹落乌纱帽。包公命张龙、赵虎前去查访，发现卖菜人郭海寿之母有冤情，讯之，自言为先皇李妃，受刘妃及郭槐陷害，奸人用狸猫换太子，又火烧碧云楼，幸得寇承女盗金牌放走李妃，又将太子交陈琳送狄娘娘处抚养，使太子得以保全，太子即是今日之皇上。包公到京，奏明天子，假装阎罗阴审郭槐，于是李妃沉冤得雪。

版本共 1 种：

清光绪元年（1875）潘文学抄本，一册。封面缺。卷首题"郭槐"。无开卷偈。结卷偈"龙图宝卷宣完满"。卷末题"光绪乙亥岁辛巳月丁卯日 / 潘文学抄写"。此卷亦名"阴审郭槐"，讲述狸猫换太子故事。

检索号码：XJW83-19-1-2

184 《游龙宝卷》，又名《献龙袍》《呆人得福》《龙袍宝卷》《樵夫遇圣》《樵夫遇贵》《周元卷》《周元做亲》《周玄宝卷》《天子临门》《奉旨完姻》《欢和宝卷》《正德游龙宝卷》《正德万岁游龙宝卷》《周玄做亲宝卷》《周玄做亲月》

大明正德年间，正德皇帝微服私访，独自出游。一日大雪，正德路经一村庄，便借宿一农户家中，闲谈间得知户主早亡，其妻方氏与子周元（一作周玄，元或为避"玄"字讳）相依为命，以砍柴为生，日子清苦。正德见母子二人为人热情，心地善良，家中虽贫苦但仍将家中唯一一只鸡杀了款待过路客人。正德见其子周元憨厚老实，并得知周元有想娶妻之心愿，便取黄袍一块，御笔下旨，命太史曹仲之女玉娥与周元速速成婚，使周元入赘曹府。一月后岳婿二人进京叩谢皇恩。周、曹两家生活富贵。

版本共 10 种：

1. 清光绪八年（1882）薛情表抄本，一册。封面无题。卷首无题。书口记"张松亭记"。卷首无开卷偈。结卷偈"游龙宝卷已宣完"。卷末题"光绪捌年夷则月／薛情表抄毕"。

检索号码：XJW286-19-1-4

2. 清光绪二十三年（1897）王森逵抄本，一册。封面题"王森逵藏／正德游龙"。卷首题"周玄做亲月"。无开卷偈。结卷偈"周玄宝卷宣完成"。卷末题"天运光绪贰拾叁年桃月寒食日／森逵抄录"。

检索号码：XJW99-19-1-2

3. 清光绪三十二年（1906）邹晓初抄本，一册。封面题"十六号／仁寿邹晓初／献龙卷"。卷首题"游龙宝卷"。无开卷偈。结卷偈"游龙宝卷已宣完"。卷末题"光绪叁拾贰年榴月／邹晓初抄录"。

检索号码：XJW286-19-1-2

4. 清宣统二年（1910）吴维淞抄本，一册。封面题"十六号／吴维淞藏／献龙袍"。卷首无题。无开卷偈。结卷偈"游龙宝卷已宣完"。卷末题"龙飞宣统二年桃月上浣／弟子维淞自手抄白"。

检索号码：XJW286-19-1-3

5. 清宣统二年（1910）祁培镛抄本，一册。封面题"程俊奎订／武陵书斋／樵夫遇圣"。卷首题"周玄宝卷"。无开卷偈。无结卷偈。卷末题"宣统二年桂月中秋望日／祁培镛沐手抄"。

检索号码：XJW311-19-1-1

6. 民国九年（1920）邵企亭抄本，一册。封面题"庚申／邵殿臣记／呆人得福"。扉页题"民国九年庚申桃月初五日／谷旦／邵金声志／游龙卷"。卷首题"正德万岁游龙宝卷"。无开卷偈。结卷偈"游龙卷宣团圆"。卷末题"民国庚申年桃月初五日抄完／邵企亭订／计三十页"。卷后记"诸亲好友概不借出"。

检索号码：XJW99-19-1-1

7. 民国二十一年（1932）倪凤卿抄本，一册。封面题"四十七号／倪凤卿藏／游龙宝卷"。卷首题"游龙宝卷"。开卷偈"游龙宝卷初展开"。结卷偈"游龙宝卷宣完满"。卷末题"民国贰拾壹年桃月　日立／凤卿抄马记"。卷后记"抄卷最万难，借去速即还，倘若不还者，自己也有灾／此书在学中抄习"。

检索号码：XJW286-19-1-5

8. 壬戌杨廷章抄本，一册。封面题"二十六号／浦大根／游龙卷"。卷首题"游龙卷"。开卷偈"游龙宝卷初展开"。结卷偈"游龙卷宣完成"。卷末题"天子临门／天运太岁壬戌年　孟冬月嘐浣　置／杨廷章自书"。

检索号码：XJW286-19-1-1

9. 抄本，一册。封面题"戴锦华藏／龙袍宝卷"。扉页题"丁未年／戴荣椿记／献龙袍"。卷首无题。开卷偈"龙袍宝卷始展开"。封底已缺。无结卷偈。卷末无题。

检索号码：XJW311-19-1-3

10. 抄本，一册。封面题"樵夫遇贵"。卷首题"天子临门"。开卷偈"奉旨完姻始展开"。结卷偈"游龙宝卷宣完满／此卷名为欢合卷"。卷末无题。

检索号码：XJW311-19-1-2

185 《余杭奇案》，又名《杨乃武小白菜》《小白菜宝卷》

清朝同治年间，浙江余杭仓前镇杨乃武，祖上做过官，自己又做过医生，在当地颇有名望，姊菊贞，嫁与宁波陈家。本镇豆腐店帮工葛小大，妻兰英，人称小白菜。兰英系从外地逃难至此，被葛家收作童养媳，见夫蠢笨，心中不悦。杨乃武与小白菜日久生情。杨母见杨经常外出，便为杨说下亲事，杨乃武成亲后夫妇二人甚是欢洽，与葛家小白菜就此断绝往来。新知县郑光祖到任，其子仁赛见小白菜甚美，调戏不成便叫钱贵生设法，将药下在茶里，将小白菜奸污，小白菜也只得与其相好。一天被葛小大闯见，郑将小大一脚踢伤，致使小大卧床不起。郑取砒霜将小大药死，小大弟祖德起疑，告到县里，郑知县大惊。绍兴师爷设计诬陷此事是杨乃武所为，杨用刑不住，只得招认。直到杨姊至京中喊冤，将一干案犯押至京里审问，设计从小白菜口中套出真情，方真相大白。小白菜本也应被判斩首，幸有太后亲赦其罪。杨被释归家，腿却致残，后在报馆作编辑。

版本共 1 种:

1955 年抄本,一册。封面题"徐焕文藏 / 余杭奇案 / 小白菜"。卷首题"余杭奇案"。开卷偈"余杭奇案初展宣"。结卷偈"余杭奇案宣完满"。卷末题"壹玖伍五年新正月上旬抄录 /69 板"。

检索号码: XJW245-19-1-1

186 《鱼篮长生》,又名《鱼篮卷》《家堂宝卷》《家居迪吉》《香火圣众》《金沙滩卷》

广东金沙滩是蛮夷之地,以强为胜,不信神佛,不知国法,好勇斗狠,毫无情理。城隍土地与灶王上表奏明,玉帝大怒,欲将金沙滩变为海,淹死众生。观音菩萨闻知,求玉帝广施好生之德,宽限一日,亲至凡间劝人向善,玉帝允之。观世音变化为渔婆,丑面躬身,十人见了九人嫌,并无人买鱼;又变作美女卖鱼,众人尽来观看。富人张里虎(又作张里火)要买鱼。观音说,篮中上面是鱼,下面是七卷《法华经》。张里虎要娶渔女,观音说要念得经卷熟透,方能出嫁。张里虎与众乡人均要读经,观音各赠一部。于是,士农工商齐声念经。一月已至,张里虎熟读经卷,备轿来娶。却闻霹雳一声,轿中已空,空中乐声大作,观音现出法身告知一切,众人方知是观音将人们救出苦难,遂家家描神画圣,供奉观世音。

版本共 18 种:

1. 清光绪七年(1881)顾承祖抄本,与《灶皇宝卷》合订一册。封面题"辛巳 / 顾承祖记落 / 家堂灶皇宝卷"。卷首无题。开卷偈"家堂宝卷始展开"。结卷偈"家堂宝卷已宣完"。卷末题"光绪七年辛巳孟夏上浣 / 武陵沐手抄落"。

检索号码: XJW256-19-2-7

2. 清光绪二十五年(1899)武陵抄本,与《灶皇宝卷》合订一册。封面题"家堂宝卷"。卷首无题。无开卷偈。结卷偈"家堂宝卷已宣完"。卷末题"家堂宝卷治世福神千年香火万载灯,岁岁感洪恩住宅六神永葆道清宁 / 光绪二十五年巳亥十二月二十三日 / 武陵沐手抄落"。

检索号码: XJW256-19-1-2

3. 清光绪二十七年(1901)张文华抄本,一册。封面题"丁卯岁重修 / 清

河张文华记 / 家堂宝卷"。卷首无题。开卷偈"家堂宝卷始宣明"。结卷偈"家堂宝卷宣完成"。卷末题"大清光绪贰拾柒年菊月下旬灯光抄录"。

检索号码：XJW256-19-2-9

4.清光绪二十七年（1901）马炜卿抄本，一册。封面题"鱼篮长生"。卷首题"鱼篮长生"。无开卷偈。结卷偈"家堂宝卷宣完成"。卷末题"光绪辛丑十月 / 平江弟子马炜卿抄"。

检索号码：XJW171-19-1-1

5.清光绪三十年（1904）汤椿香抄本，一册。封面题"椿香汤记 / 家堂卷"。卷首无题。开卷偈"家堂宝卷始展开"。结卷偈"家堂宝卷宣完成"。卷末题"光绪三十年清和月 日立"。

检索号码：XJW256-19-2-6

6.清宣统二年（1910）华秋亭抄本，一册。封面后装，封面题"五十四号 / 吴水根揣 / 家堂卷"。卷首题"家堂宝卷"。无开卷偈。结卷偈"家堂宝卷宣完成"。卷末题"宣统贰年杏月 日立抄本 / 华秋亭 / 子华椿如"。

检索号码：XJW256-19-2-4

7.民国十四年（1925）朱茂山抄本，一册。封面题"民国拾肆年小春月 / 朱茂山记 / 家堂宝卷"。卷首题"家堂宝卷"。开卷偈"修行家堂卷"。结卷偈"家堂宝卷已宣完"。卷末无题。

检索号码：XJW256-19-2-5

8.民国二十四年（1925）徐桂根抄本，一册。封面题"徐子良藏 / 家堂灶界"。卷首无题。开卷偈"家堂宝卷始展开"。结卷偈"家堂宝卷已宣完"。卷末题"中华民国廿四年新正月下旬 日 / 徐桂根抄"。

检索号码：XJW256-19-2-1

9.民国十九年（1930）姚杏福抄本，一册。封面题"姚杏福置 / 家堂卷"。卷首题"家堂宝卷"。开卷偈"家堂宝卷始展开"。结卷偈"发财宝卷宣圆满"。卷末题"天云（运）民国十九年太岁庚午榴月敬录 / 姚杏福自书敬抄"。

检索号码：XJW256-19-1-4

10.民国二十年（1931）抄本，一册。封面、封底残。卷首无题。开卷偈"宣扬家堂卷”。结卷偈“家堂宝卷已宣完”。卷末题“民国二十年桃月　日立完终”。

检索号码：XJW256-19-1-6

11. 民国三十三年（1944）陈宗荫抄本，一册。封面无题。卷首无题。开卷偈“鱼篮宝卷始展开”。无结卷偈。卷末题“民国三十三年八月下浣 / 陈宗荫抄”。

检索号码：XJW171-19-1-2

Y

12. 壬申徐秀美抄本，一册。封面题“岁次壬申年桃月 / 二号 / 柳春芳 / 家居迪吉 / 金沙滩”。卷首题“香火圣众 / 金沙滩”。开卷偈“家堂宝卷初展开”。结卷偈“家堂宝卷宣完全”。卷末题“家堂宝卷在壬申年桃月敬抄 / 徐秀美书”。

检索号码：XJW256-19-1-5

13. 周懋卿抄本，一册。封面题“三十九号 / 周懋卿记 / 家堂宝卷”。卷首题“家堂卷”。开卷偈“家堂宝卷始展开”。结卷偈“家堂宝卷宣完成”。卷末无题。

检索号码：XJW256-19-1-3

14. 徐凤良抄本，一册。封面题“五十三号 / 徐凤良揣 / 家堂宝卷”。卷首无题。无开卷偈。结卷偈“家堂宝卷已宣完”。卷末无题。

检索号码：XJW256-19-2-3

15. 韩琴良抄本，一册。封面题“韩琴良揣 / 家堂宝卷”。卷首无题。无开卷偈。无结卷偈。卷末无题。

检索号码：XJW256-19-2-8

16. 黄万兴抄本，一册。封面题“癸未 / 毛文学忠德 / 家堂、灶家、财神卷”。书口记“家堂灶界路头卷 / 毛文学记”。卷首题“家堂卷”。开卷偈“家堂宝卷始展开”。结卷偈“家堂宝卷已宣完”。卷末无题。

检索号码：XJW256-19-1-7

17. 抄本，一册。封面无题。书口记“家堂卷 / 姚杏福办用记”。卷首题“家堂宝卷”。开卷偈“家堂宝卷始展开”。无结卷偈。卷末无题。

检索号码：XJW256-19-2-2

18. 抄本，一册。封面、封底缺。卷首题“家堂宝卷”。开卷偈“家堂宝卷始展开”。结卷偈“灶家卷已宣完”。卷末无题。

检索号码：XJW256-19-1-1

187 《渔家乐》，又名《藏舟宝卷》

汉朝太平村人简仁同，父母双亡，虽入黉门，却一贫如洗。一日在街上卖书，被船家邬老老父女看见。邬飞霞见简仁同贫苦，劝说父亲赠他米银。时值皇上驾崩，朝中梁计弄权，立年幼刘赞为帝，太子刘蒜为防不测，逃离京城。大司勋马荣，巴结梁计，欲将女儿瑶草嫁与梁为妾，女不肯，马怒，将瑶草送与穷苦人简仁同成婚。简大惊，推却之时，邬老老与飞霞拿了钱米让简和瑶草成亲。二人成婚后，苦不堪言。一日潼关总兵简必荣来信，保举简任参谋一职。夫妻拜别邬家父女起程而去。端午佳节，邬老老与众渔户在大杨树下吃酒，梁计派人追杀刘蒜，一箭射中邬老老。飞霞葬父后，却见舟中藏有一人，细问，知是刘蒜。飞霞送刘蒜过江，互订婚姻。梁计选美，将飞霞选入宫中。后梁计叫范皆春相面，范说三日之中，有人行刺。梁日夜提防，又派人药死皇帝，却在饮酒作乐时被飞霞刺死。范皆春遣散众人，放走飞霞。太后见梁计毒死刘赞，命人捉拿。人报梁已被刺死，颁旨接刘蒜登位，简必荣、简仁同护送刘蒜进京。刘蒜派人寻到邬飞霞，接入宫中成婚。

版本共 4 种

1. 清光绪十年（1884）戴逸斋抄本，一册。封面题"戴金土藏／锦忠办用／渔家乐"。卷首题"藏舟宝卷／戴余庆堂"。开卷偈"渔家宝卷始展开"。结卷偈"藏舟宝卷已完成"。卷末题"大清光绪甲申岁仲秋桂月上旬抄了／仁字／谯国逸斋戴记／藏舟卷共数五十五板半正／包仁山"。

检索号码：XJW266-19-1-2

2. 清光绪十年（1884）抄本，一册。封面题"龙图仁记／藏舟"。卷首题"藏舟宝卷／包宝远堂"。开卷偈"渔家宝卷始展开"。结卷偈"藏舟宝卷已完成"。卷末题"大清光绪十年季秋菊月上旬抄录／□记／共数四十六板半一正"。

检索号码：XJW266-19-1-3

3. 清光绪三十四年（1908）王森逵抄本，一册。封面题"戊申／王森逵藏／鱼家乐／清和王"。卷首题"鱼家乐"，钤有"王森逵章"朱印。无开卷偈。结卷偈"鱼家乐卷已完成"。卷末题"天运光绪三十四年太岁戊申三月中浣自抄录"。

检索号码：XJW266-19-1-1

4. 壬戌杨廷章抄本，一册。封面题"四十三号 / 浦大根 / 渔家卷"。卷首无题。开卷偈"渔家宝卷始展开"。结卷偈"藏舟宝卷已完成"。卷末题"鱼家乐宝卷 / 杨春芳置藏 / 天运太岁壬戌年菊月上浣 / 嘹溪杨廷章自书"。

检索号码：XJW266-19-1-4

188 《玉玦宝卷》，又名《救饥宝卷》《一餐饭宝卷》《认父救夫》《林子文》《餐膳卷》《救饥渴卷》《玉玦宝典》《留饭宝卷》《双玉玦宝卷》《绘图顾鼎臣双玉玦宝卷》《天缘相逢》《劝人善》

明嘉靖初年，常遇春后代常子文因避祸改姓林。嘉靖十三年，林子文携妻逃到昆山以躲避官府追捕。某日，其妻陆氏偶遇出外游春的当朝元老顾鼎臣，被收为义女，留下玉玦为表记。兵部尚书之子毛君显为夺陆氏，以移尸计嫁祸林子文。昆山知县受贿，贪赃枉法，将林子文屈打成招。陆氏无奈，上苏州府告状，途中在城隍庙内祈祷，感动昆山本地城隍，托梦指点她去寻访义父。几番波折，得见顾鼎臣。顾鼎臣当即修书刑部彻查此事，终于沉冤得雪，昆山知县、毛君显等皆被斩首。林子文一餐能吃一斗二升米，顾鼎臣见他天赋异禀，劝他去考取功名。林子文上京面圣，正遇边关吃紧，被封为前部先锋，大败造反的番兵，加封为勇武大将军。后林子文夫妻二人回归故里，陆氏日夜修行，三五载后，连育三子，皆名扬后世。

诸本内容大致相同，只是吴浩良本、高顺乡本说常子文是因早年吃了官司被人告发才改名林子文，王森逮本中"毛君显"作"毛君轩"。

版本共 18 种：

1. 清道光十八年（1838）振山抄本，一册。封面题"戴府尧记 / 餐饭"。卷首无题。开卷偈"玉玦宝卷初展开"。结卷偈"玉玦宝卷宣已毕"。卷末题"道光岁次著雍闻（阉）茂仲冬月 / 振山沐手抄录"。另有封底题"周府贞记 / 献龙袍卷"。

检索号码：XJW2-19-1-4

2. 清光绪九年（1883）陈礼亭抄本，一册。封面题"洪号 / 五十 / 陈鲤庭记 /

226

玉玦宝卷"。卷首题"救饥卷"。无开卷偈。结卷偈"玉玦宝卷已周全"。卷末题"岁次光绪癸未年仲冬月 / 陈礼亭抄录"。

检索号码：XJW79-19-1-5

3. 清光绪二十五年（1899）缘有居士抄本，一册。封面题"九号 / 高顺卿志 / 一餐饭卷"。卷首题"救饥宝卷"。无开卷偈。结卷偈"救饥卷宣完成"。卷末题"天缘相逢终 / 光绪念五年己亥秋桂月上浣日 / 缘有居士抄"。

检索号码：XJW2-19-1-2

4. 清光绪二十八年（1902）王森逵抄本，一册。封面题"壬寅岁 / 王森逵藏 / 认父救夫 / 一餐饭"。卷首无题。开卷偈"一餐妙义始展开"。结卷偈"一餐饭宝卷宣满完"。卷末题"光绪贰拾捌年太岁壬寅春王月元旦日 / 森逵沐手抄"。封底题"认父救夫 / 一餐饭"。

检索号码：XJW2-19-1-7

5. 民国十四年（1925）殷兰卿抄本，一册。封面题"廿九号 / 赵凤鸣志 / 林子文宝卷"。书口记"一餐饭 / 殷兰卿抄 / 乙丑年十二月"。卷首无题。无开卷偈。结卷偈"一餐饭宝卷宣完成"。卷末题"民国乙丑年十二月大寒后四天四九内再冷日抄录"。卷后又题"诸亲好友一概不借，殷兰卿三下半日三黄昏破笔抄录，卖也不卖脱哉 / 敬惜字纸五谷"。

检索号码：XJW206-19-1-1

6. 民国十九年（1930）吴浩良抄本，一册。封面题"卅四 / 吴浩良藏 / 一餐饭"。卷首题"餐膳宝卷 / 三全记"。无开卷偈。结卷偈"餐膳宝卷已宣完"。卷末题"民国十九年岁次庚午榴月　日立 / 吴浩良抄"。

检索号码：XJW2-19-1-5

7. 民国二十二年（1933）镛炳抄本，一册。封面题"杨凤玉抄 / 一餐饭"。卷首无题。无开卷偈。结卷偈"救饥渴卷宣完成"。卷末题"民国二十二年秋七月初旬 / 镛炳录"。此书以第一人称演述，与诸本不同。

检索号码：XJW2-19-1-6

8. 民国三十年（1941）谢锦记抄本，一册。封面题"朱士泳藏 / 餐膳卷"。卷首题"玉玦宝卷 / 朱士泳书"。无开卷偈。结卷偈"餐膳宝卷已宣扬"。卷末题"民国三十年杏月中旬下二日／谢氏锦记农人抄"。

检索号码：XJW79-19-1-2

9. 丙辰石印本，上、下两册合订一册。封面后装，题"邹炳记／双玉玦宝卷"。扉页题"绘图顾鼎臣双玉玦宝卷"。卷首题"绘图顾鼎臣双玉玦宝卷"。开卷偈"玉玦宝卷初展开"。结卷偈"玉玦宝卷宣完成"。卷末无题。

检索号码：XJW79-19-1-6

10. 钱品祥抄本，一册。封面题"拾四号／钱品祥／玉玦卷"。卷首题"一餐饭宝卷"。无开卷偈。结卷偈"玉玦宝卷宣完成"。卷末无题。

检索号码：XJW79-19-1-7

11. 陈为良抄本，一册。封面无题。卷首题"玉玦宝卷"。无开卷偈。结卷偈"玉玦宝卷已宣完"。卷末题"□永初的书是重（从）前陈为良先生抄他人马□□出身……"。

检索号码：XJW79-19-1-3

12. 抄本，一册。封面缺。卷首无题。无开卷偈。无结卷偈。卷末无题。

检索号码：XJW2-19-1-3

13. 抄本，一册。封面题"柒号／沈少梅订"。卷首题"一餐饭宝卷"。开卷偈"一餐妙义始展开"。结卷偈"一餐妙典宣完成"。卷末无题。封面有财神像朱印。

检索号码：XJW2-19-1-1

14. 抄本，一册。封面、封底后装。封面题"认父救夫"。卷首题"救饥古积"，钤有"胡文忠"红印。开卷偈"救饥宝卷始展开"。结卷偈"救饥宝卷宣完满"。卷末无题。

检索号码：XJW64-19-1-1

15. 抄本，一册。封面题"王浩德藏／留饭"。卷首无题。开卷偈"玉玦古典始展开"。结卷偈"玉玦古典宣完成"。卷末无题。

检索号码：XJW79-19-1-1

16. 抄本，一册。封面、封底缺。卷首题"玉玦宝卷"。无开卷偈。无结卷偈。卷末无题。

检索号码：XJW79-19-1-4

17. 抄本，残本一册。封面、封底缺。卷首无题。无开卷偈。无结卷偈。卷末无题。

检索号码：XJW400-19-1-21

18. 抄本，一册。封面题"张记／玉玦卷"。卷首题"一餐饭"。无开卷偈。结卷偈"此本名为劝人善"。卷末无题。

检索号码：XJW79-19-1-8

189 《玉连环宝卷》，又名《连环宝卷》

江苏松江华亭赵云卿，父亲生前曾为他定下狼山总兵白龙江之女为妻，因家贫未娶。大比之年，云卿往岳父家借银赶考，不料中途得病，乃命书童赵茂拿信物玉连环前往借银。书童于途中遇到云卿的同窗，同窗竟将书童害死，而到白府冒亲。白龙江嫌女婿穷困，又将来人用药酒害死，葬在城外。云卿病好，前往相州认亲，城外见自己的坟墓，又见白府张灯结彩，小姐已许申国舅家。云卿推断书童被白家害死。云卿回到旅店，得店主李翠莲相助，将云卿装作女子，由店主带入白府。白小姐因父亲将自己又嫁申家，痛不欲生。云卿说明情由，又得李翠莲设计，白小姐诈死退了申国舅之亲，于是三人逃走。中途赵云卿被白家拘捕，以诱妇杀夫罪名状告官府，官府判处死刑。幸得李翠莲向巡按邹应龙告状，这才救出云卿。后云卿高中，金榜题名，奉旨完婚，一家团聚。

版本共 2 种：

1. 上海惜阴书局石印本，上、下两册。上册封面题"同里朱家浜金记／绘图玉连环宝卷"。上册卷首题"绘图玉连环宝卷上"。上册开卷偈"连环宝卷初展开"。上册无结卷偈。上册卷末无题。下册卷首题"绘图玉连环宝卷下"。下册无开卷偈。下册结卷偈"连环宝卷也完成"。下册卷末题"玉连环宝卷宣完人宣金志祥先生"。书后作同里朱家浜和合堂文明宣卷金志祥办用。

检索号码：XJW90-19-1-1

2. 上海惜阴书局石印本，上、下两册。上册封面题"绘图玉连环宝卷"。上册卷首题"绘图玉连环宝卷上"。上册开卷偈"连环宝卷初展开"。上册无结卷偈。

上册卷末无题。下册卷首题"绘图玉连环宝卷下"。下册无开卷偈。下册结卷偈"连环宝卷也完成"。下册卷末无题。

检索号码：XJW90-19-1-2

190 《玉蜻蜓宝卷》，又名《云房产子》《瑞珠宝卷》《大明嘉靖江苏苏州府瑞珠宝卷》《蜻蜓宝卷》《尼庵产子》《贵遇尼缘》《奇缘会》《芙蓉洞》

明嘉靖年间，苏州南濠庠生申贵升，家富，父母早亡，娶吏部天官张国勋女雅云为妻。雅云严厉，贵升殊感束缚。时逢春日，贵升与同窗好友沈君卿宿妓，被人敲诈，得吕鹏飞解围，吕在乌龙山为王。三人遂结为兄弟。贵升妻子有玉蜻蜓一对，贵升取其中一个挂在身上。妻子劝之勤读，贵升不欢而离去，与沈君卿游法华庵，遇尼志贞，两人一见钟情，志贞约贵升晚上来庵。被庵主普禅撞见，胁迫贵升与群尼相狎，志贞劝庵主放其回家，庵主不许。申妻见丈夫久久不回，派人四处寻访而未果。三月后，贵升精尽而亡，时志贞已怀孕，贵升临死以玉蜻蜓与之为记。后志贞生一子，以玉蜻蜓与血书藏儿身上，托佛婆送往申家门口。佛婆半途弃儿逃走，为苏州知府徐坤所得，收养为子，取名元宰。四年后的一日，申妻往法华庵斋尼，遇志贞，结为姐妹。又遇徐坤夫人携子至庵还愿，见元宰貌似丈夫，爱不忍舍，认元宰为义子。十年后，元宰中解元。徐坤因亏缺库银而下狱，元宰往苏州义母处借银抵偿亏缺库银。申妻见其悬挂玉蜻蜓于衣襟，惊而问之，并劝其去法华庵探问。元宰以游庵为名，闯入志贞禅房，见志贞所描申贵升像，与己相像，追问原委，于是母子相认。此前，沈君卿有两兄，次兄君助谋夺其产，命君卿往襄阳为商，予以假银，欲陷之入官。君卿被判死罪，被吕鹏飞救至乌龙山处。时君卿妻陈彩云有孕，因不堪嫂嫂虐待，逃亡在外，生一儿，名上达。十五年后，上达上京应考，旅途遇君卿，父子相认，遂同赴京。元宰亦来京应试。结果元宰中状元，上达中探花，君卿为传胪。元宰恢复原姓。申元宰回乡后，贵升妻接志贞来家。

版本共9种：

1. 民国三年（1914）上海文益书局石印本，上、下两册合订一册。封面后装，

230

题"安定胡畹峰办／云房产子"。扉页题"玉蜻蜓宝卷"。卷首题"大明嘉靖江苏苏州府瑞珠宝卷"。开卷偈"瑞珠宝卷初展开"。结卷偈"瑞珠宝卷宣完全"。卷末无题。

检索号码：XJW81-19-1-1

2. 民国三年（1914）上海文益书局石印本，上、下两册合订一册。封面后装，题"张锦山记／玉蜻蜓"。扉页题"玉蜻蜓宝卷"。卷首题"大明嘉靖江苏苏州府瑞珠宝卷"。开卷偈"瑞珠宝卷初展开"。结卷偈"瑞珠宝卷宣完全"。卷末无题。封底缺。

检索号码：XJW81-19-2-1

3. 民国九年（1920）顾彦抄本，一册。封面题"庚申年／顾黼章识／贵遇尼缘"。卷首题"贵遇尼缘卷"。开卷偈"瑞珠宝卷始展开"。结卷偈"今宣一部奇缘会"。卷末题"民国九年岁次庚申小春月终吉日立／黼章顾彦抄"。

检索号码：XJW81-19-2-5

4. 民国十九年（1930）王彦达抄本，上、下两册。上册封面题"上集／王森逵藏／尼庵产子"。上册卷首无题。上册无开卷偈。上册无结卷偈。上册卷末无题。下册封面题"下集／王森逵藏／尼庵产子"。下册无开卷偈。下册结卷偈"玉蜻蜓卷宣完满"。下册卷末题"天运民国十玖年太岁庚午小春月中旬／太原王彦达自手抄录"。书后又注："此卷名玉蜻蜓，分为上下两卷。系上塘八面楼泾庄林家宅基上林万贤学生代抄，万贤即王彦达徒（敝徒），时在庚午岁小春月吉署"。

检索号码：XJW98-19-1-1、XJW98-19-1-2

5. 民国二十年（1931）陈栽之抄本，一册。封面题"陈栽之藏根元／玉蜻蜓卷"，钤有"杨王仁记"朱印。卷首无题。无开卷偈。结卷偈"玉蜻蜓卷已宣完"。卷末题"民国贰拾年太岁辛未□□／陈栽之谨抄录／陈氏家产"，有"杨王仁记"朱记。

检索号码：XJW81-19-1-3

6. 民国二十八年（1939）徐梦熊抄本，上、下两册。上册封面题"己卯岁／东海梦熊录／玉蜻蜓宝卷上"。上册卷首题"玉蜻蜓宝卷"。上册开卷偈"蜻蜓

宝卷始展开"。上册无结卷偈。上册卷末无题。下册封面题"己卯岁／东海梦熊
录／玉蜻蜓宝卷下"。下册卷首题"玉蜻蜓卷下"。下册无开卷偈。下册无结卷偈。
下册卷末题"中华民国二十八年己卯岁杏月中旬四日／东海徐梦熊抄录",铃有
"徐梦熊章"朱记。

检索号码：XJW81-19-1-5、XJW81-19-1-4

7.民国二十九年（1940）顾毓秀抄本，上、下两册。上册封面题"廿八／顾
毓秀记／玉蜻蜓上卷"。上册卷首题"玉蜻蜓卷"。上册无开卷偈。上册无结卷偈。
上册卷末无题。上册封底缺。下册封面题"顾毓秀记／玉蜻蜓下卷"。下册卷首
无题。下册无开卷偈。下册无结卷偈。下册卷末题"民国念玖年八月　日立抄"。

检索号码：XJW81-19-2-4、XJW81-19-2-3

8.上海惜阴书局石印本，上、下两册合订一册。封面题"民国三年九月初七
日立／廿二号／和合堂金志祥先生／绘图玉蜻蜓宝卷"。扉页题"绘图玉蜻蜓宝
卷"。卷首题"大明嘉靖江苏苏州府玉蜻蜓宝卷／又名瑞珠宝卷"。开卷偈"瑞
珠宝卷初展开"。结卷偈"瑞珠宝卷宣完全"。卷末无题。

检索号码：XJW81-19-1-2

9.丙寅朱淦廷抄本，一册。封面题"丙寅岁／积善堂淦记／余庆堂张长记／
蜻蜓宝卷"。卷首无题。开卷偈"蜻蜓宝卷始展开"。结卷偈"蜻蜓宝卷宣完成"。
卷末题"丙寅年桃月朱淦廷手"。

检索号码：XJW81-19-2-2

191 《玉镯宝卷》，又名《乌金宝卷》《婚夕遇盗》《乌金玉镯》《姻夕遇盗》《夕婚遇盗》

清乾隆年间，江苏桐城县富户王志范（又作之万、志凡），妻子先亡，有
子金宝，女桂英。女与本城李寡妇之子官保订婚。兄妹在家请先生周启文（又
作周斯文）教书。三年后，李寡妇家要迎娶桂英过门，王家以乌金四块、玉镯
一双陪嫁，轿夫见财起意，杀了官保，抢了金银玉镯。天明，李家见儿子被杀，
乃告媳妇杀人。知县逼问桂英在家与谁人来往，桂英说只有教书先生一人。县
令乃将周启文屈打成招。周妻胡氏为丈夫申冤，并在公堂自缢。此案惊动总督。

总督派人到桐城县询问，限知县一月内破案。知县梦见城隍指点，访得当日轿夫，又见几人在赌博中以金银玉镯为赌资，于是真相大白，沉冤得雪。

版本共 4 种：

1.民国六年（1917）朱梅山抄本，存上卷一册。封面题"民国念六年三月日立 / 朱梅山记 / 玉镯宝卷上进"。卷首无题。无开卷偈。无结卷偈。卷末无题。

检索号码：XJW95-19-1-3

2.民国二十八年（1939）屈文斌抄本，一册。封面题"乌金宝卷玉镯全部""凤仪阁宣扬员徐银桥记"。扉页题"徐银记 / 婚夕遇盗"。卷首题"夕婚遇盗 / 徐达忠先生"。无开卷偈。结卷偈"玉镯宝卷宣完成"。卷末题"天运民国念捌年即古历己卯端月中旬 / 屈文斌沐手抄奉徐银乔先生台宣"。

检索号码：XJW95-19-1-1

3.民国三十年（1941）抄本，一册。封面题"民国三十年下期抄录谷旦 / 合福社殷桂福诵 / 玉镯宝卷 / 姻夕遇盗"。卷首无题。开卷偈"玉镯宝卷初展开"。结卷偈"玉镯宝卷宣完成"。卷末无题。

检索号码：XJW95-19-1-4

4.辛巳抄本，一册。封面缺。卷首题"夕婚遇盗 / 辛巳年抄"。无开卷偈。结卷偈"玉镯宝卷宣完成"。卷末题"黄炳根宣"。

检索号码：XJW95-19-1-2

192 《岳不认婿》，又名《顾宝龙宝卷》

苏州府吴县顾宝龙，命运多舛。宝龙去太仓岳父沈家认亲，沈家嫌其贫穷，逼宝龙退婚。幸得沈小姐救助，二人私奔。途中沈父来追，误将淫僧认作宝龙，将淫僧闷死箱中。后被寺内和尚告发，幸得女儿女婿赶到，说明缘由，改判发配。顾宝龙得以与沈家小姐结婚。后顾宝龙考中进士第八名，又得神仙相助，屡得意外之财。

版本共 1 种：

清光绪二十三年（1897）顾彦抄本，一册。封面无题。卷首题"岳不认婿"。书口记"顾宝龙"。无开卷偈。无结卷偈。卷末题"光绪二十三年清和月中浣四

日立 / 黼章顾彦抄"。

检索号码: XJW116-19-1-2

193 《云中落绣鞋》，又名《白鼠伸冤》《落绣鞋宝卷》

宋仁宗年间，长沙总兵石鲲遭人陷害，家财抄没，被斩西郊。其子石玉偕母亲李氏前往东京投靠亲戚。路经黑风镇，石玉打抱不平，打了恶棍王恩。王恩假装诚服，相邀母子到家中作客，却设计陷害石玉，幸未得逞。恰逢朝中潘王高斌之女彩霞登楼抛球招亲，却被一千年蛇精虏获，途中无意被石玉发现，石玉用弓箭射瞎蛇精一只眼睛，蛇精负痛，落下小姐一只绣花鞋。石玉、王恩前去捉妖，石玉入洞中与蟒蛇打斗，打死蟒蛇，小姐得救，以八宝金钗相赠石玉。此时王恩心生歹念，设计欲害死石玉，夺取金钗取而代之。幸得石玉曾经救过的白鼠来报恩，偷走金钗并交给开封府包公。包公查明真相后救出石玉，治罪王恩，石玉与彩霞喜结连理。

版本共 3 种：

1. 民国六年（1917）陆吉卿抄本，一册。封面题"念捌号 / 陆吉卿藏 / 落绣鞋宝卷上"。卷首无题。无开卷偈。无结卷偈。卷末题"中华民国丁巳岁次十一月 日立谷旦 / 陆吉卿抄"。

检索号码: XJW287-19-1-1

2. 丙戌炳记抄本，上、下两册。上册封面题"岁次丙戌季桂月上浣抄 / 炳记 / 云中落绣鞋上集"。上册卷首题"云中落绣鞋"。上册无开卷偈。上册无结卷偈。上册卷末无题。下册封面题"岁次丙戌季桂月上浣抄 / 云中落绣鞋下集"。下册卷首题"云中落绣鞋下卷又名白鼠伸冤"。下册无开卷偈。下册无结卷偈。下册卷末无题。书前记："卷内有错字，圈子为记，注在上头，改正是也，照旧抄下。"

检索号码: XJW287-19-1-3、XJW287-19-1-4

3. 抄本，一册。封面、封底缺。卷首无题。无开卷偈。无结卷偈。卷末无题。

检索号码: XJW287-19-1-2

Z

194 《灶皇宝卷》，又名《灶皇宝忏》《灶王妙经》《灶王宝卷》《太上灵宝补谢灶皇妙经》《灶界宝卷》《昆仑修道宝卷》《定福灶君》

混沌初开，地界凡人胡乱放火，使火毒流行，生灵涂炭。玉帝找来昆仑山上得道千年的圣母元君前去收复火毒。玉帝封其为灶皇。灶皇下界管束了凡人用火，又为善人、恶人各做一个账本，记录其人的善恶，每年腊月二十四日上奏天庭，为玉帝奖惩提供依据。

灶君的来历，太原堂耕记本、徐凤良本作张氏老母，周国安本作圣母，金玉堃本作圣母元君，余本皆只称老母。

版本共 12 种：

1. 清同治十一年（1872）太原堂耕记抄本，一册。封面题"重本／十五号／太原堂耕记／灶界卷"。卷首无题。开卷偈"灶皇宝卷才展开"。结卷偈"灶皇宝卷已宣完"。卷末题"同治十一年岁次壬申春梅月下弦日"。

检索号码：XJW144-19-1-5

2. 清光绪七年（1881）顾文良抄本，与《家堂宝卷》合订一册。封面题"辛巳岁／武陵怀椿录／弟顾氏文良抄／灶皇宝卷"。卷首无题。无开卷偈。结卷偈"灶皇宝卷宣完满"。卷末题"第十九二十合／光绪七岁辛巳孟夏／承祖抄落"。

检索号码：XJW256-19-2-7

3. 清光绪二十六年（1900）顾福泉抄本，与《家堂宝卷》合订一册。封面题"陈氏化灶君，坐化王昆仑，修炼千余载，专等世上人／慈怨天中天，佛号张大千，祖云吹不动，端坐紫金莲／余庆堂顾福泉缄／天运光绪二十六念（年）／灶界宝卷／灶皇宝卷"。卷首无题。无开卷偈。结卷偈"灶皇宝卷宣完满"。卷末无题。

检索号码：XJW256-19-1-2

4. 清光绪二十七年（1901）冯伟卿抄本，一册。封面题"昆仑修道"。卷首无题。无开卷偈。结卷偈"定福灶君宣完成"。卷末题"光绪二十七年小春月中浣茂苑弟子冯伟卿录"。

检索号码：XJW196-19-1-1

5.民国七年（1918）金玉堃抄本，一册。封面题"戊午／金玉堃自摩／灶界宝卷"。卷首无题。开卷偈"灶界宝卷请宣扬"。结卷偈"灶介（界）宝卷已宣完"。卷末题"民国七年岁次戊午桃月初旬日自己抄录"。

检索号码：XJW144-19-1-4

6.民国二十一年（1932）徐凤良抄本，一册。封面题"五十四／徐凤良志／灶皇宝卷"。卷首无题。开卷偈"灶皇宝卷才展开"。结卷偈"灶皇宝卷已宣完"。卷末题"天运中华民国念壹年三月　日立"。

检索号码：XJW144-19-1-6

7.民国二十四年（1935）徐子良抄本，一册。封面题"二／徐子良用／灶界卷"。卷首无题。无开卷偈。结卷偈"灶界宝卷已宣完"。卷末题"中华民国廿四年元月下旬　日抄"。钤"徐子良印"。

检索号码：XJW256-19-2-1

8.民国三十五年（1946）盛介正抄本，一册。封面题"民国丙戌年杏月日立／盛介正抄／灶王宝卷"。卷首题"灶王宝卷"。开卷偈"灶王宝卷始展开"。结卷偈"灶王宝卷宣完成"。卷末题"丙戌年正二月／盛介正沐手敬录／庆和斗社介"。书后记"民国叁拾六年西庆社弟子／石舍宣扬礼斗老法四位：陆佩君、盛介正、陈堃芳、陈荣官。"

检索号码：XJW144-19-1-3

9.丁巳周国安抄本，一册。封面题"十四号／周国安记／灶皇宝卷"。卷首无题。开卷偈"灶皇宝卷始初开"。结卷偈"灶皇宝卷宣完成"。卷末题"丁巳年桃月　日／周国安记"。

检索号码：XJW144-19-1-7

10.黄万兴抄本，一册。封面题"癸未／毛文学忠德／家堂、灶家、财神卷"。书口记"家堂灶界路头卷／毛文学记"。卷首无题。无开卷偈。结卷偈"灶皇宝卷宣完成"。卷末无题。

检索号码：XJW256-19-1-7

11. 抄本，与《家堂宝卷》《路头宝卷》合订一册。封面无题。书口记"家堂卷 / 姚杏福办用记"。卷首题"灶界卷"。无开卷偈。结卷偈"灶皇宝卷已宣完"。卷末无题。

检索号码：XJW256-19-2-2

12. 抄本，一册。封面题"五 / 鹤记 / 灶王卷"。卷首无题。无开卷偈。结卷偈"今日宣教灶王卷"。卷末无题。

检索号码：XJW144-19-1-1

195 《斋僧宝卷》，又名《修行宝卷》《劝夫讨妾》《素贞宝卷》

东京城外东北三里村王中庆，家财富足，妻张氏素贞斋僧好善，生子天禄，生女回香。因夫人要修行，故差媒给员外娶妾，将宋氏娶回家中。张氏将钥匙交与宋氏，从此不问家中事务，一心斋僧布施。此后，宋氏每见有僧人来，就说张氏斋僧花费家财，自从宋氏当家之后，王家永不斋僧。僧问张氏现居何处，宋指向东宅，僧人走告张氏，张氏去问宋氏因何不肯斋僧，宋氏只说员外不许。张氏心中不悦，只得自己斋僧。天禄归来，见母亲不悦，便问清情由。天禄至西宅责问宋氏，反遭打，张氏与宋氏相争。适员外归家，宋氏诬陷张氏，员外反而责打张氏，子女跪求方罢，从此员外不许家人斋僧。

一日又有僧人来化缘，张氏别无他物，将金钗相送，宋氏看见告知员外。张氏因此逃到聚善庵暂居。员外见妻不见，自悔鲁莽，又见儿女要母，自出寻妻。宋氏要害天禄、回香，二人夜半逃出，把手巾一分为二，各执一为证，分散逃开。回香逃至聚善庵，与母相逢。天禄夜梦关公授武，醒后投军。员外在江中遇风落水，盘缠尽失，回至家中，屋已烧光，只得和宋氏二人求乞过活。天禄投军，打了胜仗，奉旨镇守边关。天禄思念家人，路过尼庵，母子相逢。员外夫妇来求乞，一门团圆，宋氏羞愧而死。

版本共 6 种：

1. 民国三十五年（1946）王炳坤抄本，一册。封面题"丙戌 / 太原王炳坤藏 / 劝夫讨妾 / 斋僧"。卷首无题，开卷偈"斋僧宝卷始展开"。结卷偈"斋僧宝卷宣完成"。卷末题"民国三十五年岁次丙戌清和月下旬 / 王炳坤自抄录 / 石焕章传"。

检索号码: XJW241-19-1-2

2. 清道光庚戌年（1850）沈锦堂抄本，一册。封面题"第八号／三十三／怀德堂记／斋僧宝卷"。卷首题"斋僧宝卷"，开卷偈"斋僧宝卷始展开"。结卷偈"素贞宝卷已圆满"。卷末题"道光岁次庚戌年桃月　日立／抄刻弟子沈锦堂／怀德堂办用记"。

检索号码: XJW241-19-1-7

3. 甲子周子祥抄本，一册。封面"周子祥藏／斋僧宝卷"。卷首无题，无开卷偈。卷末无结卷偈。卷末题"岁次甲子小春月　日／周子祥抄"。

检索号码: XJW241-19-1-4

4. 甲申张传宝抄本，一册。封面后装，题"五七号／吴水根揣／斋僧卷"。原封面题"荒号／沈仁生记／斋僧宝卷／女"。卷首题"黄（荒）号／斋僧宝卷／张桂卿记毕意"。开卷偈"修行宝卷始展开"。结卷偈"斋僧宝卷劝人心"。卷末题"岁次甲申年桂月张桂卿子传宝抄录"。

检索号码: XJW241-19-1-3

5. 抄本，一册。封面题"合福社／敫桂福宣卷／斋僧宝卷"。卷首无题。开卷偈"斋僧宝卷初展开"。结卷偈"斋僧宝卷宣完成"。卷末题"斋僧宝卷／功德无量／合福社"。

检索号码: XJW241-19-1-6

6. 抄本，一册。封面题"丙辰岁／品美记／斋僧宝卷"。扉页有光绪二年（1876）马文彬手书田亩赎文契一份。卷首无题，无开卷偈。结卷偈"斋僧宝卷宣完成"。

检索号码: XJW241-19-1-1

196 《斋僧宝卷》（顾金龙本），又名《金银斋僧宝卷》《西瓜宝卷》《顾金龙卷》《男斋僧卷》

昆山万家庄，有顾金龙、顾银龙兄弟二人。金龙行善，银龙作恶。一日，金龙发愿，要斋僧五千人，但只斋了四千多人，就已将家财用尽。金龙与弟弟商议借钱斋僧。弟弟不允,金龙只得变卖房屋,继续斋僧。观音知晓,变做僧人前来度化。先到银龙家,遭到毒打。到金龙家,金龙用夫人的头钗典当来斋僧。观音感动,赠西瓜子一粒,种下之后,一夜之间长成一个大西瓜。剖开一看,尽是奇珍异宝。银龙羡慕,也来斋僧,但其心不诚。观音又来,也给西瓜子一粒,种得的西瓜中藏着火龙无数,将银龙烧死。

版本共 5 种:

1. 清同治五年（1866）范伟生抄本,一册。封面后装。第一层封面题"韩近良肄 / 斋僧宝卷",第二层封面题"廿一 / 晚翠堂藏 / 斋僧宝卷"。原封面题"文正书院庠记 / 斋僧宝卷全录原本"。封面扉页题"校正无讹 / 后乐书屋 / 男斋僧卷 / 丙寅岁夏六月中旬弟子范庠录"。卷首题"新录斋僧宝卷全部 / 文正书院"。无开卷偈。结卷偈"斋僧宝卷已周全"。卷末题"天运大清同治五年太岁在丙寅季夏月中旬第二日书于红头村云溪镇之东市清白东斋 / 吴郡弟子义学教授府学奉祠生义庄典籍于 / 文正魏国公第二十七代裔孙子三氏范承庠伟生谨盥手焚香而撰 / 云中书院范庠记"。

检索号码: XJW241-19-1-5

2. 清光绪二十一年（1895）兆魁抄本,一册。封面、封底后装,封面题"十一号 / 邓瑞元藏 / 斋僧卷"。卷首题"金银斋僧卷"。无开卷偈。结卷偈"斋僧宝卷已宣完"。卷末题"光绪廿壹年仲冬月　日 / 金邑无心氏兆魁抄于无事之窗下"。

检索号码: XJW193-19-1-2

3. 民国六年（1917）方霞城抄本,一册。封面题"蔡介彬记 / 金银斋僧"。卷首题"金银斋僧卷",钤有"霞城"朱印。无开卷偈。结卷偈"斋僧宝卷已宣完"。卷末题"民国丁巳年桃月中旬 / 霞城抄录"。

检索号码: XJW193-19-1-3

4. 丙辰方霞城抄本,一册。封面后装,题"暑号 / 十七号 / 朱士泳藏 / 斋僧卷"。书口记"金银斋僧 / 方记"。卷首题"金银斋僧卷"。无开卷偈。结卷偈"斋僧宝卷已宣完"。卷末题"岁在丙辰年杏月上旬 / 方霞城抄录"。

检索号码: XJW193-19-1-1

5. 抄本,一册。封面、封底缺。卷首无题。无开卷偈。无结卷偈。卷末无题。

书中金龙之妻为周氏，银龙之妻为朱氏，结尾银龙未死，兄弟二人一同得道升天。

检索号码：XJW243-19-1-1

197 《张仙送子宝卷》，又名《送子宝卷》《求神得子》

明洪武年间，浙江钱塘梅花村的富户方孝全，因上代作恶，娶妻丁氏后多年不育。丁氏去张仙庙测字。因有"仁"字，算命先生断定必有一子，丁氏满心欢喜。听闻大士庵内有尊送子观音，丁氏即去大士庵烧香。是年甲子元旦，天界得知杭州方孝全有功德，能够将功折罪，玉帝应允将善恶簿中方孝全父亲的恶事一笔勾销。玉帝在福禄宫中挑选福寿童子命观音送至方家。观音变身年老妇人，来到丁家，劝说丁家人继续行善积德。丁氏终于产子，取名生度。方孝全感恩，出金整修大士庵，供张仙像。上界得知，又送一子，乳名连生。方孝全大喜，行好事，为贫民分发棉袄、被头、棉裤等。方家二兄弟长大后，赴京赶考，途径文昌庙，遇老伯丢失的金钱，即归还。最终兄弟二人分别高中状元、榜眼，衣锦还乡。

版本共 3 种：

1. 清光绪二十六年（1900）唐培抄本，一册。封面题"金培春记"。卷首题"张仙送子"。无开卷偈。结卷偈"送子宝卷宣完成"。卷末题"光绪贰拾陆荷月抄唐培书，陈椿记办"。

检索号码：XJW203-19-1-2

2. 抄本，一册。封面、封底已缺。卷首无题。无开卷偈。无结卷偈。卷末无题。

检索号码：XJW203-19-1-1

3. 抄本，一册。封面题"求神得子"。卷首题"张仙送子"。无开卷偈。封底残。

检索号码：XJW157-19-1-1

198 《赵千金宝卷》，又名《千金宝卷》《忠孝宝卷》

宋朝仁宗年间，河南省开封府有一家姓孙，家境殷富，娶妻苏氏，生二子。长子继成，十八岁，娶妻陆氏；次子继高，未婚配，与知府女儿赵千金有婚约。孙员外得病亡故，长子继成守孝三年，拜别母妻赴京赶考，高中进士。适逢陕西造反，继成封为都督大元帅，平定叛军。一场大火把孙家烧光，继高只得以挑担卖水为生。赵知府见孙家败落，就想与孙家退婚，逼继高写了退婚书。赵千金听说后对父亲说："烈女不嫁二夫"。叫丫鬟赠衣送银帮助婆家。一日赵千金送继高五十两银子，被赵家仆人发觉，赵知府将继高告到衙门，并贿赂贪财的刘太守，使继高屈打成招，判了死罪。赵千金为救夫君，女扮男装赴京赶考，高中状元，君王欲招为驸马，女状元心生一计，请君王赐三千兵先回河南祭祖。赵千金到了河南后，重审孙继高案，救出夫君，回京启奏君皇。君王见继高才貌双全，于是招为驸马，赵千金亦嫁继高。

版本共 1 种：

抄本，上、下两册。上卷封面、封底缺。卷首无题。上卷开卷偈"千金宝卷初展开"。下卷结卷偈"千金宝卷宣完成"。卷末无题。

检索号码：XJW214-19-1-1、XJW214-19-1-2

199 《珍珠塔宝卷》，又名《珠塔宝卷》《三美团圆》《珠塔古典》

明崇祯年间，河南开封府祥符县太平村方卿，父拜吏部尚书，后因奸贼陷害，一命归阴，家中贫困。母亲命方卿到襄阳陈御史家向姑母借银供他读书。谁知姑母势利，羞辱方卿。表姐彩娥不满母亲所为，私赠银两、珠塔，姑父又赶到九松亭将女儿彩娥许配方卿。方卿途中遇盗，盗贼将银两、珠塔劫去。方卿冻卧雪中，被毕云显大人所救。盗者将珠塔拿至陈府当铺典当。陈御史见塔查问，彩娥小姐讲出实情，并将盗者擒住。盗贼说方卿已冻死，小姐得知生病。陈御史派人到河南去访公子，不想连方夫人也没见着。陈御史假造平安书信骗小姐，小姐病情方始好转。方夫人寻子到襄阳，道听方卿遇盗已亡，绝望投水，幸遇庵中尼姑得救，住在白云庵中。小姐还愿，得见婆母，暗中赠银奉养。方卿在毕家用功读书，到京赶考高中状元，钦点七省巡按御史，乔装改扮见姑母，讽刺姑母势利，见了小姐也不说明，只是赠物一包。小姐气得自尽被丫鬟所救，开包见是印信，方知方卿已做了高官。小姐将婆母在白莲庵告之方卿，方卿到庵认母。最后方陈联姻。

版本共 19 种：

1. 清光绪二十三年（1897）廖庭桂抄本，一册。封面残，题"廖庭桂藏／宝卷全部"。卷首无题。无开卷偈。结卷偈"珠塔宝卷宣圆满"。卷末题"光绪丁酉年巧月抄录／廖庭桂藏灯下敬抄"。

检索号码：XJW212-19-1-7

2. 清光绪六年（1880）马文卿抄本，一册。封面题"明德书收藏／珠塔古典"。卷首题"珠塔古典"。无开卷偈。结卷偈"珠塔宝卷宣圆满"。卷末题"光绪六年仲夏小暑后三日抄录／马氏扶风文卿修"。

检索号码：XJW400-19-1-3

3. 民国五年（1916）陆肇良抄本，一册。封面题"陆肇良志／真（珍）珠塔卷"。卷首题"真（珍）珠塔宝卷"。开卷偈"真（珍）珠塔卷且宣明"。结卷偈"今日宣了珍珠塔，明朝再宣林子文"。卷末题"民国五年丙辰岁中秋月望日录完／常郡武进耆士六十八春书"。

检索号码：XJW212-19-2-5

4. 民国十年（1921）高竹卿抄本，一册。封面题"高竹卿抄录／珍珠塔二卷"。卷首无题。开卷偈"珍珠宝塔再宣扬"。结卷偈"珍珠宝塔宣完成"。卷末题"民国十年蒲月　日立／高竹卿抄"。卷末又记"要听下卷尽由事，麒麟宝卷即下连"。

检索号码：XJW212-19-2-4

5. 民国十八年（1929）顾根福抄本，一册。封面无题。卷首无题。无开卷偈。结卷偈"珠塔宝卷宣完成"。卷末题"民国拾捌年六月　日立抄／顾根福书"。

检索号码：XJW212-19-1-4

6. 民国二十年（1931）杨鸿抄本，一册。封面题"杨凤玉藏／珠塔宝卷"。卷首无题。无开卷偈。结卷偈"珠塔宝卷宣完成"。卷末题"民国二十年清和月下浣　日／杨鸿涂鸦而已"。

检索号码：XJW212-19-1-3

7. 民国二十三年（1934）汤永初抄本，一册。封面后装，无题。原封面题"永楚汤记／珠塔宝卷"。卷首题"珍珠塔卷／汤永初记"。无开卷偈。结卷偈"珠塔宝卷宣完成"。卷末题"民国二十三年杏月下浣／汤永初农人之笔涂抄／共计七十五页加头底"。卷末又记"君子相情自重，小人见若暗算"。

检索号码：XJW212-19-2-3

8.民国二十六年（1937）石印本，上、下两册。上册封面题"安定胡畹峰办 / 珍珠塔上部"。上册卷首无题。上册开卷偈"珠塔宝卷初展开"。上册无结卷偈。上册卷末无题。下册封面题"安定胡畹峰办 / 珍珠塔下部"。下册卷首无题。下册无开卷偈。下册无结卷偈。下册卷末无题。

检索号码：XJW212-19-2-6、XJW212-19-2-7

9.民国二十八年（1939）徐梦熊抄本，一册。封面题"己卯 / 东海周录 / 珠塔宝卷"。卷首题"珠塔宝卷"。开卷偈"珠塔宝卷始展开"。结卷偈"珠塔宝卷宣完成"。卷末题"中华民国二十八年己卯岁小春月中旬八日 / 徐梦熊敬抄"。卷末又记"若要得知后段事，麒麟报上表分明"。

检索号码：XJW212-19-1-2

10.民国三十五年（1946）戴刘经抄本，一册。封面无题。卷首题"珍珠塔宝卷"。无开卷偈。结卷偈"珠塔宝卷宣完成"。卷末题"民国卅五年九月中旬 / 戴刘经抄录"。

检索号码：XJW212-19-1-1

11.民国三十五年（1946）汤年岭抄本，一册。封面题"汤年岭抄录 / 珍珠塔即三美团圆"。卷首题"珠塔宝卷"。开卷偈"珠塔一座说明详"。结卷偈"珠塔宝卷宣完成"。卷末题"民国三十五年巧月中浣 / 汤录"。

检索号码：XJW212-19-2-1

12.民国三十六年（1947）徐仁青抄本，一册。封面题"丁亥岁 / 徐仁青录 / 珠塔宝卷"。卷首题"珠塔宝卷"。开卷偈"珠塔宝卷始展开"。结卷偈"珠塔宝卷宣完成"。卷末题"中华民国三十六年丁亥岁季春月下旬　日 / 徐仁青抄"。

检索号码：XJW212-19-1-6

13.玛瑙经房刻本，上、下两册合订一册。封面题"珍珠塔宝卷全集 / 玛瑙经房印灶（造）流通"。卷首题"珠塔宝卷全集"。开卷偈"珠塔宝卷初展开"。结卷偈"珠卷宝塔宣完成"。卷末题"板存杭省下城头巷景文斋刻字铺"。

检索号码：XJW212-19-1-8

14.壬戌杨廷章抄本，一册。封面后装，题"八号 / 浦大根 / 珍珠塔"，下铃

"杨庭章记"朱记。卷首题"珍珠塔卷"。开卷偈"珠塔宝卷始展开"。结卷偈"珠塔卷宣完成"。卷末题"天运太岁壬戌年小春月下浣／嘐溪杨廷章抄终"。

检索号码：XJW212-19-2-2

15. 抄本，一册。封面题"王炳坤藏／珍珠塔"，下钤"王炳坤"朱印两枚。卷首题"珠塔宝卷"。开卷偈"贞节宝卷始展开"。结卷偈"珍珠塔宣圆满"。卷末无题。

检索号码：XJW212-19-1-5

16. 抄本，存下部一册。封面无题。卷首无题。开卷偈"珠塔宝卷宣下本"。结卷偈"珠塔宝卷宣完成"。卷末有"赵载鸣印"墨记一枚。

检索号码：XJW400-19-1-4

17. 抄本，残本一册。封面、封底缺。卷首无题。无开卷偈。结卷偈"珍珠塔卷已宣完"。卷末无题。

检索号码：XJW400-19-1-22

18. 抄本，残本一册。封面、封底缺。卷首无题。无开卷偈。结卷偈"珠塔宝卷宣完成"。卷末无题。

检索号码：XJW400-19-1-27

19. 抄本，残本一册。封面缺。卷首无题。无开卷偈。结卷偈"珠塔宝卷宣完成"。卷末无题。

检索号码：XJW400-19-1-29

200 《郑元辉歌本》

秦代人郑元辉，娶妻刘氏，一直膝下无子。一日到莲岩庵中上香求子，感动上天，送下金童。后郑元辉到学馆任教，刘氏生下二子一女，取名朝云、朝雾和玉仙。十九年后，三人长大，同爱学文。兄妹三人同去赶考，都中了秀才。大比之年，兄妹三人进京赶考，分别得中状元、榜眼、探花，皇帝御赐金牌，郑家名扬天下。

版本共 1 种：

1961 年王景水抄本，一册。封面题"王景水／郑元辉歌本 /1961.8.2 日立"。

卷首无题。无开卷偈。结卷偈"唱出一本元辉歌"。卷末无题。或为本馆馆藏诸本宝卷中最晚的一种抄本。

检索号码：XJW400-19-1-12

201 《朱买臣宝卷》，又名《痴梦宝卷》《痴梦古典》《逼休宝卷》《痴梦逼休》《马前泼水》《买臣宝卷》

汉朝会稽人朱买臣，娶妻崔氏。崔氏好逸恶劳，耐不住贫穷，逼迫朱买臣上山砍柴，换米度日。夫妻关系不睦，经常打架。朱买臣受不了妻子的打骂，一时气不过，悬梁自尽，幸得阎王搭救才还阳。崔氏逼朱买臣写下休书，改嫁木匠赖皮张三。后朱买臣高中探花，授会稽太守。崔氏夜得一梦，梦见天降大官送来凤冠霞帔请她回去做太守夫人，欣喜若狂。张木匠去衙门做活，崔氏去送饭，路上看见前夫买臣前呼后拥，便想与前夫复合。朱买臣想起崔氏之前种种恶状，便马前泼水，以覆水难收之意阻断崔氏之念。崔氏羞愤交加，投河自尽。朱买臣另娶宰相之女。

版本共 10 种：

1. 清光绪四年（1878）峻山抄本，一册。封面题"汤寿春置 / 痴梦卷"。卷首题"痴梦宝卷"。无开卷偈。结卷偈"痴梦宝卷已宣完"。卷末题"光绪戊寅年南吕下瀚　日 / 弟子峻山沐手抄录"。

检索号码：XJW105-19-1-9

2. 清光绪十四年（1888）慕景山人抄本，一册。封面题"肆 / 王荣棠藏 / 痴梦逼休"。卷首题"逼休连痴梦宝卷 / 载德堂绪记"，下钤"王浩德藏"朱记。无开卷偈。结卷偈"逼休痴梦宣完成"。卷末题"光绪戊子冬十月六日书于云窗之西轩 / 慕景山人抄录"。此本朱买臣为长安城外八宝镇烂柯山人。

检索号码：XJW105-19-1-6

3. 清光绪十七年（1891）抄本，一册。封面题"戴逸斋 / 逼休宝卷"。卷首题"烂柯山"。无开卷偈。结卷偈"痴梦宝卷已宣完"。卷末题"天运光绪十七年荷月　日立谷旦"。

检索号码：XJW105-19-1-4

4. 清光绪二十七年（1901）华秋亭抄本，一册。封面题"三十七号／吴水根揣／痴梦卷"。卷首无题。无开卷偈。无结卷偈。卷末题"光绪二十七年桃月日立／华秋亭抄本"。

检索号码：XJW105-19-1-5

5. 清光绪二十八年（1902）高杏卿抄本，一册。封面题"四十一／顾银生本／痴梦宝卷"。卷首题"痴梦卷／森玉堂高杏卿课"。无开卷偈。结卷偈"痴梦宝卷已宣完"。卷末题"天运光绪贰拾捌年留月中旬／高杏卿敬抄录"。

检索号码：XJW105-19-1-3

6. 清宣统三年（1911）吴维淞抄本，一册。封面题"吴维淞藏／第肆陆／买臣卷"。卷首无题。无开卷偈。结卷偈"痴梦宝卷已宣完"。卷末题"天运宣统三年申月上旬谷旦／弟淞建寿记吴藏"。

检索号码：XJW105-19-1-8

7. 民国二十年（1931）杨凤玉抄本，一册。封面题"杨凤玉抄／痴梦卷"。卷首无题。开卷偈"痴梦宝卷始展开"。结卷偈"痴梦宝卷宣完成"。卷末题"民国辛未年孟秋月初旬吉立"。

检索号码：XJW105-19-1-1

8. 戊午抄本，一册。封面题"李杏记／痴梦古典"。卷首题"痴梦古典"。无开卷偈。结卷偈"痴梦卷宣完成"。卷末题"戊午桂月　日抄"。封底又题"李汉臣书／陆军课本"。

检索号码：XJW105-19-1-2

9. 丙戌孙奇宾抄本，一册。封面题"玖拾玖号／孙奇宾／马前泼水"。卷首题"马前泼水"。无开卷偈。结卷偈"逼休宝卷宣完成"。卷末题"太岁丙戌年榴月中上完（浣）乐安奇宾抄录／孙奇宾台宣"。卷末又记"空闲无事偏坐家，特取逼休卷书排，创设宣卷韵乐社，扶老携幼度生淮"。

检索号码：XJW29-19-1-1

10. 抄本，一册。封面题"朱买臣"，下钤"胡文忠"印。卷首无题。开卷偈"痴梦宝卷始展开"。无结卷偈。卷末无题，钤有"胡文忠"印两枚。

检索号码：XJW105-19-1-7

附录：宗教宝忏、经文及其他

001 《草槁星式》

宗教宝忏，内含禳星二十八宿句解式，无具体故事情节。

版本共 1 种：

盛克昌抄本，一册。封面题"草桥星式／己巳年清／盛克昌抄"。卷首无题。无开卷偈。无结卷偈。卷末无题。

检索号码：XJW227-19-1-1

002 《朝真斗科》

宗教宝忏，无具体故事情节。

版本共 1 种：

清同治十年（1871）吉义书屋蕙记抄本，残本一册。封面题"五十号"。卷首题"礼斗玄科／吉义书房武陵蕙记沐手"。无开卷偈。无结卷偈。卷末题"同治辛未十年岁次巧月初七日／吉义书屋蕙记抄"。

检索号码：XJW400-19-1-20

003 《吃斋经》

宗教经文，无具体故事情节。

版本共 1 种：

清光绪十二年（1886）杭城西湖钱塘门昭庆经房木刻本，18页。

004 《大圣先天斗姥大天尊》

宗教宝忏，无具体故事情节。

版本共 1 种：

民国三十四年（1945）陈凤良抄本，一册。封面封底缺。卷首无题。无开卷偈。无结卷偈。卷末题"民国三十四年十月　日抄／庆和斗社／弟子陈凤良抄"。

检索号码：XJW400-19-1-23

005 《斗科宝卷》

宗教宝忏，无具体故事情节。

版本共 3 种：

1. 民国四年（1915）抄本，一册。封面后装，无题。卷首残，题"□□香赞"。无开卷偈。无结卷偈。卷末残，题"民国四年乙卯桂月抄／仁义堂雁门薄大经藏"。

检索号码：XJW58-19-1-1

2. 民国八年（1919）华秋亭抄本，一册。封面、封底后装。封面题"斗科／徐荣源诵／经统读"。原封面题"斗科／徐荣源诵"。卷首无题。无开卷偈。无结卷偈。卷末题"中华民国七年　日立"，"中华民国八年　日立己未年新正月／华秋亭／太上朝真全部玄文"。

检索号码：XJW58-19-1-3

3. 民国十九年（1930）抄本，一册。封面、封底后装，无题。卷首无题。无开卷偈。无结卷偈。卷末题"华凤池办用／民国十九年岁次庚午小春月　日"。

检索号码：XJW58-19-1-2

006 《发符大香冒宝卷》

宗教宝忏，无具体故事情节。

版本共 1 种：

抄本，一册。封面、封底缺。卷首题"发符大香冒"。无开卷偈。无结卷偈。

卷末无题。

检索号码：XJW103-19-1-1

007 《佛事宝卷》

宗教宝忏，无具体故事情节。

版本共 1 种：

甲辰顾品美抄本，一册。封面残，题"佛事 / 甲辰岁次巧月　日立 / 顾品美抄本"。卷首无题。无开卷偈。无结卷偈。卷末无题。

检索号码：XJW144-19-1-8

008 《庚申经》

宗教宝忏，无具体故事情节。

版本共 4 种：

1.民国二十一年（1932）抄本，一册。封面题"庚申经 / 六号 / 汤寿春揣"。卷首题"庚申经"。无开卷偈。无结卷偈。卷末题"天运民国二十一年菊月既望 / 农人毕抄"。卷中还收莲船等内容。书后记"正心修身归正道，克己复礼入空门，慈悲胜念千声佛，作恶枉烧万枝香"。

检索号码：XJW186-19-1-1

2.民国十九年（1930）周氏抄本，一册。封面题"庚申经 / 六号 / 周氏藏本记"。卷首题"庚申经 / 周氏三记"。无开卷偈。无结卷偈。卷末题"中华民国十九年重建小春月立 / 周氏抄录"。书后记"庚申经 / 顾银生本"。

检索号码：XJW186-19-1-8

3.民国二十一年（1932）邵堃馥抄本，一册。封面、封底已缺。卷首题"庚申经 / 邵堃馥改整"。无开卷偈。无结卷偈。卷末题"民国二十一年十一月下浣　日 / 胥江居士虔诚录 / 金声邵堃馥"。书后记"诸亲好友，概不借出 / 敬惜字纸"。

检索号码：XJW186-19-1-9

4.民国三十六年（1947）吴水根抄本，一册。封面题"庚申经 / 附莲船 / 丁亥／五十三号／吴水根珍"。卷首无题。无开卷偈。无结卷偈。卷末题"中华民国三十六年杏月／水根抄写"。

检索号码：XJW186-19-1-10

009 《观音宝忏》，又名《观音慈航救苦拔罪宝忏》《太上灵感观音慈航香山修道度生宝忏》

宗教宝忏，无具体故事情节。

版本共 1 种：

清宣统元年（1909）顾鸿洲抄本，一册。封面题"观音宝忏／品美记"。扉页题"观音慈航救苦拔罪宝忏／民国二年岁在癸丑杏月初旬　日立""余庆堂顾"。书口记"观音忏／成湛敬抄"。卷首题"太上灵感观音慈航香山修道度生宝忏"。无开卷偈。无结卷偈。卷末题"大清宣统元年十一月庚午／鸿洲敬抄"。书后记"宣统戊申年杏月／顾鸿洲抄书"。封底有手绘人像两幅。

检索号码：XJW130-19-1-1

010 《花名宝卷》

此宝卷以一年十二个月对应各种花名，并有劝人为善与劝人家庭和睦的句子，内容多有不同，无具体故事情节。

版本共 3 种：

1. 清光绪十年（1884）抄本，一册。封面题"六十三号／四十八号／顾文镛藏／花名宝卷"。卷首题"花名宝卷"。开卷偈"花名宝卷初展开"。结卷偈"花名宝卷宣完成"。卷末题"光绪十年桃月　日立"。

检索号码：XJW154-19-1-3

2. 抄本，一册。封面题"丁卯年／徐银桥宣／小说"。卷首无题。开卷偈"花名宝卷初展开"。结卷偈"花名宝卷宣完成"。卷末无题。卷后还有"十结缘"等内容。

检索号码：XJW153-19-1-2

3. 抄本，一册。封面、封底已缺。卷首无题。开卷偈"花名宝卷初展开"。

结卷偈"花名宝卷宣完成"。卷末题"河东吕臣课本"。

检索号码：XJW153-19-1-1

011 《偈文》

本卷抄录各种偈文，无具体故事情节。包括：敬十炷清香、十炷蜡烛、敬十盏仙茶、八仙上寿、小偈、又偈、大士十方、粳米为偈等。

版本共 1 种：

清光绪十三年（1887）顾彦抄本，一册。封面题"偈文／光绪十三年岁次丁亥桂月下旬吉立／敬业堂顾乐记"。卷首无题。无开卷偈。无结卷偈。卷末题"顾黼章抄"。

检索号码：XJW271-19-1-1

012 《结缘宝卷》，又名《吉缘宝卷》《结缘偈》《结果缘》

述及道佛经义仪式，无具体故事情节。

版本共 5 种：

1. 民国十七年（1928）顾银生抄本，一册。封面题"四号／顾银生记／结缘卷"。卷首无题。无开卷偈。结卷偈"吉缘宝卷宣完成"。卷末题"民国十七年十二月　日立／顾记抄手"。

检索号码：XJW232-19-1-1

2. 民国二十四年（1935）毛文学抄本，一册。封面题"忠德堂毛府学记／结缘偈"。卷首题"结缘偈"。无开卷偈。无结卷偈。卷末题"中华民国念四年旧历五月晦立／忠德堂毛学录"。

检索号码：XJW232-19-15

3. 民国三十五年（1946）徐子良抄本，一册。封面题"丙戌／徐子良藏／重建结缘课本"。卷首无题。无开卷偈。无结卷偈。卷末题"民国三十五年古历杏月上旬　日／徐子良沐"。

检索号码：XJW232-19-1-3

4. 抄本，残本一册。封面、封底缺。卷首无题。无开卷偈。无结卷偈。卷末无题。

检索号码：XJW232-19-1-2

5. 丁未抄本，一册。封面题"五号／汤寿春肄／结缘卷"。卷首无题。无开卷偈。无结卷偈。卷末题"岁在丁未年荷月中浣 日录／计燧春藏"。

检索号码：XJW232-19-1-6

013 《六神宝卷》，又名《总六神宝卷》

六神者，门神、奥神、财神、灶神、宅神、井神。此宝卷劝人敬畏六神，无具体故事情节。

版本共 2 种：

1. 抄本，一册。封面、封底缺。卷首无题。无开卷偈。无结卷偈。卷末无题。

检索号码：XJW57-19-1-1

2. 庚辰抄本，一册。封面题"庚辰年／武陵／顾记／总六神即烘缸"。卷首无题。开卷偈"六神宝卷始展开"。结卷偈"路头宝卷也宣完"。卷末无题。

检索号码：XJW57-19-1-2

014 《念捌卷》

本卷前一部分记述了各种病因及治疗方子，后一部分为八卦式样。

版本共 1 种：

柳桂林抄本，残本一册。封面题"念八卷／柳桂林"。卷首无题。无开卷偈。无结卷偈。卷末无题。

检索号码：XJW172-19-1-1

015 《贫富宝卷》

宝卷讲述一年十二个月份大地万物的变化，以及老百姓十二个月的不同生活，劝解人们在世多做善事，不可作恶。阐述了穷人也有翻身日，富贵人家也会穷的道理。

版本共 1 种：

民国三十二年（1943）陈宗荫抄本，20 页。

检索号码：XJW500-1-9

016 《请赞》等

本卷为宗教祈祷内容，包含请赞、香赞、接引赞、十献赞等部分。

版本共 1 种：

抄本，一册。封面、封底缺。卷首无题，残。无开卷偈。无结卷偈。卷末无题，残。

检索号码：XJW252-19-1-1

017 《穷富宝卷》

本卷讲述穷与富，乃前世是否修行得道之结果。若前世不修佛，今生便受苦。此卷并无具体故事情节。

版本共 1 种：

清光绪二十七年（1901）戴亦斋抄本，一册。封面题"叁惠唐置／穷夫宝卷"。卷首题"穷富"。无开卷偈。无结卷偈。卷末题"大清光绪二十七年菊月下浣／戴亦斋①抄录沐手"。

检索号码：XJW304-19-1-1

018 《劝善佛偈》，又名《十劝人家父母训男女》

内容多为劝家庭和睦、父慈子孝之类，无具体故事情节。

版本共 1 种：

清光绪二十四年（1898）顾蕙安抄本，一册。封面后装，无题。卷首题"十劝人家父母训男女"。无开卷偈。无结卷偈。卷末题"光绪廿四年四月七日立／香桂居书屋顾蕙安敬宣藏沐手抄写／四日起，七日止，共抄四天"，"万恶淫为首，百善孝为先"。

检索号码：XJW70-19-1-1

---

① "戴亦斋"被"王荣棠"字涂没。

019 《禳退宝卷》

本卷根据五行算命，对一家老小进行占卦，从中得出凶吉。

版本共 1 种：

民国二十二年（1933）华凤池抄本，一册。封面题"华凤池揣／禳退"。卷首无题。无开卷偈。无结卷偈。卷末题"民国贰拾贰年腊月　日／华凤池抄"。

检索号码：XJW316-19-1-1

020 《撒佛开卷》

本卷内容多表现念佛之人诚心向佛，宣扬佛教教义，无具体内容情节。

版本共 1 种：

甲戌浦鸿儒抄本，一册。封面题"撒佛开卷／甲戌／重修""浦氏鸿儒抄"。卷首题"香赞"。无开卷偈。无结卷偈。卷末无题。

检索号码：XJW301-19-1-1

021 《上寿宝卷》，又名《上寿三敬酒》《结缘莲船》《上寿偈》《上寿图》

本卷无具体故事情节。

版本共 9 种：

1. 民国四年（1915）计燧春抄本，一册。封面题"戊寅／徐记／上寿"。卷首无题。开卷无偈。结卷无偈。卷末题"中华民国四年菊月上旬　日／计燧春书立"。钤"徐子良印"。

检索号码：XJW22-19-1-5

2. 民国十四年（1925）黄忆椿抄本，一册。封面题"黄忆椿摹余庆堂便事／金子良办用／上寿结缘／庚申经卷／龙花会卷"。卷首无题。无开卷偈。无结卷偈。卷末题"民国乙丑岁杏月初五、六、七日黄忆椿摩／笔法以糊"。书后作"此本好书真不借，各位借子就要赖。近人抢得快，薄盖尽扯坏"。

检索号码：XJW22-19-1-4

3. 民国二十三年（1934）毛文学抄本，一册。封面后装，题"丙子重修／毛文学办录／上寿偈"。扉页中有李根水央毛文学为中人向邵某借银的借票一段。

卷首无题。无开卷偈。无结卷偈。卷末题"民国二十三年古历仲冬月　日立／毛文学涂录"。

检索号码：XJW22-19-1-6

4. 抄本，一册。封面题"四号／汤寿春记／上寿"。卷首无题。无开卷偈。无结卷偈。卷末无题。

检索号码：XJW22-19-1-1

5. 抄本，一册。封面题"念捌／顾顺溪藏／上寿置结缘"。卷首题"上寿三献酒"。无开卷偈。无结卷偈。卷末无题。

检索号码：XJW22-19-1-3

6. 甲辰顾品美抄本，一册。封面题"甲辰岁桃月　日立／顾品美抄首／上寿图"。卷首无题。无开卷偈。无结卷偈。卷末无题。

检索号码：XJW22-19-1-7

7. 己丑杏溪抄本，一册。封面题"肆号／静心坛杏记置／上寿宝卷"。卷首无题。无开卷偈。结卷偈"上寿宝卷已宣完"。卷末题"岁次己丑年清和月下旬　日立／杏溪抄"。

检索号码：XJW22-19-1-8

8. 癸丑抄本，一册。封面题"丙寅年仲冬月下浣重修谷旦／王次生儒记／寿偈结缘十劝小卷"，封面背面题"杂言小卷"。卷首题"群仙会上寿偈／杏花阁藏"。无开卷偈。无结卷偈。卷末题"天运癸丑岁次菊月结日抄录立／杏花阁藏"。

检索号码：XJW22-19-1-9

9. 樊兴财抄本，一册，略残。封面题"书德堂兴记抄／小偈集下部"。扉页题"樊兴财抄"，另有红印文字若干："咸丰四年同业共议钱串七折九扣，今以同治五年四月重定新规，不折不扣，倘自浮抱违规查出议罚。"卷首无题。无开卷偈。无结卷偈。卷末无题。

检索号码：XJW22-19-1-2

022 《太上灵感宝忏》

宗教宝忏，无具体故事情节。

版本共 2 种：

1.民国二年（1913）顾承祖抄本，一册。封面无题。卷首题"太上灵感观音慈航香山修道度生宝忏"。无开卷偈。无结卷偈。卷末题"中华民国二年岁次癸丑元月五日／武陵顾承祖抄录／太岁壬子年顾文达记／观音宝忏"。

检索号码：XJW50-19-1-2

2.抄本，一册。封面题"太上灵感宝忏／华凤池揣"。卷首题"太上灵感观音慈航香山修道度生宝忏"。无开卷偈。无结卷偈。卷末无题。

检索号码：XJW50-19-1-1

023 《退星宝忏》

道佛经义仪轨，无具体故事情节。

版本共 2 种：

1.清光绪二年（1876）陈礼亭抄本，一册。封面题"退星宝忏／陈鲤庭记／退星忏／陈培初氏珍"。卷首无题。无开卷偈。无结卷偈。卷末题"光绪二年十二月弟弟圣生录／陈礼亭书"。

检索号码：XJW225-19-1-1

2.民国三十五年（1946）万九抄本，一册。封面题"退星忏／武陵万九自抄"。卷首无题。无开卷偈。无结卷偈。卷末题"时在民国卅五年岁次丙戌仲春月谷旦／万九"。

检索号码：XJW225-19-1-1

024 《退星宝卷》

此宝卷讲述了观音菩萨化身为众星官为众退星解结的内容，并无具体故事情节。

版本共 1 种：

1911 年周新如抄本，一册。封面后装，封底缺。封面题"大莲船／桃花、退星卷"。卷首题"普陀莲船"。无开卷偈。结卷偈"退星宝卷宣完满"。卷末题"天运黄帝纪元四千六百零九年墨冬／新如沐手灯下抄／此本卷荡河桥／华文俊传来字"。书后作"此本卷荡河桥华文俊传来"。

　　检索号码：XJW33-19-1-1

025 《文明上寿偈》

　　祈祷福寿及展示天上仙境的偈文，无具体的故事情节。

　　版本共 1 种：

　　民国三十三年（1944）柏克昌抄本，一册。封面题"文明上寿偈 / 七号 / 民国甲申年 / 柏克昌记"。卷首无题。无开卷偈。无结卷偈。卷末题"岁次甲申年十二月十三夜东洋河 / 柏阿大、陆佩君、柏道源三人宣一夜"。

　　检索号码：XJW68-19-1-1

026 《无常宝卷》，又名《劝修偈文》

　　此宝卷主要讲述无常十唤的过程以及死后头七到七七之事，无具体故事情节。

　　版本共 1 种：

　　民国十二年（1923）丁财宝抄本，一册。封面题"无常宝卷 / 民国十二年三月 / 丁财宝谨识"。卷首无题，印"丁财宝书"。无开卷偈。无结卷偈。卷末无题。

　　检索号码：XJW69-19-1-1

027 《献斋宝卷》

　　本卷为宗教经文，并无具体内容情节。

　　版本共 1 种：

　　民国二十七年（1938）夏宾南抄本，一册。封面题"戊寅 / 夏彬南志 / 献斋"。卷首题"献供"。无开卷偈。无结卷偈。卷末题"民国二十七年五月　日立 / 夏宾南抄"。

　　检索号码：XJW292-19-1-1

028 《消灾灯》，又名《灯科》

　　本卷通篇为佛教偈颂说教、劝人为善的内容，讲述消灾灯佛法无边，能消灾消殃，带给人间福禄寿喜。无具体故事情节。

版本共 1 种：

民国二十九年（1940）许仲康抄本，一册。封面题"消灾灯 / 顾子云藏"。卷首无题。无开卷偈。无结卷偈。卷末题"民国二十九年芙蓉月　日立 / 许仲康抄"。

检索号码：XJW259-19-1-1

029 《血湖宝卷》

宗教宝忏，描述血湖地狱的种种惨状，其中有部分内容是对目连救母故事的描述。

版本共 1 种：

民国十一年（1922）高竹卿抄本，一册。封面题"高竹卿志 / 血湖宝卷"。卷首题"慈悲血湖宝卷"。无开卷偈。结卷偈"血湖道场经圆满"。卷末题"民国十一年清和月 / 高竹卿抄录"。

检索号码：XJW123-19-1-1

030 《延生忏顺星科》，又名《延生科忏》

宗教宝忏，无具体故事情节。

版本共 1 种：

壬戌宗荫抄本，一册。封面题"延生忏顺星科 / 壬戌年杏月中旬 / 颖川宗荫抄"。卷首题"延生忏"。无开卷偈。无结卷偈。卷末无题。

检索号码：XJW141-19-1-1

031 《玉清诰》

宗教宝忏，无具体故事情节。

版本共 1 种：

癸酉高富华抄本，一册。封面题"宝诰 / 癸酉岁重造 / 高富华记"。卷首题"玉清诰"。无开卷偈。无结卷偈。卷末无题。

检索号码：XJW92-19-1-1

032 《灶皇宝忏》，又名《灶皇抄经》

本卷为宗教宝忏，无具体故事情节。

版本共 1 种：

陆载记抄本，一册。封面题"陆载记／灶皇宝忏"。卷首题"灶皇抄经"。无开卷偈。无结卷偈。卷末无题。

检索号码：XJW144-19-1-2

033 《斋献》，又名《三番通疏头》

本卷通篇为向佛道界诸圣诸仙献斋祈告，劝人修道为善，祈祷消灾免殃的内容，包括清斋佛、送佛式、场上念赞、斋佛式、修不修偈、吃田螺偈等部分，宗教意味浓厚。

版本共 1 种：

清光绪五年（1879）顾鸿洲抄本，一册。封面残，题"顾鸿洲录"。卷首题"清斋佛"。无开卷偈。无结卷偈。卷末题"光绪五年月　日立／同阴阳文牒信"。

检索号码：XJW247-19-1-1

034 《请佛祝寿摘要》

宗教宝忏，内容包括奉劝世人"酒色财气"四字要记牢，劝做四好人（读好书、说好话、行好事、做好人），交友要慎重等，无具体故事情节。

版本共 1 种：

浦鸿儒抄本，一册。封面题"请佛祝寿摘要／浦鸿儒志"。卷首无题。无开卷偈。无结卷偈。卷末无题。

检索号码：XJW230-19-1-1

035 《总法事全部》

宗教宝忏，无具体故事情节。内收发符科仪等。

版本共 1 种：

民国十三年（1924）抄本，一册。封面题"总法事全部／甲子年／焦国逸记／戴"。卷首题"发符科仪"。无开卷偈。无结卷偈。卷末题"民国十三年／戴定章／民国十六年岁次丁卯年八月初十日"。

检索号码：XJW221-19-1-1

宝卷名称索引

本索引包括本书中所有宝卷（含附录部分）的名称和异名（即"又名"部分），共计819条。分别按拼音和笔画顺序排列。宝卷名称后接所在页码。

拼音索引

A

安家卷，152

安乐卷，152

庵堂宝卷，1

B

八宝鸾钗，1

八宝山宝卷，2

八仙宝卷，3

八字宝卷，3

芭蕉宝卷，167

芭蕉扇宝卷，167

白鹤宝卷，5

白鹤画图宝卷，5

白鹤图宝卷，5

白鹤珍图，5

白龙宝卷，8

白马宝卷，9

白马驮尸，9

白娘宝卷，216

白蛇宝卷，216

白蛇传，216

白氏宝卷，216

白鼠伸冤，234

白兔记，101

白衣宝卷，120

白衣大士宝卷，120

白衣观音宝卷，120

白玉燕宝卷，173

百花台宝卷，10

百花台双恩宝卷，10

百鸟图，12

百鸟图轴，12

百寿宝卷，13

百寿图宝卷，183

百寿图卷，13

百岁卷，13

笔画索引

八画

后 记

  苏州戏曲博物馆现收藏宝卷约 216 种 1119 余册。本馆对宝卷资料的征集工作从 20 世纪 50 年代至今从未间断，在征集人员的不懈努力下，征集了清代以来江苏、上海、浙江等地区的宝卷资料。这批宝卷资料以手抄本为主，有少量木刻本和石印本，既具有宗教性、文学性，也具有绘画、书法、版刻等方面的艺术性，因此具有较高的收藏、欣赏、研究价值。

  长期以来，由于苏州戏曲博物馆专业人员缺乏，馆藏资料未及充分挖掘。近年来，苏州戏曲博物馆组织力量对馆藏宝卷资料进行全面整理，重新编目、编制索引、抢救修复，并组织人员编撰《苏州戏曲博物馆藏宝卷提要》。书中除了对每一种宝卷编写提要，还对宝卷中存在的同卷异名、版本多样性问题进行考证说明。据车锡伦先生《中国宝卷总目》所载，海内外现存元、明、清及民国时期已著录的宝卷 1550 余种，此次《苏州戏曲博物馆藏宝卷提要》收录宝卷种数，约占已著录宝卷总数的六分之一，其中也有多种初次面世未曾见于著录的宝卷。相信这批珍贵宝卷文献的抢救整理和提要的编纂出版，将为广大通俗文学及民俗学者的研究工作提供极大便利，并进一步推动相关研究走向深入。

  本书编撰人有郭腊梅、浦海涅、孙伊婷、徐智敏、刘钰贤、赖磊、陈忆澄、周郁。

  另外，浦海涅、陈忆澄、周郁对书稿做了校对修改工作；郭腊梅负责凡例的撰写，并对书稿做了定稿修改；程华、王锦源负责资料的提供；周郁负责本书图片的拍摄。

在本书编撰过程中，感谢扬州大学车锡伦教授给予了学术指导，感谢上海师范大学朱恒夫教授审阅书稿，并斧正了部分文字，感谢国家图书馆出版社的编审邓咏秋女士，她专业的编辑工作使本书避免了一些错误，感谢所有对本书做出贡献的人！

郭腊梅

二〇一八年三月